acerte
o foco

Lucy Jo Palladino, Ph.D.

acerte o foco

Estratégias inteligentes para manter a concentração

Tradução
Marcus do Nascimento Teixeira

Título original: *Find your focus zone*
Copyright © 2007 by Lucy Jo Palladino, Ph.D.
Originalmente publicada pela Free Press, uma divisão da Simon & Schuster, Inc.
Imagem de capa: © William Whitehurst/CORBIS/LatinStock

Todos os direitos reservados. Nenhuma parte desta obra pode ser reproduzida ou transmitida por qualquer forma ou meio eletrônico ou mecânico, inclusive fotocópia, gravação ou sistema de armazenagem e recuperação de informação, sem a permissão escrita do editor.

Direção editorial
Soraia Luana Reis

Editora
Luciana Paixão

Editora assistente
Valéria Sanalios

Assistência editorial
Elisa Martins

Preparação de texto
Valentina Nunes

Revisão
Cid Camargo
Rosamaria Gaspar Affonso

Criação e produção gráfica
Thiago Sousa

Assistente de criação
Marcos Gubiotti

CIP-Brasil. Catalogação-na-fonte
Sindicato Nacional dos Editores de Livros, RJ

P191a   Palladino, Lucy Jo
           Acerte o foco / Lucy Jo Palladino; tradução Marcus do Nascimento Teixeira. - São Paulo: Prumo, 2008.

           Tradução de: Find your focus zone
           Apêndice: Os oito chaveiros: um guia rápido
           Inclui bibliografia e índice
           ISBN 978-85-61618-40-7

           1. Atenção. 2. Sucesso. I. Título.

08-4001.   CDD: 153.733
                                                           CDU: 159.952

Direitos de edição para o Brasil:
Editora Prumo Ltda.
Rua Júlio Diniz, 56 - 5º andar – São Paulo/SP – Cep: 04547-090
Tel: (11) 3729-0244 - Fax: (11) 3045-4100
E-mail: contato@editoraprumo.com.br / www.editoraprumo.com.br

*Para Arthur,
Julia e Jennifer*

Sumário

Introdução 9

Parte I Entendendo sua zona de foco 23
Capítulo 1 Qual é a sua zona de foco? 25
Capítulo 2 Entediado, hiperestimulado, ou os dois 40
Capítulo 3 Atenção na Era Digital 51
Capítulo 4 O que estamos fazendo com nosso cérebro? 65

Parte II Os oito chaveiros 75
Capítulo 5 Habilidades emocionais: Chaveiros 1 e 2 77
Capítulo 6 Confrontando o medo e todos os seus primos: Chaveiros 3, 4 e 5 111
Capítulo 7 Habilidades mentais: Chaveiro 6 149
Capítulo 8 Estrutura sem pressão: Chaveiro 7 172
Capítulo 9 Habilidades de comportamento: Chaveiro 8 199

Parte III Estratégias da Era Digital para o sucesso 223
Capítulo 10 Vencendo a interrupção e a sobrecarga 225
Capítulo 11 Vencendo a distração do século XXI 249
Capítulo 12 E se você (ou seus filhos) tem distúrbio de déficit de atenção? 260

Parte IV Sua zona de foco como um modo de vida 277
Capítulo 13 Ensinando as crianças a prestar atenção 279
Capítulo 14 O poder da atenção 302

Apêndice Os oito chaveiros – Um guia rápido 310
Referências 312
Agradecimentos 317
Índice 319

Introdução

Você e eu fazemos parte de uma cultura, cuja sociedade funciona 24 horas por dia, sete dias por semana – e alguém ainda está sempre aumentando as apostas. Novas tecnologias fazem de você uma pessoa mais produtiva, mas, por outro lado, o pressionam a acompanhar os avanços contínuos.

Você tem um novo celular? Bom. Agora seu chefe pode encontrá-lo nos seus dias de folga! *Smartphone*, hein? Excelente! Esperamos que você envie e-mails também durante os dias de descanso. *Laptop?* Ainda melhor, assim mandaremos arquivos via mensagem instantânea...

Trabalhando tanto dentro quanto fora de casa, você luta contra uma agenda de exigências eletrônicas constantemente *online*. Múltiplas tarefas são cada vez mais galopantes. Para melhor ou pior, nosso cérebro vem se remodelando para o que a indústria tecnológica agora chama de "atenção parcial contínua".

Na era digital da distração, nós funcionamos sob um novo nível de estímulo e ansiedade. A internet lança informações como se fosse uma mangueira de incêndio, mas, para digerir todas essas informações, precisamos absorvê-las por meio de um canudo. Eis a contradição! Sobrecarregados e com excesso de trabalho, não temos mais tempo de processar ou refletir sobre nada. Domingo não é um dia de descanso, mas, sim, um dia para tentar colocar os assuntos em dia e limpar a bagunça toda. As antigas maneiras de como prestar atenção em algo já não servem mais. Nós precisamos de novas ferramentas.

Atenção faz a diferença

Ter controle sobre sua própria atenção é uma habilidade difícil. Eu me especializei em trabalhar com a atenção humana porque prestar atenção em algo é extremamente importante.

Todos nós precisamos ter bem desenvolvida a habilidade de direcionar nossa atenção, caso contrário, não alcançaremos os nossos objetivos. Nos meus 30 anos de prática como psicóloga clínica, ajudei centenas de pessoas a resolver inúmeros problemas, apenas melhorando sua atenção. Aprender habilidades para controlar a própria atenção fez a vida de quase todo mundo que passou por meu consultório muito melhor – e não apenas para aqueles que justamente apresentavam déficit de atenção.

Esta manhã, por exemplo, minha primeira consulta foi com um executivo que recentemente sofreu um infarto. Ele veio me ver para aprender técnicas de controle do estresse, que vão ajudá-lo a se prevenir contra outro infarto. O maior desafio desse senhor é desligar sua mente do ambiente competitivo de trabalho na hora de ir para casa e relaxar. Em seguida, atendi uma mulher por volta de seus 30 anos, que está lutando contra a depressão. "Todos dizem para eu manter pensamentos positivos", ela me disse, "mas ninguém me diz como fazer isso". Eu vou ajudá-la a se desprender de pensamentos negativos como preocupação, culpa e autocrítica. Vou ensiná-la a se focar na esperança, confiança e auto-estima.

Eu atendi um estudante com problemas de ansiedade, que está aprendendo a redirecionar sua atenção desligando-se de memórias de rejeição, para assim observar comportamentos de outras pessoas e aprender com elas a ter sucesso em seu meio social. Depois veio um "bebê escandaloso" que precisava perder peso, alguém que resistia a dar mais importância a frutas e vegetais do que a temperos e doces. Um jovem casal perfeccionista tem uma consulta semanal comigo, para praticar maneiras de se focar na humanidade um do outro, e não mais em seus respectivos defeitos. O controle da atenção é um ingrediente necessário para cada um de nós sermos mais saudáveis, felizes e bem-sucedidos.

Como a distração da era digital afeta você?

Quando se fala da relação entre atenção e era digital, cada um de nós tem pontos fortes e vulnerabilidades. Qual o seu estilo? Você é propenso a ter desvio de atenção, oscila entre tédio e hiperatividade? Ou você tende a ir de um extremo ao outro, perdido no espaço ou correndo contra o relógio, sem tempo a perder? Pare um minuto e se pergunte: "Qual estilo melhor me descreve?".

Você apresenta desvios de atenção?
Atualmente, a maioria das pessoas oscila entre o tédio e a hiperatividade. Você:

- Compra livros que chamam sua atenção na livraria, mas não termina nunca de lê-los em casa?

- Compra o aparelho mais moderno em termos de tecnologia, usa-o apenas enquanto está novo, para depois utilizá-lo como apoiador de livro (para apoiar todos aqueles livros que você não terminou de ler)?

- Costuma responder um e-mail interessante, embora mantenha outros dois ou mais escritos pela metade na sua caixa de rascunhos?

- Aceita convites para ir a lugares que parecem divertidos, mas inventa desculpas exatamente na hora de parar o que está fazendo e sair?

- Começa uma dieta comprando ingredientes para receitas fora do comum e depois descarta tudo, justamente quando eles estragam e se transformam em um "experimento científico" dentro de sua geladeira?

Você é disperso e distraído?
Algumas pessoas descobrem que são do tipo disperso e distraído. É um constante desafio para elas manterem-se atentas no que estão fazendo. Elas também perdem muito tempo prorrogando tudo, sem iniciativa e cheias de indecisões. Você:

- Vai a uma loja, procura alguns livros, vê um que gosta, adia para decidir se compra ou não, vai para casa desejando tê-lo comprado, e, eventualmente, volta à loja e descobre que ele não está mais disponível?

- Protela até o último minuto a decisão de comprar um aparelho de alta tecnologia, e, quando finalmente o compra, deixa na caixa até que seu vizinho, que é craque no assunto, venha instalar para você?

- Tem mais de seis e-mails escritos pela metade na sua caixa de rascunhos?

- Na hora em que é convidado, concorda em ir a lugares que parecem ser divertidos, espera ansioso pelo dia de ir, e, então, chega atrasado, não importando a hora que tenha começado a se arrumar?

- Pensa no fato de começar uma dieta por algumas semanas, vai à livraria procurar (não comprar!) um livro de dieta, lê artigos em revistas sobre como perder peso e coloca uma receita na porta da sua geladeira (se tiver espaço), tudo isso só para pensar um pouco mais no assunto?

Você é hiperativo ou hiperfocado?

Algumas pessoas são ligadas à velocidade e à intensidade. Elas acham difícil dizer não à estimulação constante. Você:

- Só vai a livrarias que têm conexão com a internet, para que possa ficar conectado enquanto estiver por lá?

- É o primeiro a ter aparelhos de alta tecnologia, troca seus aparelhos atuais por um da próxima geração o mais rápido possível e tem um aparelho para cada propósito?

- Checa seu e-mail continuamente e costuma abreviar as palavras?

- Quando é convidado, concorda em ir a lugares que parecem ser divertidos, mas na sua cabeça você sabe que se surgir uma oportunidade melhor, vai ligar e cancelar?

- Quando precisa perder peso, engole shakes e barras de cereais no café da manhã – um grande motivo para comer durante a corrida matinal!

Qualquer que seja seu estilo, você vai se beneficiar com esta obra.

Eu tive de estudar a atenção

Meu interesse pela atenção começou durante minha graduação, em meados dos anos 1970. Completar minha dissertação de doutorado não foi um trabalho fácil. Enquanto meus vizinhos estavam se divertindo, eu tive de sentar à minha mesa, ler periódicos e conduzir minha pesquisa metódica e meticulosamente, além de produzir escrita técnica. Eu me lembro de ter ido consultar meu orientador para ele fazer a revisão do primeiro rascunho da minha tese de mestrado. "Lucy Jo", ele me disse, "sua escrita é tão apaixonada..." Eu brilhei, mas foi apenas um pequeno momento de glória. "Escrita científica", ele continuou em um tom de voz monótono, "deve ser desapaixonada!".

Para vencer isso, eu tive de descobrir como me policiar e manter um trabalho tedioso. Então tive a idéia: "Por que não fazer minha dissertação sobre as diferentes maneiras de resistir à distração?".

Naquele tempo, os psicólogos estavam começando a usar métodos cognitivos para ajudar as pessoas a melhorarem o humor, enfrentar medos, diminuir ansiedades, controlar a raiva e melhorar seus hábitos em geral. O método cognitivo é uma técnica desenvolvida para mudar a maneira como você se sente mudando sua maneira de pensar. Eu pensei muito se métodos cognitivos poderiam ser usados com sucesso para treinar uma pessoa a prestar atenção. Eu escolhi como tópico: "Estratégias cognitivas para autocontrole: o uso da auto-instrução para resistir às distrações".

Misturei em uma fita de áudio um conteúdo de alta distração, partes de fofocas, trechos de músicas de rock-'in'-roll, pedacinhos de shows de comédia e tirinhas engraçadas. Tive de testar primeiro, para ter certeza de que era tudo tão distrativo para os outros quanto para mim. O Word foi banido do meu projeto e alunos de graduação fizeram fila do lado de fora da minha sala a fim de se candidatarem como voluntários para aquela parte do estudo.

Para o experimento em si, testei 60 voluntários, um por um. Eu pedi a cada colaborador para revisar um texto enquanto ouvia a fita "distrativa". Eu deixei os voluntários saberem que estavam sendo observados através de um espelho enquanto liam, ao mesmo tempo em que sublinhavam continuamente o texto e procuravam por erros para circular. Atrás do espelho, três avaliadores treinados, com cronômetros, mediam o tempo que cada um deles levava para concluir e contavam o número de "abandono da tarefa", que é o numero de vezes que um colaborador olhava para o lado, fazia uma pausa longa ou levantava o lápis sobre a página.

Com antecedência, cada voluntário foi designado para um dos cinco grupos aleatoriamente. Eu treinei quatro dos cinco grupos com diferentes tipos de estratégias cognitivas para que usassem durante a revisão: (1) Uma auto-instrução de pensamento-breque – silenciosamente dizendo "não, eu não vou ouvir"; ou a forma curta, "não". (2) Um modelo de vacinação – a mesma estratégia do pensamento-breque com o mesmo tempo de prática, mas com os sons distrativos gradualmente aumentados durante a prática. (3) Uma auto-instrução de visualização de objetivo – silenciosamente dizendo: "Eu farei meu trabalho"; ou a forma abreviada "trabalhe". (4) Uma estratégia de bloqueio – cochichando silenciosamente. Eu não treinei o quinto grupo; eles serviram como controle.

Os quatro grupos de voluntários que receberam treinamento

em qualquer umas das estratégias cognitivas foram melhores do que os voluntários do grupo controle-sem-nenhum-treino (grupo cinco). Os voluntários treinados passaram mais tempo trabalhando e pararam menos vezes. Não parecia importar qual estratégia cognitiva lhes fora ensinada. Qualquer uma funcionou melhor do que nenhuma estratégia. Eu mesma provavelmente ainda estaria escrevendo a introdução da minha dissertação se eu não tivesse usado estratégias cognitivas comigo mesma.

Sua zona de foco

Desde então, venho perseguindo meu interesse pela atenção, tanto na parte de pesquisa quanto na parte prática. Eu percebi que a maioria dos progressos verificados em relação à melhora da atenção humana veio da psicologia esportiva; logo, eu decidi melhorar meus conhecimentos e habilidades treinando com um psicólogo que, por sua vez, treinou esportistas olímpicos durante oito anos.

Eu aprendi que, quando se trata de manter o foco, atletas de elite enfrentam dois desafios distintos: longas e tediosas horas de prática e altos riscos, eventos de alta pressão. Para mapear qual estratégia cognitiva eles precisam para cada um desses dois tipos de desafios, os atletas usam uma curva em "U" invertida, que você irá aprender como fazer no Capítulo 1. Em uma extremidade da curva, eles não estão ativados, ou seja, não estão estimulados o suficiente para prestar atenção, como quando eles começam a treinar, nos meses antes da corrida. Então eles precisam de estratégias cognitivas para melhorar, psiquicamente falando. Na outra extremidade da curva eles estão ativados ou estimulados demais para se concentrar. Geralmente isso acontece no dia do desafio, enquanto ansiosamente esperam pelo início da prova na linha de largada. Eles precisam, então, usar estratégias cognitivas para se acalmar. No meio da curva, os atletas estão em plena zona de controle e têm ali o melhor domínio sobre sua concentração. Nesse ponto eles usam estratégias para se auto-avaliar e ter certeza de que vão manter esse estado relaxado de auto-alerta.

A curva em "U" invertido vai ao encontro dos resultados obtidos nos meus estudos de doutorado. Todas as estratégias que ensinei aos meus voluntários funcionaram porque elas previnem a superestimulação. A atenção dos voluntários melhorou porque eles filtraram os sons interferentes da fita de áudio. Limitando seus próprios níveis de estimulação, os voluntários se mantiveram em sua própria zona de foco.

A curva em "U" invertido também explica muito dos problemas que as pessoas enfrentam quando lidam com distrações diárias. Como nossa cultura vem sendo influenciada por celulares, alta velocidade, tecnologia estressante por todos os lados, bagunça de informações e saturação da mídia, nós estamos sendo desviados da nossa zona de foco – e sem nos darmos conta disso. Nós aceitamos um estado crônico de superestimulação ou exaustão como se fosse uma coisa normal. Acabamos adotando um estado de atenção parcial contínuo, onde nossas escolhas fogem da nossa vontade real e assim temos uma qualidade de vida sofrível.

Por anos, venho ajudando pessoas de todas as idades a achar suas zonas de foco, aplicando os princípios e técnicas deste livro. Estou agradecida e animada por poder compartilhar essas idéias e ferramentas com você.

A era da falta de atenção

Se eu estivesse elaborando meus estudos de doutorado hoje, me questionaria se precisaria realmente usar a fita distrativa de áudio. Cada um de nós tem uma "fita interna de áudio" que toca sem parar em nossa cabeça. Enquanto você lê este livro, ao mesmo tempo está pensando em algo como: "Para quem eu preciso ligar hoje?", "Eu chequei meu e-mail?", "Meu celular está carregado?", "Que horas são?", "De quem é a vez de fazer o jantar?". Você pode inclusive dar umas espiadas em seu BlackBerry para ver se tem uma nova mensagem... (E você tem?).

A distração causada pela era digital está por todos os lados. Em 1971, um cidadão americano comum era alvo de 560 mensagens diárias de comerciais. Sem contar as instantâneas, disponíveis a partir de 1997, quando esse número aumentou para mais de 3 mil mensagens por dia – sendo que continua a crescer. De acordo com um estudo feito na Universidade da Califórnia, Berkeley:

- O armazenamento mundial de novos materiais vem crescendo a uma taxa de mais de 30% ao ano.

- Mais de 5 milhões de mensagens instantâneas diárias foram enviadas em 2002. (O provedor norte-americano AOL iniciou esse serviço de mensagens instantâneas em 1997).

- Existem 21.264 estações de tevê no mundo produzindo 31 milhões de programações originais e 123 milhões de programações totais por ano.

Nunca antes foi tão necessário assumir o controle da própria atenção. Hoje, todo mundo tem muitas coisas para fazer e pouco tempo para realizá-las. A inatividade foi extinta. Alguém em algum lugar está teclando, fazendo barulho ou tagarelando através de uma tela, proporcionando a você deslumbramentos e distrações digitalizadas para deixá-lo longe e distraído... Aliás, o que mesmo você deveria estar fazendo agora? Nossa necessidade de dormir aumentou, mas nosso tempo para dormir diminuiu. Nós recorremos à cafeína e ao açúcar como companheiros que nos mantêm acordados, mas eles enganam nossa atenção mesmo que nos abasteçam.

Os benefícios da melhor atenção

As soluções e estratégias apresentadas neste livro ajudarão você a ficar na linha quando o telefone tocar, o fax funcionar e quando chegar algum e-mail. Você aprenderá habilidades que podem ser colocadas em prática neste exato momento. Você também será capaz de ensiná-las a seus filhos enquanto eles lidam com as distrações digitais.

Imagine-se sendo interrompido por colegas de trabalho, anúncios aparecendo na sua tela de computador e impulsos sendo emitidos no seu cérebro e ainda assim você continuar focado e terminar todo seu trabalho no devido tempo. Imagine as pessoas com as quais você se importa seguras de saberem quanto você realmente se importa com elas, porque você as escuta atentamente. Visualize-se tendo controle da maneira como as pessoas o vêem, porque você tem mais consciência da maneira como você olha para elas.

As habilidades que você vai aprender em *Acerte o foco* vão ajudá-lo a:

- *Combater adiamentos e encarar trabalhos tediosos*
- *Vencer obstáculos e terminar o que você começou*
- *Preveni-lo de ficar saturado e fatigado*
- *Construir confiança em suas relações íntimas*
- *Elevar sua autoconfiança*
- *Aumentar sua eficiência e efetividade*
- *Perseverar, mesmo quando cometer erros*

Crianças fazem o que fazemos (não o que dizemos).

Eu escrevi meu primeiro livro, *Dreamers, Discovers, and Dynamos* (formalmente intitulado The Edison Trait), para pais e professores. Uma noite, em um workshop, uma mãe levantou e disse: "Dra. Palladino, não são só as crianças que estão mais distraídas do que antes. Somos nós, seus pais. Os adultos precisam de ajuda primeiro".

Aquela mãe estava certa. Nesta obra, você vai ler sobre "neurônios-espelhos", uma das mais importantes e recentes descobertas da ciência cerebral. Cada um de nós tem um sistema de neurônios-espelhos que funciona identicamente, seja na nossa maneira de executar uma ação, seja na maneira de vermos uma outra pessoa executando uma ação. Neurônios-espelhos podem também ser chamados de "neurônios-modelo". Quando seu filho vê você ouvindo-o, mas sem prestar muita atenção, o neurônio-espelho dele funciona como se ele estivesse ouvindo tudo sem prestar muita atenção também. Quando ele vê você dando total atenção a ele, seu neurônio-espelho funciona como se ele estivesse prestando atenção também. Em outras palavras, suas ações condicionam as de seu filho, automatica e involuntariamente.

O grande psicólogo Carl Jung uma vez disse: "Se há alguma coisa que queremos mudar em uma criança, primeiro nós deveríamos examinar e ver se não é algo que poderíamos mudar em nós mesmos". A mente das crianças é moldável como cera quente. Se você é um pai, a razão mais convincente para melhorar sua atenção deve ser a de querer dar o melhor exemplo possível para seu filho.

Nos capítulos seguintes

Este livro está dividido em quatro partes. Na parte I você vai aprender sobre sua zona de foco, a curva em "U" invertida e a ligação entre aprendizado e caminhos cerebrais para prestar atenção. A parte II cobre o lado emocional, mental e as habilidades de comportamento, fornecendo-lhe oito chaveiros para você escolher qual estratégia se enquadra melhor na sua vida.

OS OITO CHAVEIROS

Chaveiro 1	Autoconsciência
Chaveiro 2	Mudança de estado
Chaveiro 3	Aniquiladores de adiamentos
Chaveiro 4	Antiansiedade
Chaveiro 5	Controle de intensidade
Chaveiro 6	Motivação própria
Chaveiro 7	Mantenha-se na linha
Chaveiro 8	Hábitos saudáveis

A Parte III ensina como usar essas chaves a fim de liberar o sucesso em plena era digital da distração – como lidar com interrupções e sobrecarga no ambiente de trabalho, como trabalhar em casa ou no trânsito e como lidar se você, ou alguém de quem você gosta, sofre do distúrbio de déficit de atenção (DDA). Na parte IV, você vai aprender como ensinar seus filhos a prestarem atenção e o que é preciso para ser bem-sucedido, ao passo que a atenção se torna cada vez mais escassa nos dias de hoje.

O apêndice fornece um guia rápido para os oito conjuntos de chaves e lista as três chaves de cada chaveiro. Na seção Recursos, você vai encontrar livros, artigos e websites, incluindo as fontes para os principais estudos que estão descritos neste livro. Recursos adicionais estão disponíveis no www.yourfocuszone.com. (site em inglês)

As histórias do Capítulo 2, de Joe, Meg e Todd, incluem elementos de histórias de muitas outras pessoas, as quais encontrei ao longo de minha prática médica. As outras histórias do livro são verdadeiras, mas com nomes fictícios.

Atenção é o modo como criamos

Atenção é poder. Se você um dia quiser ver esse poder em ação, tente prestar atenção em uma criança enquanto sua irmã ou irmão está no mesmo ambiente! Atualmente, enquanto a disponibilidade de informação transborda, o valor da atenção sobe ao infinito. Ao descrever a "atenção econômica", os estudiosos em negócios Thomas Davenport e John Beck observam: "As empresas bem-sucedidas no futuro serão aquelas não especializadas em gerenciamento de tempo, mas, sim, aquelas especializadas em gerenciamento de atenção".

Atenção é o ato singular de criatividade que está disponível para cada um de nós a todo momento. Nós podemos usá-la a qualquer hora, para premiar nosso próprio comportamento ou o dos outros. O comportamento que for premiado será repetido. Pais e professores vêem diferenças dramáticas quando param de dar atenção a comportamentos agressivos e começam a ressaltar o bom comportamento. Casais influenciam uns aos outros diante do que prestam atenção ou ignoram.

Aprender a dirigir sua atenção o fortalece. Quanto mais você usar a atenção para controlar as exigências, menos essas exigências o controlarão. Assim você exercerá o controle sobre o curso de sua vida, decidindo o que você vai deixar entrar e o que vai manter fora. O filósofo espanhol José Ortega y Gasset uma vez disse: "Diga-me em que você presta atenção e eu direi quem você é".

Nós nos moldamos por aquilo que escolhemos notar. Seja lá o que escolhemos para prestar atenção, isso cresce e se desenvolve. Um velho índio norte-americano Cherokee estava ensinando as crianças de sua tribo. Ele disse a elas: "Existe uma luta acontecendo dentro de mim. É uma batalha terrível, e é entre dois lobos. Um representa medo, raiva, culpa, ganância e falta de bom senso. O outro briga por fé, paz, verdade, amor e razão. A mesma briga está acontecendo dentro de vocês e dentro de toda pessoa também". As crianças refletiram por um tempo e uma delas perguntou ao sábio homem: "Qual lobo vai vencer?". O velho índio Cherokee respondeu: "Aquele que você alimentar".

Parte I

Entendendo sua zona de foco

Nestes capítulos, você irá aprender sobre sua zona de foco e o tipo de estratégias que precisa para conseguir prestar mais atenção nos dias de hoje, época em que a distração anda em alta. Você vai ler histórias sobre pessoas que eu atendi, assim como saber sobre os problemas que as mantinham fora de suas zonas de foco. A Parte I fala sobre a curva em "U" invertido e a importância de saber regular sua própria estimulação e direção. Você também aprenderá sobre caminhos cerebrais "use ou perca" e verá por que é vital fortalecer as conexões de seus neurônios para selecionar e sustentar a atenção.

Capítulo 1
Qual é a sua zona de foco?

Qualquer homem pode dirigir de forma segura e beijar uma bela garota ao mesmo tempo, basta não dar a atenção merecida ao beijo.
— Albert Einstein

Em 1977, fui arremessada de um cavalo que se assustou. Eu me machuquei, levei sete pontos na cabeça e tive de usar gesso na perna durante sete semanas. Assim foi que perdi o interesse pela montaria. Mas 27 anos depois, minha filha me disse que queria andar a cavalo. Ela estava com poucos anos a menos da minha idade na ocasião em que sofri o acidente. Parecia que o tempo de eu voltar a andar a cavalo havia voltado. Eu então encontrei um sítio em Santa Bárbara, onde poderíamos montar e andar por trilhas o dia inteiro, apreciando paisagens, com um pequeno grupo e um guia.

Na manhã da montaria, comparecemos aos estábulo a fim de escolher o cavalo mais apropriado para cada uma de nós. O vaqueiro perguntou sobre nosso nível de experiência. O meu rosto deve ter entregado meu medo. Minha filha e eu dissemos: "Iniciantes". Mas ele deu o Rocket para minha filha e eu fiquei com a Nelly. Momentaneamente, eu me senti aliviada.

Na hora em que montei, olhei para baixo e a distância entre o cavalo e o chão me deixou tonta. Meu coração batia forte e minhas mãos suavam. Do cavalo dele, o guia começou a nos instruir. Eu sabia que ele estava falando, sabia que suas palavras eram importantes, mas, para meus ouvidos, ele estava falando uma outra língua. Meu foco estava disperso como orvalho na grama. Meus músculos, tensos. Meus pensamentos em turbilhão. Lá no fundo, uma parte de mim gritava: "Desça agora, enquanto você tem chance". Outra parte de mim prendia meus pés nos estribos. Mentalmente paralisada, eu sentei lá encarando, como um cervo ofuscado pelos faróis de um carro. O guia girou seu cavalo em direção à trilha e guiou os outros montadores, enquanto eles marchavam em frente, em fila única. Eu seguia em uma neblina sem saber o que fazer.

Depois de alguns minutos andando na trilha, eu me acalmei. Senti-me segura de novo e recuperei meu foco. Eu trotei até minha filha, que recapitulou o que o guia tinha dito ao grupo. O dia acabou sendo maravilhoso. Mas pensando no momento em que estávamos no curral, quando tudo o que eu via era um borrão, eu pensei: "Como eu pude desviar a minha atenção no momento em que eu mais precisava dela? E como eu consegui retomá-la?".

Uma conexão crítica

A conexão entre atenção e estimulação é bem definida. Essa relação é essencial para entender a atenção e aprender a controlá-la. A atenção fica escassa quando você está pouco estimulado ou estimulado em excesso. Mas ela já se torna bem melhor quando seu nível de estimulação está correto.

Psicólogos usam o termo "nível de excitação" para descrever o quão entediado ou excitado você se encontra. É um termo psicológico que corresponde ao nível de adrenalina que está sendo bombeada por todo o seu corpo. A quantidade de adrenalina, em geral, depende do nível de tédio ou de excitação em que você se encontra. A excitação é chamada também de ativação ou euforia, e, junto com a adrenalina, as duas criam um ciclo tipo galinha-e-ovo: quanto mais excitado você se sente, mais adrenalina seu corpo bombeia; quanto mais adrenalina seu corpo bombeia, mais excitado você fica. O lado chato da situação funciona do mesmo jeito. Quanto menos excitado você se sente, menos adrenalina seu corpo bombeia; quanto menos adrenalina seu corpo bombear, menos excitado vai se sentir. De qualquer maneira – muito ou pouco estimulado – sua atenção sofre.

Quando você está superestimulado e seu nível de adrenalina muito alto, você sente grande euforia. Dependendo do que você estiver pensando ou a situação em que se encontrar, você pode se sentir intenso, extremamente excitado, preocupado, nervoso, bravo ou com medo. Pense em como você fica momentos antes de fazer um discurso, de fazer um teste ou enfrentar uma situação difícil. Seu coração bate mais forte, sua respiração fica superficial e você sente que seu cérebro está sendo levado às alturas.

Quando você está pouco estimulado e seu nível de adrenalina está muito baixo, você se sente fraco, sente-se com pouca potência. Você pode se sentir preso, devagar ou desmotivado. Imagine-se tendo de escrever um relatório técnico, limpar um armário bagunçado ou mexer em seus impostos. É difícil manter a atenção no que você está fazendo. Você se sente preguiçoso e sonolento, com uma vontade imensa de checar seu e-mail, de assistir tevê ou de comer um lanche – qualquer coisa para evitar aquela tarefa chata que você tem de encarar.

Quando a estimulação está correta, você vive em um estado de relaxamento-alerta. Seus músculos estão relaxados e sua mente aberta. Especialistas em atenção chamam o estado de relaxamento-alerta de "excitação ótima" – você está em um nível ideal de euforia. Você adequou a estimulação e a quantidade correta de adrenalina,

	Nível de excitação		
	Sem energia	Excitação	ótimo
estimulação	muito baixa	muito alta	adequada
adrenalina	muito baixa	muito alta	equilibrada
estado	entediado	muito eufórico	relaxamento-alerta
sentimentos	apatia	ansiedade	confiança
	cansaço	medo	interesse
	passividade	pressão	atividade
	distração	estresse	sobriedade
	indecisão	irritação	motivação
atenção	escassa	escassa	melhor

sentindo-se motivado, confiante e focado. Pense em alguma coisa que você realmente goste de fazer: ler aquele romance que faz você querer saber o que vem a seguir, fazer uma caminhada ao ar livre ou viajar para algum lugar interessante. Você sente um grande senso de clareza e de envolvimento. Prestar atenção quando se está em um estado de relaxamento-alerta não requer praticamente nenhum esforço.

Vamos voltar ao dia em que eu estava andando a cavalo. Imagine que uma das pessoas que estava montando fosse tão experiente que as instruções que o guia estava fornecendo não lhe serviriam para nada. Essa pessoa estaria entediada – sem motivação – e teria dificuldade para se concentrar no que o guia dizia. Em contrapartida, eu estava do outro lado da situação.

Eu estava em euforia. Meu cérebro passava por uma tempestade de adrenalina e minha concentração estava comprometida. Em qualquer um dos extremos, hiperestimulado ou pouco estimulado, sua atenção está fora de alcance.

Quando seu nível de euforia está equilibrado, você se sente confiante e capaz de se concentrar. As outras pessoas que também andavam a cavalo naquele momento, como minha filha, estavam naturalmente focadas no guia. Estavam excitadas para o passeio, mas não assustadas ou paralisadas. Estavam todos animados para ouvir, e não em uma confusão mental como aquela em que eu me encontrava.

Em seu estado de relaxamento-alerta, eles podiam prestar atenção no guia, nos seus cavalos e naquela visão da trilha, tão linda de tirar o fôlego, em plena costa do Oceano Pacífico. Manter a atenção tem suas recompensas!

A curva em "U" invertido

Para entender a relação entre a atenção e a estimulação, imagine um gráfico simples, que se parece com uma colina ou um "U" invertido. A atenção é o eixo vertical, que oscila do pior para o melhor. A estimulação é o eixo horizontal, que aumenta da esquerda para a direita, do mais baixo para o mais alto.

A extremidade esquerda (colina acima) representa a baixa estimulação, e a extremidade direita (colina abaixo) representa a superestimulação. Nas duas extremidades, pouco ou superestimulado, sua atenção está no pior ponto. No centro (no meio da colina), a estimulação está correta e sua atenção está no melhor ponto. Esta é sua zona de foco.

É bom estar na sua zona, onde a estimulação é suficiente e linear. Nesse estado de relaxamento-alerta envolvendo corpo e mente, você se sente efetivo e executa suas tarefas com uma energia que se mantém. Você ouve bem, mantém a atenção, organiza-se de maneira eficiente, toma decisões mais claras e termina o que começou.

O "U" invertido está na literatura psicológica há cerca de um século. Ele mostra a lei de Yerkes-Dodson, desenvolvida em 1908, por Robert M. Yerkes, Ph.D., e John D. Dodson, também Ph.D., que explica os resultados de uma série de experimentos. A lei diz que a atuação (ou atenção) aumenta com a excitação (ou estimulação), mas somente até certo ponto.

Quando a excitação chega a um nível muito alto, a atuação decai.

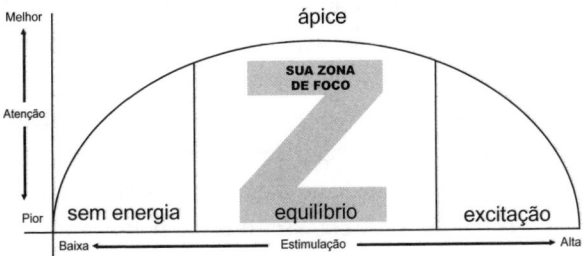

Sua zona de foco na curva em U invertido

Ao longo dos anos, o "U" invertido continuou a servir como um princípio unificador, para explicar descobertas em biopsicologia e neurociência. Pesquisas confirmaram e expandiram essa clássica relação curvilínea, para incluir-lhe variações mais complexas. É um ensinamento muito importante em psicologia do esporte. E é usado por atletas de todo o mundo como um modelo para praticar o controle da atenção.

Algumas vezes, a linha horizontal – a da estimulação – é marcada como euforia, intensidade, motivação, nível de adrenalina ou excitação psicológica; outras vezes, a linha vertical – a da atenção – é marcada como atenção seletiva, concentração, foco, atuação mental ou eficiência na atuação. O alcance central – sua zona de foco – foi também chamado de "ótimo alcance de atuação", "zona individual do funcionamento ótimo" (Zifo), e, em esportes, apenas "a zona".

No topo da colina, no centro exato, aparece um ápice. Quanto mais perto você chegar do seu ápice, mais perto você estará do estado ideal de estimulação e atenção. Os atletas se referiram durante muito tempo a esse estado como o "ápice da atuação". Especialistas em criatividade chamam-no de "fluxo" e o descrevem como um estado alterado de consciência. O termo foi cunhado por Mihaly Csikszentmihalyi, Ph.D., que coletou dados de vários indivíduos extremamente focados, de alpinistas a jogadores de xadrez. A palavra "fluxo" é a que melhor descreve suas experiências, quando eles estão justamente engajados com o autocontrole, com o objetivo de alcançar metas e cumprir ações importantes. Csikszentmihalyi explicou isso mais a fundo, falando sobre a ausência de tempo e a liberdade de ficar totalmente absorvido no que se está fazendo. Artistas, músicos e inventores lutam para alcançar o fluxo, o ápice do estado de relaxamento-alerta.

Embora alcançar esse estado de ápice seja importante para atividades que requeiram atenção total, pode ser difícil e pouco funcional em seu ambiente de trabalho, marcado por horários a cumprir e interrupções. Felizmente, você não precisa desse ápice para estar na sua zona de foco. Quando você está em qualquer ponto do centro de alcance do gráfico, sua atenção está engajada e você está produtivo.

Estar na sua zona de foco é uma questão de conhecimento. Algumas vezes, você vai estar perto do ápice de atuação, "no centro", e algumas vezes você vai estar perto de se sentir pouco – ou super – estimulado "em cada extremidade". Estar pouco ou hiperestimulado é também uma questão de conhecimento. Você poderia estar um pouco entediado ou intoleravelmente entediado, ou um pouco hiper ou muito hiper. Mas se você estiver em qualquer lugar fora da sua zona, você provavelmente terá problemas. Você já esteve em uma reunião ou uma palestra onde começou a divagar? Você pode não ter se distraído completamente, mas perdeu alguns detalhes. Agora você está preso à preocupação de saber se esses detalhes eram importantes ou não para você.

Formas suaves e de pouca estimulação também causam problemas. Você já se sentiu angustiado enquanto estava fazendo uma prova? Você provavelmente tirou nota baixa porque sua concentração estava enfraquecida. Você não foi reprovado, mas ficou frustrado, já que sabia que tinha estudado muito e tinha as respostas ali, em algum lugar da mente. Saiba que elas apareceriam mais facilmente se você estivesse na sua zona de foco.

Estar na sua zona

Quando o assunto é prestar atenção, sua zona é definitivamente o lugar para se manter. Todos nós já estivemos lá alguma vez, e, quando estamos lá, é maravilhoso. Pense na última vez em que você fez algo que realmente tenha gostado de fazer – cuidar de um bicho de estimação, praticar um hobby ou um esporte.

Você pode estar procurando um tópico favorito, organizando suas músicas ou conversando com seus amigos. Lembre-se de como se sentiu ao estar empenhado no que estava fazendo, relaxado, porém, cheio de energia. Pode ser que você se lembre de um sentimento bom de propósito, de valer à pena e de ter motivação. Você pode até ter pensado consigo mesmo: "Quem dera pudesse ser assim a toda hora".

A boa notícia é que na maior parte do tempo pode ser. Com prática, você pode se autodisciplinar para permanecer na sua zona. Assim como fazem os atletas que praticam atividades psicológicas, você também pode permanecer na sua zona de foco quando quiser. É verdade, esteja você trabalhando em uma tarefa extremamente tediosa ou no outro extremo, enfrentando aquelas situações que acontecem uma vez só na vida, e que geram alta tensão. Os melhores esportistas treinaram para obter esses resultados e você também pode alcançá-los.

Entendendo a hiperestimulação

Primeiro vamos dar uma boa olhada no que acontece quando você está muito excitado. Quando a maioria das pessoas ouve falar em fluxo de adrenalina, elas pensam em euforia, como a excitação que sentimos quando andamos na montanha-russa, por exemplo. É divertido. Nós registramos essa experiência como algo prazeroso.

Mas a superestimulação se refere ao estado total de seu cérebro e corpo quando você está produzindo muita adrenalina, e, geralmente, isso é indesejável. Seu coração bate mais forte e seu foco oscila de um lado para o outro ou fica preso em algum lugar. A montanha-russa é uma exceção. Você pode gritar e ainda sorrir, porque a parte racional do seu cérebro sabe que você está seguro e não em um trem em direção ao abismo.

Geralmente, em um estado superestimulado, o medo não é seu amigo. Sua percepção de medo desencadeia uma resposta chamada "lute-ou-fuja", da parte de sobrevivência do seu cérebro, seja essa resposta útil para você ou não. Mesmo sabendo a diversão que o espera, você já sentiu aquela vontade incontrolável de escapar pelo portão de saída quando chega a sua vez de andar na montanha-russa? É a adrenalina alimentando seu impulso de fuga.

Em outras situações em que você está diante do medo, a parte de sobrevivência do seu cérebro impulsiona adrenalina, porque essa parte acha que você precisa lutar. Você pode estar se preparando para ter uma reunião difícil com seu chefe, sentindo que talvez possa perder status ou dinheiro. A parte ligada à sobrevivência de seu cérebro reage a esse perigo como se você estivesse prestes a travar uma batalha com um animal selvagem. Essa parte comanda a liberação de adrenalina, para aumentar sua força física e dar mais velocidade a seus reflexos.

Os sinais mais tênues de luta ou de ausência em seus pensamentos, palavras ou ações indicam se você está entrando em euforia. Sinais comuns de uma luta incluem: sentir-se mal-humorado, argumentativo e extremamente crítico com você mesmo ou com os outros. Sinais comuns de ausência incluem: preocupação, ansiedade e ruminação, apesar de a conexão entre esses sentimentos e o impulso de fugir não ser tão aparente. Esses sentimentos aparecem quando a parte de sobrevivência do seu cérebro quer fugir, mas você está no trabalho ou preso no trânsito e não pode simplesmente levantar e sair.

Sem perceber, você faz a única coisa que uma pessoa encurralada pode fazer – você divaga em seus pensamentos. Você foge mentalmente do aqui e agora, com a adrenalina alimentando pensamentos do passado, do futuro, ou mesmo os erros e medos imaginários.

Diferentes atividades, diferentes zonas

Cada atividade tem sua própria zona ou "ótimo estado de abastecimento de adrenalina direcionada". Na hora do jogo, um atacante de um grande time precisa bombear muito mais adrenalina do que você quando está sentado em seu quarto escrevendo um relatório de vendas, por exemplo. Falando de maneira geral, atividades físicas pedem mais adrenalina, que manda energia para o corpo para uma luta física ou para fugir. Atividades mentais requerem menos adrenalina porque ela fornece ao corpo mais força física, desviando o fluxo sanguíneo do cérebro. Para atividades mentais, o cérebro quer que o sangue flua por todo o corpo.

Na psicologia do esporte, a zona para cada esporte é determinada por sua relação entre força física e habilidades mentais. Boxe, por exemplo, requer força e energia, então, o "nível ótimo de adrenalina" no boxe é alto. Tênis ou golfe requer grande concentração, então, o "ótimo estado de adrenalina" é bem baixo. Na linguagem da psicologia do esporte, a curva em "U" invertido para o boxe é mais alta na excitação contínua do que para o tênis ou o golfe. Estar na zona é importante para todos os atletas, mas os níveis que definem suas respectivas zonas dependem da exigência de cada esporte em particular. Na sua vida, os níveis que definem sua zona dependem do que você faz e da quantidade de adrenalina requerida. Quase todos os trabalhos da era da informação requerem principalmente atividades mentais. Reunir dados, gerenciar planilhas, escrever relatórios, fazer teleconferências e criar códigos de acesso para computadores são atividades mentais e não físicas. Quando você se senta em sua mesa ou em frente ao computador para se concentrar, você atua melhor com menos adrenalina. Um pedreiro que está levantando um muro, cavando e martelando o dia inteiro, precisa de mais adrenalina.

Ao longo do dia, enquanto você pula de uma atividade para outra, a quantidade de adrenalina que você precisa para ficar na sua zona de foco muda. Se você está conduzindo uma conferência de vendas, você precisa de animação e paixão mais do que de atenção aos detalhes. Se você está fazendo a revisão ortográfica de um contrato acontece o oposto. Algumas vezes, você precisa mudar rapidamente. Se você está fazendo uma apresentação, você quer emitir uma voz potente; mas durante o período de perguntas e respostas, é hora de ouvir com atenção, relembrar rapidamente e dar respostas concisas.

Você já participou de uma conversa em que alguém disse alguma coisa um pouco indiscreta, ou fez uma pergunta direta, e você se sentiu levemente ameaçado ou provocado? É bem provável que você não tenha conseguido dar uma resposta à altura e possa até ter ficado sem palavras. Isso acontece porque uma dose imediata de adrenalina levou você a um estado hiperalerta. Mais tarde – geralmente no banho -, você então pensa exatamente no que gostaria de ter dito naquele exato momento. Isso acontece porque você retornou a um estado de relaxamento-alerta. Você voltou para sua zona de foco.

Um processo de dois passos

Quando você não está na sua zona e perde o controle da atenção, o seu nível de adrenalina está em desequilíbrio em relação à sua situação atual. Seu cérebro bombeia pouca ou muita adrenalina para conseguir terminar a tarefa.

Felizmente você tem escolhas. Como um atleta de elite, você pode retomar sua atenção voltando para sua zona de foco. Você pode usar seus pensamentos, sentimentos e ações para mudar seu nível de adrenalina.

Lembre-se do ciclo galinha-e-ovo: muita estimulação causando a produção de muita adrenalina, e assim por diante. Bom, a boa notícia é que você pode quebrar esse ciclo. Usando as mesmas habilidades psicológicas que os atletas de elite, você pode aumentar ou diminuir sua estimulação quando necessário e assim ajustar seus níveis de adrenalina no cérebro. Você pode voltar para um estado de relaxamento-alerta e reassumir o controle da sua atenção.

Pense em qualquer esporte que exija equilíbrio – andar de skate, esqui ou de bicicleta. A velocidade é muito lenta ou muito rápida. Você não se sente no controle, não importa o quanto você tente. Reassumir o controle implica um processo de dois passos. Primeiro, você precisa perceber que está perdendo o controle. Depois, você precisa acelerar ou ir mais devagar, para reassumir seu equilíbrio.

Quando você se sente distraído, entediado ou provocado, reassumir sua atenção também é um processo que implica dois passos. Primeiro, você precisa perceber que está fora da zona de controle. Depois, você precisa de habilidades ou estratégias para voltar à sua zona. Há muitas maneiras de se fazer isso. Na parte II, você vai aprender os métodos-chave para as situações que você enfrenta todos os dias.

Para recuperar a atenção perdida

Pare e note que você não está mais na sua zona de foco.
Escolha uma estratégia para se animar ou para se acalmar.
Os oito chaveiros lhe fornecem maneiras efetivas para seguir qualquer uma das opções.

Realizar múltiplas tarefas é bom ou ruim?

Nos dias de hoje, todos nós realizamos múltiplas tarefas. Enquanto você lê este livro, você está comendo um lanche, ouvindo música ou talvez fazendo uma viagem. A questão que não quer calar é: todas essas múltiplas tarefas o ajudam ou o prejudicam?

O "U" invertido remete a essa questão. Se você está sem energia, realizar múltiplas tarefas é bom porque atividades extras aumentam a estimulação e levam você de volta à sua zona de foco. Vamos imaginar que você esteja tentando decifrar um código e sua mente começa a divagar. Você nota que está começando a se sentir entediado, então, você abre a janela que está na base da sua tela de computador, baixa alguns vídeos de rock para dar uma olhada e mantê-lo ligado enquanto você trabalha. A estimulação leva você de volta à sua zona de foco.

Na outra extremidade da curva em "U" invertido, se você está em euforia, realizar múltiplas tarefas só vai fazer seus problemas piorarem. Vamos supor que você esteja trabalhando em um projeto que tem prazo de entrega. Seus colegas de trabalho ficam ligando, mandando textos, e-mails, mensagens instantâneas e até mesmo indo a sua mesa a toda hora, interrompendo-o. Sua mente está trabalhando muito e você pode sentir vontade de baixar alguns vídeos de rock, mas esse estímulo adicional vai prejudicar sua atuação e produtividade. O que também pode acontecer é você estar decifrando um código, ficar entediado e decidir baixar um vídeo de rock que é tão legal que você não consegue deixar de assistir. Você aumentou sua estimulação, mas exagerou. Aumentando demais a estimulação na sua zona de foco, você só trocou um problema por outro. Agora você está em um ciclo de perda de tempo, onde sua atenção oscila de uma extremidade a outra do "U" invertido.

O vídeo termina e você está superexcitado, mas é hora de voltar ao trabalho. Só que, comparado ao vídeo de rock, o trabalho de decifrar o código é ainda mais chato do que antes. Você se obriga a trabalhar no código, mas logo começa a bater papo na internet e checar seu e-mail em outra janela. De novo, múltiplas tarefas lhe proporcionam excesso de estimulação. Mas de novo, você está muito excitado para decifrar o código. Você fica envolvido com coisas como ler piadas e ver os links que seus amigos lhe enviaram, até você olhar o relógio. Você tenta mais uma vez obrigar-se a enfrentar o código, que, agora, é uma tarefa mais chata do que nunca. Você agüenta o quanto pode e, então, desiste e decide postar comentários em seus blogs favoritos. Resultado: o que você poderia ter feito em uma hora levou metade de um dia!

Atenção às múltiplas tarefas

O segredo para realizar múltiplas tarefas é saber usá-las estrategicamente. Pode ser um desafio, porque é difícil ser honesto consigo mesmo quando se fala em estimulação. Como você vai aprender no Capítulo 3, nossos cérebros estão condicionados a estimuladores, sejam bons ou não.

Veja os celulares, por exemplo: cerca de 75 por cento dos motoristas dizem que usam o telefone celular enquanto dirigem. Nós gostamos de falar e dirigir. Pesquisas usando estimuladores durante a direção revelam que, quando os motoristas estão falando ao celular, existe maior probabilidade de se envolverem em acidentes de trânsito, em avançar faróis vermelhos e reagir mais lentamente. Nós ignoramos o que os pesquisadores chamam de "inatenção cega", que é o que acontece quando perdemos informações importantes por nossa atenção estar comprometida. O centro de estímulos nos nossos cérebros prefere que não saibamos que estamos em uma situação de risco, porque estamos acostumados aos estímulos de dirigir e conversar.

Isso quer dizer que você nunca deveria usar seu celular enquanto dirige? Nos dias de hoje é algo muito difícil. A atitude mais sensata a se tomar é manter o "U" invertido em mente. Use o viva-voz ou o fone de ouvido e esteja ciente do impacto causado pela adição de mais estimulações para cada situação em que você estiver envolvido. Pergunte a si mesmo o que esses estímulos adicionais estão acarretando à sua habilidade de permanecer na sua zona de foco.

Prestar atenção às múltiplas tarefas é uma das chaves do chaveiro da mudança, que você vai conhecer no Capítulo 5. Colocar a atenção às múltiplas tarefas é o mesmo que dizer que você conscientemente se auto-analisa e determina a zona de foco que precisa para cada nova situação – no seu carro, na sua mesa de trabalho; com sua família, amigos e colegas de trabalho. Cada situação requer uma decisão. Algumas vezes você vai escolher realizar várias tarefas ao mesmo tempo, outras vezes não. Mas com a atenção voltada para as múltiplas tarefas, você não responde automaticamente a um toque ou a uma voz. Você toma uma decisão deliberada, baseada na razão e na estratégia.

Preparar-se psicologicamente ou acalmar-se?

Encontrar a sua zona de foco nem sempre é fácil. Ela não só muda de atividade para atividade, mas também de uma pessoa para outra. Personalidade, fisiologia, maneira de pensar, idade e experiência são fatores que devem ser levados em consideração. Você pode não conseguir falar, mandar e-mails e mensagens instantâneas ao mesmo tempo, mas seu filho provavelmente consegue. E na sala de aula dele, enquanto alguns alunos se distraem com barulhos de papéis amassados, cadeiras mexendo-se e colegas de classe cochichando, outros não.

Isso acontece do mesmo modo porque cada um de nós tem diferentes rostos e digitais. Cada um de nós tem sua própria química cerebral. Seus limites de adrenalina são únicos para você. A maneira como você metaboliza a adrenalina determina sua relação com a estimulação e a sua zona de foco pessoal.

Ao longo da leitura de *Acerte o foco*, você vai obter conquistas importantes em reconhecer se está ou não na sua zona e o que deve fazer para permanecer nela. Algumas vezes, você pode se sentir sem energia, mas o maior problema é o excesso de adrenalina. O adiamento é um bom exemplo.

Vamos supor que você esteja adiando colocar suas finanças em dia, ou fazer aquele exame que você precisa para tomar uma decisão sensata sobre sua saúde. No geral, parece apenas que você não quer se sentar e fazer um trabalho tedioso ou realizar um exame. Mas lá no fundo, você está mesmo é assustado. Você tem medo de descobrir o quanto pode estar devendo ou saber da possibilidade de ter de enfrentar uma operação de risco. O medo e a adrenalina que vêm com ele paralisam você antes mesmo que tenha a chance de encarar o tédio como um problema. Antes de seguir em frente, você precisa lidar com seu medo e voltar para sua zona de foco.

Muitos pais instruídos vêm ao meu consultório espantados com o que acontece na hora da lição de casa dos filhos. Quanto mais eles tentam fazer com que seus filhos se sentem e concentrem-se, mais as crianças brigam, ficam chateadas ou distraídas. Tentando agir com responsabilidade, eles ameaçam castigar seus filhos ou privá-los de seus privilégios. Mas isso não faz com que a criança comece a produzir. Em vez disso, ela se vê imobilizada e esmorecida.

O problema é que a discussão, a chateação e a distração dessa criança são sinais de uma resposta de luta-ou-fuga, um resultado de seu desentendimento em relação ao medo. Por fora, a criança pode parecer entediada e desafiadora. Mas por dentro, mesmo que ela não perceba, está assustada e não consegue fazer a tarefa, ela vai cometer erros ou não fará a lição tão bem quanto seus colegas. Ela teve muita e não pouca adrenalina bombeada por seu corpo. A ameaça de seus pais só fez com que ela bombeasse ainda mais adrenalina, o que terminou por impulsioná-la para fora da sua zona de foco. Em vez de ficar motivada, a criança fica sobrecarregada.

De volta ao rancho, ao dia do passeio a cavalo com minha filha, assustada e presa à sela, pode ter acontecido de eu ter me mostrado distanciada e entediada. Mas se alguém tivesse gritado comigo para eu prestar atenção, eu provavelmente teria me acabado em lágrimas. Eu precisei diminuir meu nível de adrenalina para, assim, retomar a atenção. Eu tive de manter meu estado de pânico controlado – até que eu estivesse relaxada o suficiente para voltar à minha zona de foco.

Capítulo 2
Entediado, hiperestimulado, ou os dois

Quando um jogador começa a reconhecer que aprender a se focar pode ser mais valioso do que um bom lance, ele deixa de ser um jogador do jogo externo para ser um jogador do jogo interno. Então, em vez de aprender a focar em como melhorar seu jogo de tênis, ele pratica tênis para melhorar seu foco.
— W. Timothy Gallwey

Um livro permanente, *O jogo interior de tênis*, ensina o segredo de como se manter focado na quadra: livrando-se da pressão e relaxando. Gallwey diz que a voz da autocrítica é a inimiga número um dos seguintes focos: "Eu deveria ter pego aquela bola", "Eu deveria ter sido mais rápido na hora de me mover", "Eu deveria ter abaixado mais minha raquete na hora em que rebati". Esses "deverias" tiram você da sua zona de foco e o colocam nas duas extremidades da curva do "U" invertido. Em um ponto, eles causam tensão e você se sente preocupado. E, no outro, eles roubam a alegria do jogo, então, você se sente entediado e sem energia.

Nos dias de hoje, nós temos a nossa própria lista de "deverias": "Eu deveria trabalhar mais depressa e fazer mais coisas", "Eu deveria ganhar mais dinheiro do que estou ganhando", " Eu deveria ter fechado aquele acordo, feito aquela ligação, vendido aquelas ações". Como no tênis, esses "deverias" criam tensão e tédio. Eles deixam você oscilando de um estado superestimulado para outro pouco estimulado.

As oscilações começam quando você exige muito de si mesmo, então, você sente fadiga, sente-se desmotivado e perde seu foco. Sentindo-se para baixo, você se culpa. Então, para parar de se sentir culpado, você se cobra ainda mais. Tendo sua atenção desviada, dessa forma você se sente como um ioiô. Você passa pela sua zona de foco, mas não se mantém nela por muito tempo.

Desvios de atenção são sintomas de distração da era digital, mas cada um tem um estilo diferente. Enquanto a maioria das pessoas oscila entre um vaivém, outras permanecem mais de um lado ou de outro da extremidade do "U" invertido. Lembra-se da lista de três perguntas feitas na Introdução? Você achou a questão que melhor descreve você: ter desvios de atenção, estar disperso e distraído ou estar hiperativo e hiperfocado?

Neste capítulo você vai ler sobre Joe, Meg e Todd, cujas histórias são baseadas nas pessoas que atendi ao longo de minha prática médica. Joe tem desvios de atenção. Meg é muito dispersa e distraída. E Todd é hiperativo e hiperfocado.

Você vai se identificar com alguns, mas não com todos os aspectos dessas pessoas. E você vai, inclusive, ver traços de personalidades de pessoas que você conhece, mas com diferenças também. Embora cada um de nós seja um indivíduo, somos parecidos o bastante para aprendermos uns com os outros.

Desvios de atenção tiram você da sua zona de foco

Joe é um engenheiro brilhante e trabalha em uma pequena empresa de alta tecnologia. Ele tem a reputação de ser o homem certo para conversar, caso você tenha um problema para resolver, mas isso só se você falar com ele no momento correto. Joe tem dificuldades em iniciar tarefas. De manhã, ele não consegue se preparar e concentrar-se. Perdido em pensamentos, Joe divaga ao lado da cafeteira, daí se senta e navega na internet até que esteja focado o suficiente para trabalhar. Não muito depois que ele volta do almoço, Joe encontra-se no mesmo estado de não estar totalmente presente.

Por outro lado, se há uma crise ou um novo projeto promissor, Joe volta à vida. Quando um vírus afeta o servidor que pára de funcionar, Joe fica acordado a noite inteira para reconectar o servidor. Depois disso, Joe fica tão fascinado com o código viral que continua analisando-o em detrimento de seus projetos em andamento. Em reuniões, Joe não resiste a enviar mensagens de texto e checar seu e-mail. Ele fica envolvido com suas mensagens e perde a discussão. Suas idéias são de grande valia para a empresa, mas, mesmo assim, Joe não recebe o retorno merecido por suas idéias e contribuições.

Em casa, parece que Joe tem um problema oposto. Ele prefere começar sempre algo novo a terminar o que já começou. Sua mesa de computador é lotada de papéis e CDs, ele está instalando todo o sistema de entretenimento de sua casa e prometeu impressões de fotos de vários Natais passados para seus parentes. Joe gosta de navegar na internet e jogar videogame. Ele fica tão compenetrado nessas atividades que quando sua esposa avisa que o jantar está pronto ou seus filhos pedem ajuda com a lição de casa, ele os ignora. É por isso que ele se ocupa dessas atividades tarde da noite, quando todo mundo está dormindo.

Joe diz que ele não pode limpar a mesa do computador até que tenha muito tempo de sobra para isso; ele quer analisar um pouco mais a situação antes de tomar qualquer decisão a respeito de seu sistema de entretenimento; e ele não pode imprimir fotos até que tenha limpado toda a bagunça da sua mesa de computador. Em uma típica manhã de sábado, Joe olha para tudo que ele tem de fazer, sente-se sobrecarregado e não faz muito progresso com seus projetos em andamento. O que ele realmente gostaria é de adquirir um software para que assim pudesse fazer belos vídeos caseiros, mas ele tem medo de dizer isso à esposa.

Pouco e superestimulado
Joe é o modelo típico de distração da era digital. Ele passa as primeiras horas de seu dia de trabalho na extremidade pouco estimulada da curva em "U" invertido. Ele está muito entediado para realizar seu trabalho. Quando ele se vê frente à criação de um projeto ou de uma ameaça de vírus de computador, a adrenalina joga-o direto em sua zona de foco. No entanto, Joe não permanece muito tempo ali. Ele chega a um estado de superestimulação e não consegue redirecionar seu foco para seu trabalho do dia-a-dia.

Em reuniões, Joe se vê perdido na mesma situação de distração. Ele fica entediado com as discussões, depois superestimulado checando mensagens, daí ainda mais entediado, tentando voltar para a discussão que já não o envolve mais.

Em casa, quando Joe fica entediado e começa um projeto novo, a adrenalina que ele sente por começar esse projeto novo o mantém em sua zona de foco por um tempo, mas logo ele se vê novamente entediado. Ele parte de um projeto inacabado para outro, sem o benefício do sentimento de satisfação por terminar um trabalho. Joe adia tomar decisões, e dúvidas internas consomem o que há de melhor nele. Ele anseia por escapar de seu tédio e indecisão, fazendo o que ele faz de melhor: começar um novo projeto.

O hábito de ficar acordado até tarde é um fator que contribui para os desvios de atenção de Joe. Ele está condicionado a ficar mais estimulado tarde da noite e gosta disso. Ele se sente vivo e livre, sem ninguém dizendo o que ele deve fazer. Mas dormir pouco faz com que Joe, no dia seguinte, ao acordar, atinja a extremidade pouco estimulada da curva em "U" invertido. Para conseguir começar o dia, Joe bebe café e come rosquinhas. E isso o coloca em um estado de superestimulação. Ele consegue terminar seu trabalho, mas não sem custo algum, digamos que ao ponto de o efeito da cafeína e dos doces terminar. Joe mergulha em um estado de pouca estimulação depois do almoço. E ele continua a oscilar o dia todo, usando café e doces como estimulantes, o que o joga de uma extremidade a outra do "U" invertido.

Superestimulação pode deixar você hiperativo em excesso

A superestimulação se torna diferente de acordo com os momentos – e Joe é um bom exemplo disso. Em casa, no sábado pela manhã, quando Joe se sente superestimulado, a mente dele trabalha muito e ele fica hiperativo em excesso. Sua adrenalina proporciona-lhe uma grande quantidade de energia, mas ele a desperdiça pulando de um projeto para outro. Se você falar com Joe enquanto ele estiver nesse estado, ele lhe dirá os planos que tem para expandir o projeto em questão. Como sua propensão a ter idéias é um bem valioso, Joe fica preso em seu modo gerador-de-idéias quando, na verdade, seria hora de começar a produzir.

Eu escolhi as palavras "hiperativo em excesso" para mostrar que, no quadro geral, esse extremo não é efetivo e é também ineficiente. Embora ser hiperativo pareça uma coisa boa – um tipo de superpoder que você gostaria de ter para terminar todo o seu serviço –, quando se apresenta em excesso implica perda de tempo, torna-se algo insustentável. Você perde a sua habilidade de ficar focado até o final de algo. E mesmo que você se obrigue a se manter em um único projeto, você rapidamente se cansa e entra em um processo de desvio de atenção.

Hiperestimulação pode deixar você hiperfocado em excesso

Tarde da noite, quando Joe está superestimulado ou quando começa um novo projeto no trabalho, ele fica hiperfocado de uma maneira diferente: entra em um estado intenso de excesso de hiperfoco. Seu alto nível de adrenalina estreita sua atenção. Ele fica muito ligado no que está fazendo e se torna impossibilitado de ver o quadro geral. Navegando na internet ou jogando videogame, Joe se esquece da hora, de sua necessidade de dormir e de seus compromissos para com a família. No trabalho, quando começa um novo projeto, ele negligencia suas responsabilidades rotineiras.

Mais uma vez eu usei o termo "hiperfocado em excesso", porque estar hiperfocado é uma habilidade útil e um estado desejável. Mas estar hiperfocado em um estado de hiperestimulação soa como estar superpreso a uma tarefa. Você não consegue prosseguir se não se desprender antes. Nesse estado restrito de hiperestimulação, Joe não consegue parar de focar somente uma situação e assim fica fadado ao cansaço e a desvios de atenção.

Estar hiperfocado não significa ter fluxo ou atingir o ápice da atuação

Enquanto Joe está compenetrado navegando na internet ou jogando videogame, para quem está observando-o de fora parece que ele está em sua zona de foco. Ele se mostra tão absorvido no que está fazendo que aparenta estar em seu estado de fluxo, no tipo de atuação de ápice identificado por Mihaly Csikszentmihalyi no Capítulo 1.

Existem inúmeras maneiras em que o hiperfoco em excesso se assemelha ao fluxo: concentração total, envolvimento profundo, impressão de desafio e perda da noção do tempo. Mas a diferença crítica é a presença de tensão em um estado extremo de hiperfoco, ao contrário do momento em que você está em estado de fluxo ou em atuação de ápice, quando permanece relaxado.

No hiperfoco extremo, a adrenalina manda. Sua intensidade tranca você em um campo estreito de foco e tira-lhe a liberdade de escolha. Você mantém uma chave de concentração nula sobre o que está fazendo e começa a desvalorizar outras atividades, até aquelas de que você geralmente gosta. As excitações adicionadas não estão longe da superfície.

Por outro lado, o fluxo ou atuação de ápice é o cume de sua zona de foco, um estado de relaxamento-alerta. A atenção flui facilmente porque a quantidade correta de adrenalina está sendo bombeada. Csikszentmihalyi caracteriza esse estado como um estado calmo de equilíbrio e alegria, caracterizado pela abertura, flexibilidade e liberdade de pensamento.

Hiperfocado em excesso vs. fluxo

	Hiperfocado em excesso	fluxo
estado	tenso	relaxado
aceitação de erros	não	sim
sustentável	não	sim

Quando Joe está no computador à noite, como ele pode perceber se está preso em um estado de superexcitação de hiperfoco ou em um estado relaxado de fluxo? Uma maneira de perceber isso é verificar a reação dele em relação à frustração. Se ele se sente capaz de aceitar os próprios erros e atrasos, provavelmente está em um estado de fluxo. Mas se ele bate no controle porque o jogo está muito difícil, ele está superestimulado e hiperfocado em excesso.

Outra dica diz respeito a como ele reage às interrupções. Quando você está na sua zona, você certamente não quer ser interrompido, mas se a interrupção for por uma boa causa, você pode aceita-lá de maneira amigável. Sem querer, Joe olha zangado para sua família porque quer que eles o deixem sozinho. Esse é um sinal de que ele está bombeando muita adrenalina e está hiperfocado em excesso. Se, por outro lado, Joe pudesse deixar de lado seus jogos sem ficar bravo, seria um sinal de que ele estaria em sua zona de foco.

Dispersos e distraídos perdem a zona

Meg é uma autônoma que trabalha como artista gráfica. Ela tem a reputação de usar cores e formas de maneira única. Mas Meg tem dificuldades em administrar detalhes e terminar trabalhos no prazo. Embora ela ganhe bem, gasta o que ganha com multas por atraso e penalidades por não entregar trabalhos na data correta. Algumas vezes, ela perde clientes que gostam dela e de seu trabalho, mas eles precisam dos trabalhos concluídos mais rapidamente do que ela consegue entregar. A maioria dos outros artistas gráficos usa o computador para manter o controle de seus negócios. Eles se modernizaram e anotam tarefas, como imprimir faturas e pagar dívidas. Meg sabe que ela precisa começar a usar uma planilha eletrônica, mas ainda não teve tempo para isso.

Meg mora em um apartamento no centro da cidade. Ela raramente recebe pessoas em sua casa, pois esta vive bagunçada. Como artista, ela se sente frustrada porque tudo isso ofende sua sensibilidade estética devido à sua profissão. No entanto, ela mora em uma casa tomada pela bagunça, com folhas de rascunhos e revistas por todos os lados. Os armários e gavetas são um aglomerado de sabe-se-o-quê.

Meg tem muitos amigos e gosta de prestar favores a eles. Parece que toda vez que ela reserva um tempo para arrumar sua casa, os amigos ligam para que ela os ajude a redecorar a casa deles. Meg prontamente concorda porque ela gosta de se sentir útil e sempre pensa que pode adiar a limpeza de seu apartamento.

Como Joe e todos nós que vivemos na era digital da distração, Meg apresenta desvios de atenção. Algumas vezes, quando ela está criando novas tendências, ela se isola por dias e não atende à porta, ao telefone ou aos e-mails. Então, quando ela termina, sai com seus amigos ou fica em casa e entra em salas de bate-papo até o amanhecer do dia seguinte. Mas, embora Meg tenha desvios de atenção, na maioria das vezes ela está na extremidade da curva do "U" invertido, a que corresponde à falta de energia.

Depois da fase de criação, depois de o projeto ter acabado, Meg apresenta dificuldades de baixa estimulação na hora de medir, criar as dimensões e escrever instruções detalhadas para quem vai imprimi-lo. Ela fica com pouca adrenalina e adia tarefas tediosas como escrever lembretes. Essas tarefas vão então se acumulando e formam uma sombra em sua mente. Embora ela seja brilhante e habilidosa, Meg ainda não transferiu suas tarefas para o computador, porque ela raramente tem tempo para fazer qualquer coisa a não ser recuperar o tempo perdido. Sabendo que ela está constantemente atrasada, tendo de se desculpar e pagar multas por atraso, Meg se sente um pouco culpada quase todas as vezes.

Fazer favores para seus amigos dá a Meg um instante de privação em relação à culpa que sente por causa dos adiamentos que faz. Enquanto ela está ajudando os outros, seu nível de adrenalina aumenta e ela restabelece seu foco. Por isso, quando seus amigos ligam, ela diz "sim" de forma tão excitada quanto uma pessoa sedenta bebe água. Meg sai com seus amigos geralmente para ir ao cinema e ao teatro. Ela gosta do sentimento de liberdade que essas atividades lhe proporcionam. Mas quando Meg volta para sua casa, sua adrenalina diminui de novo, e seu foco fica tão bagunçado quanto seu guarda-roupa e suas gavetas.

Hiperativos e hiperfocados em excesso perdem a zona

Todd é um executivo financeiro que é bastante jovem para a posição que ocupa na empresa. Ambicioso e trabalhador, ele subiu rapidamente. Embora algumas pessoas possam dizer que ele é o "tipo A" do viciado em trabalho, Todd protesta. "Você não sabe o que é um tipo A viciado em trabalho até conhecer meu pai". O pai de Todd passa quase todo tempo no escritório, exceto nos feriados importantes, já que ele sempre esteve ausente nas refeições em família.

Porque Todd não teve a chance de conhecer seu próprio pai, ele prometeu a si mesmo que não seria um pai ausente. E no conceito dele, ele não é. Embora seja responsável por gerenciar milhões de dólares em bens, Todd ainda tem como prioridade passar um tempo com sua família.

Todd mora na Califórnia, mas lida com negócios em Nova York. Por causa da diferença de horário, ele começa seu dia bem cedo. Toda manhã, Todd leva seu laptop para a mesa do café da manhã, procura por cotações de ações e envia mensagens instantâneas, enquanto toma café com sua família. Ele se orgulha da habilidade de fazer seu trabalho e ainda estar com seus filhos, diferentemente de seu pai. Todd rapidamente troca seu foco da tela do computador para a mesa da cozinha com sua família, embora algumas vezes no computador surjam mensagens mostrando que existem ações em alta ou uma súbita mudança de preço, o que faz com ele fique com todo seu foco voltado para o trabalho.

No escritório, quando um funcionário que ele supervisiona se aproxima para conversar, Todd mantém os olhos no monitor para estar atento às mensagens instantâneas. Quando um grande negócio está para ser fechado, todos sabem muito bem que devem ficar fora do caminho de Todd.

Na escola, a filha mais velha de Todd, Becky, tem problemas de concentração. O professor dela acha que ela pode ter um distúrbio de déficit de atenção. Quando o conselheiro escolar pergunta a ela o porquê de não estar atenta e ouvindo a explicação na sala de aula, ela briga e insiste que está atenta e ouvindo. Becky diz que consegue realizar múltiplas tarefas ao mesmo tempo, como seu pai, e que é uma perda de tempo se sentar na sala de aula e não fazer outra coisa a não ser assistir à aula. Recentemente, Becky foi convidada para dormir na casa de uma amiga da escola. A esposa de Todd viu Becky tentando mandar nas outras crianças. O conselheiro escolar desconfia de baixa auto-estima.

```
Melhor
  ↑             ┌─────────────────┐
  │          ╱  │  SUA ZONA      │  ╲
Atenção     │   │  DE FOCO       │   │
  │        │ Joe│                │Joe │
  │        │ Meg│                │Todd│
  ↓        │muito│relaxado e    │muito│
Pior       │distraído│ alerta   │hiper│
       Baixa ←────── Estimulação ──────→ Alta
```

Joe, Meg e Todd colocados na curva em U invertido. Onde você se encaixa?

Todd tem alta tolerância à adrenalina. Assim como seu pai e sua filha. Todd consegue começar e terminar muitas coisas ao mesmo tempo; ele é habilidoso para realizar múltiplas tarefas. Mas, uma vez que Todd aquece seus motores, ele passa direto pela zona de foco, dirigindo-se a um estado de superestimulação. Seu foco fica limitado e Todd, seus colegas de trabalho e família pagam o preço.

Quando se trata de sua família, as intenções de Todd são as melhores possíveis. Mas isso não quer dizer que os resultados de suas ações sairão da maneira como ele planejou. Quando Todd realiza múltiplas tarefas na mesa do café da manhã, os neurônios-espelho de sua filha – o mecanismo cerebral para aprendizado através de um modelo – estão funcionando a todo o vapor. Automaticamente e sem ninguém perceber, a filha de Todd está aprendendo a se espelhar no padrão de atenção dividida de seu pai.

Mais alguma coisa acontece, porém, nessa mesa de café da manhã. Todd desvia toda a sua atenção para o computador, quando surge um assunto urgente. Do ponto de vista de sua filha, a atenção do pai pode ser desviada de repente e imprevisivelmente, a qualquer momento. A maioria das crianças é preparada psicologicamente para aceitar a rejeição de outra criança no parquinho. Mas não está preparada para aceitar a rejeição dos pais dentro de casa. A natureza molda a criança para se importar profundamente com a quantidade de atenção que seu pai lhe dá. Uma menina que a qualquer momento possa se sentir ignorada pelo homem mais importante de sua vida vai construir defesas mais fortes do que o normal. A auto-estima de Becky leva um golpe com cada gesto de rejeição não-intencional que seu pai comete.

Exceto por uma leve sensação de depressão, Todd não se sente motivado o suficiente para mudar. Ele está ganhando toneladas de dinheiro e está sempre lidando com negócios em andamento. Os funcionários que ele supervisiona no trabalho não gostam de ter de pisar em ovos quando falam com ele, mas eles sabem bem que não podem lhe dizer isso. Todd não vê uma conexão entre os problemas de comportamento de sua filha e suas próprias atitudes. Sendo ele um homem que conquistou tanta coisa, Todd não acredita que sua filha tenha baixa auto-estima.

Entediado, hiper ou na zona

Você apresenta desvios de atenção como Joe? Você se sente disperso e distraído como Meg? Ou você fica hiperfocado em excesso como Todd? Em nossa cultura saturada de distrações, há uma combinação entre Joe, Meg e Todd em cada um de nós. Nós passamos muito tempo perdendo nossa zona de foco.

Por que isso acontece? O que está acontecendo com a atenção nos dias de hoje? O Capítulo 3 mostra por que temos desvios de atenção e ficamos presos nos extremos da curva do "U" invertido.

Capítulo 3
Atenção na era digital

Uma edição diária do New York Times contém mais informações do que uma pessoa comum que viveu no século XVII, na Inglaterra, tinha acesso em uma vida inteira.
— RICHARD SAUL WURMAN

Estímulos eletrônicos estão mudando a maneira como prestamos atenção. Para entender o que isso está fazendo conosco e com nossas crianças, vamos dar uma olhada no que sabemos sobre a atenção humana.

Existem dois tipos principais de atenção: a seletiva e a focada. Algumas vezes, a atenção seletiva também é chamada de filtragem e, a focada, de concentração ou período de atenção.

Atenção seletiva

Somos constantemente bombardeados por imagens, sons e odores do mundo em que vivemos, como também por pensamentos, impulsos e emoções que estão dentro de nosso cérebro e corpo. Pare de ler por um momento. Olhe para cima e pense em todos os estímulos que o rodeiam agora – luzes e cores à sua volta, ambientes barulhentos, pensamentos incômodos sobre coisas que você tem de fazer, lembranças emotivas de eventos recentes. Você precisa engolir? Coçar-se? Mudar de posição na cadeira? É de sua natureza poder bloquear todos esses estímulos e voltar a prestar atenção nas palavras impressas nesta página. Em graus de sucesso variados, focamo-nos no que é importante e filtramos o resto. Esse processo de direcionar a atenção para estímulos relevantes e ignorar os irrelevantes é chamado de atenção seletiva.

Esse tipo de atenção é a base para a percepção rápida, um conceito que se tornou popular com Malcolm Gladwell, em seu best-seller *Blink*, a decisão num piscar de olhos. Quando você conseguir selecionar apenas estímulos relevantes, você conseguirá pensar mais rapidamente. Assim, há uma vantagem clara. Peritos em arte conseguem apontar uma obra falsificada em um museu em segundos. Enquanto a bola ainda está no ar, um tenista nato e treinado pode prever quando um jogador está prestes a cometer uma falta. No entanto, como Gladwell ressalta, a atenção seletiva, se usada de maneira errada, pode ser perigosa. Policiais experientes geralmente conseguem perceber a diferença entre medo e agressão por meio da expressão facial do criminoso suspeito. Mas, quando os policiais estão superexcitados, como nas perseguições em alta velocidade ou ao usarem uma arma, é comum deixarem de notar esses comportamentos e características. Pessoas desarmadas já foram espancadas – e até mesmo mortas – por engano, devido ao alto nível de adrenalina ter prejudicado a atenção seletiva dos policiais em perseguição. A atenção seletiva é um bem, mas só quando trabalhada adequadamente, ou seja, quando você está centrado em sua zona de foco.

Atenção focada

Concentração, ou período de atenção, é a habilidade de manter a atenção estimulada por um longo período de tempo. Trata-se da atenção focada, necessária para a produtividade. Precisamos de concentração para superar obstáculos, para não cedermos às tentações, para perseverarmos nas dificuldades e nos tornarmos peritos em qualquer situação. Os peritos em arte, os tenistas e os policiais habilidosos dos exemplos de Gladwell treinaram por muitos anos para dominar a atenção seletiva.

O período de atenção aumenta à medida que o cérebro da criança amadurece. A atenção normal de uma criança abrange de três a cinco minutos para cada ano de idade. Uma criança de dois anos deve conseguir prestar atenção em algo por cerca de seis minutos; já quando ela entra no jardim-de-infância, a capacidade de concentração deve aumentar para pelo menos 15 minutos. Essas proporções parecem pequenas quando levamos em consideração que as crianças de hoje conseguem assistir tevê durante muitas horas. Mas o tempo gasto na frente da tevê ou do videogame não é parâmetro para períodos normais de atenção – essas atividades são consideradas uma exceção.

O período de atenção normal indica a quantidade de tempo em que uma pessoa é capaz de se manter atenta a um pensamento ou a uma atividade. Quando você assiste televisão, não está livre das influências que controlam o seu cérebro. O movimento rápido e a edição de imagens eletrônicas ativam um poderoso – mas geralmente não usado – mecanismo do cérebro conhecido como Resposta de Orientação (RO).

Reflexo, "o que é isso?"

A Resposta de Orientação é uma característica segura que foi construída no cérebro de nossos ancestrais. Embora ainda seja útil atualmente, ela também dificulta nossa permanência na zona de foco. Para entender como a RO funciona, finja que você é um habitante das cavernas, sentado em círculo e ouvindo atentamente uma antiga lenda tribal. De repente você ouve um barulho em um arbusto próximo. Você pára. Esse som lembra o quê? Uma cascavel! Ainda bem que o barulho chamou sua atenção!

Seu cérebro estava focado no barulho que vinha do arbusto e não na história, porque você estava alerta para novas imagens e sons. Quanto mais rápido e menos previsível for a nova imagem ou o som, mais forte será sua Resposta de Orientação cerebral. Você não estava esperando ouvir uma cascavel e você a ouviu. Seu cérebro automaticamente decidiu que o barulho no arbusto era mais importante para se prestar atenção do que a próxima parte da lenda que estava sendo contada.

O fisiologista russo Sechenov foi o primeiro a identificar a Resposta de Orientação, por volta de 1850, e Pavlov a estudou sistematicamente 70 anos depois. De acordo com Pavlov, quando alguma coisa considerada diferente ocorre no organismo, ele pára o que está fazendo e "direciona seus sensores para a fonte de estímulo". Em humanos, a RO inclui dilatação da pupila, diminuição da resistência da pele e uma queda momentânea dos batimentos cardíacos. Em outras palavras, nossos olhos se abrem, a pele fica mais sensível e somos atraídos pelo assunto em questão. O corpo deseja receber o estímulo da situação e absorvê-lo para somente mais tarde ser processado. Pavlov chamou essa resposta de "Sobrevivência de Reflexo". Mas o que é isso?

A Resposta de Orientação foi um bem valioso para os caçadores primitivos durante centenas de anos. Salvou a vida de gerações de ancestrais e deve salvar a sua também, quando você atravessa uma rua movimentada ou dirige no trânsito. Na nossa sociedade saturada de distrações, no entanto, se não for checada, a Resposta de Orientação rouba-lhe a habilidade de selecionar e manter sua própria atenção.

O clique que chama sua atenção

Sincronia é tudo. Se Sechenov e Pavlov ainda estivessem vivos, faturariam milhões de dólares na Avenida Madison. Ninguém estuda a RO com a competência dos grandes anunciantes. Entender a RO é o grande prêmio da propaganda, uma indústria de 200 bilhões de dólares nos Estados Unidos.

Escrevendo para a *Media Literacy Review*, Gloria DeGartano sugere um experimento simples:

> À noite, com as luzes apagadas, coloque sua cabeça em ângulo próximo à tevê (olhando para um ponto diretamente próximo à tela). Espere pelo comercial, e, então, tente não olhar. Tente resistir o máximo que conseguir. O que vai descobrir é que é virtualmente impossível não olhar. A rápida mudança de imagens na tela ativa a "Resposta de Orientação" de seu cérebro. Nós, humanos, somos programados para observar mudanças bruscas no nosso campo visual – mesmo na visão periférica. É parte do nosso mecanismo de sobrevivência.

Os comerciais têm edições mais rápidas, mas tudo na tevê desencadeia a Resposta de Orientação (RO). No geral, as edições ocorrem a cada quatro segundos. Essa RO constante e repetitiva aumenta nosso nível de adrenalina sem nos dar chance de dizermos não. A natureza não nos preparou para a RO de maneira constante e, sim, moderada. Uma injeção ocasional de estímulo mantém você na sua zona de foco. Em excesso, no entanto, a RO fica superestimulada. Constantes e pequenas doses de adrenalina levam você para fora de sua zona de foco.

Pense na última vez em que você sentou no sofá e assistiu muito tempo à tevê. Quando finalmente desligou a tevê, você se sentiu mal humorado? Na próxima vez em que alguém na sua casa se sentar para assistir tevê durante horas a fio ou para jogar videogame, observe o humor dessa pessoa quando ela se levantar. Estará um pouco mais resmungona do que o habitual?

Hábitos

Se você assiste muita à tevê na sua casa, pode ser que não perceba os sinais de irritabilidade depois que alguém a desliga, mesmo que tenha sido uma verdadeira maratona. O cérebro das pessoas da sua família podem ter construído um sistema de tolerância – chamado hábito ou costume – para um estado crônico de suave superexcitação enquanto assistem à tevê. Nesse caso, se você quiser observar a diferença que faz quando uma pessoa assiste muito tempo à tevê, primeiro vá acampar por uma semana na natureza. Depois que todo mundo se livrar do mau humor por estar sem tevê, você vai notar que todos se sentirão bem mais relaxados. Então, quando chegarem em casa, depois que alguém assistir demais à tevê, será bem provável que você note uma mudança desagradável no humor dessa pessoa.

Como o café, a tevê é um estimulante e todos nós criamos uma tolerância para estimulantes. Se você ficasse uma semana sem café, sua próxima xícara imensa e cheia o deixaria agitado. Mas, quando você bebe café todos os dias, não percebe que está se habituando a ele. Com a tevê funciona da mesma maneira. Nós não percebemos o excesso de informação porque o aceitamos como uma coisa normal.

A Era Digital da distração

A tevê é apenas uma das maneiras pela qual somos bombardeados. Sempre em contato com a mídia – constantes propagandas, novas tecnologias e internet –, recebemos um fluxo contínuo de imagens e sons, notícias e barulhos. A nossa Resposta de Orientação é muito bem explorada, desde a percepção dos ônibus imensos coloridos até os pequenos adesivos comerciais. Nossa habilidade de separar informações triviais é como um secador de cabelo entupido. E, como o secador, funcionamos com eficiência reduzida por causa disso.

O fato de termos mais informações do que podemos lidar realmente não é novidade; as pessoas reclamam disso desde a invenção da mídia impressa. Em 1821, o poeta Percy Bysshe Shelley disse, lamentando-se: "Nossos cálculos ultrapassaram a realidade; nós comemos mais do que podemos digerir". Em *When Old Technologies Were New*, Carolyn Marvin observou que quando o telefone foi inventado as pessoas queriam colocar a hora do lado de seus números de telefone, "dizendo a que horas elas aceitariam receber ligações".

Nós nos adaptamos à mídia impressa, à revolução industrial, aos celulares, aos telefones fixos e muito mais. Nós nos adaptaremos à imensa quantidade de informação direcionada a nosso cérebro por meio do rápido desenvolvimento das tecnologias digitais. Será que realmente iremos nos adaptar?

Na última década, especialistas em disciplina têm coletado dados que documentam os sintomas maléficos de uma maré alta que os cientistas chamam de "sobrecarga cognitiva". Estamos começando a afundar em um mar de informações não filtradas e interrupções.

Sobrecarga cognitiva

Minha avó italiana costumava me contar a história de um fazendeiro que tinha um burro de carga. Esse homem ficava pensando se o burro continuaria trabalhando exaustivamente se ele o alimentasse com apenas metade da ração que ele comia normalmente. Ainda assim o burro fez todo o trabalho. O fazendeiro, satisfeito por economizar dinheiro, diminuiu a ração do burro de novo. O animal, faminto, ainda realizava seu trabalho. Orgulhoso dos seus lucros, o fazendeiro continuou a racionar a ração do burro. Então, minha avó mudou o tom de voz e imitou o fazendeiro: "E bem quando consegui fazer meu burro não comer nada, ele morreu!".

Apesar de eu não ter entendido todas as palavras em italiano, entendi a moral da história. Lembrei-me das muitas vezes em que estive em situações nas quais quanto mais eu fizesse, mais esperavam de mim. Avanços tecnológicos funcionam da mesma forma: quanto mais informações estiverem disponíveis, mais as pessoas esperarão que você se informe. Como as ferramentas nos tornam mais eficientes, espera-se que dediquemos a elas mais tempo e energia do que realmente requerem. E-mail, mensagens instantâneas e celulares o pressionam a todo momento. Antes de essas tecnologias assumirem o controle, era esperado que você interrompesse sua linha de raciocínio?

Como o pequeno burro, o cérebro, a estrutura física, tem seus limites e estes não podem ser excedidos. Muita informação e muitas interrupções reduzem sua química cerebral, que precisa de descanso, e leva tempo para se reorganizar e retomar os níveis normais. Como Stever Robbins alerta em *Working Knowledge*, na Faculdade de Negócios de Harvard: "Você vai vagarosamente perder seu tempo de relaxamento e recarga das energias, sacrificado para os deuses da eficiência". Como o pequeno burro, você pode continuar trabalhando muito. Mas, sem a reposição de energia, vai pagar o preço: sobrecarga cognitiva é um estado prejudicial de superexcitação.

Sobrecarga cognitiva na curva em "U" invertido.

Sobrecarregado por mais informações do que você realmente pode lidar, pressionado a trocar de mecanismos a cada interrupção, você sobrecarrega seus circuitos. Seu cérebro tenta conservar energia por meio da desaceleração de certas partes cerebrais, como as que se ocupam do processamento de pensamentos e da capacidade de tomar decisões. Algumas vezes, uns desses circuitos param e fazem você ficar temporariamente fora do ar, incapacitado de focar-se ou mesmo tomar qualquer decisão; ou você queima um fusível e perde a cabeça. Em qualquer uma dessas situações, você está longe de sua zona de foco, local onde sua atenção estaria no melhor nível de equilíbrio.

Qual foi a última vez que você trabalhou com um prazo de entrega reduzido e as coisas começaram a sair do controle? Talvez o trabalho tenha exigido bem mais atenção do que você esperava ou você percebeu que precisaria de habilidades que não possuía. Quanto mais você ocupou seu tempo livre, mais a sua família sentiu-se abandonada. Com todas as interrupções, você ficou com mais trabalho ainda. Quando sentiu que não podia agüentar mais nada, estava vivendo a experiência da sobrecarga cognitiva.

Quando estamos nesse estado de sobrecarga, sem o descanso necessário, nosso nível de estresse aumenta. O cérebro pressente perigo porque, lá no fundo, todos nós sabemos como a história do pequeno burro termina. Assim, bombeamos mais adrenalina e permanecemos em um estado muito alto de supereuforia para nos concentrarmos. Com menos foco, ficamos ainda mais sobrecarregados por informações não-filtradas e constantes interrupções, que criam ainda mais sobrecarga cognitiva. Esse ciclo de autoperpetuação causa distração, falsos julgamentos e tensão social. Impossibilita-nos de ter a atenção de que precisamos para voltar ao trabalho e recuperar o tempo perdido, quebrando assim o ciclo. No Capítulo 10, você vai aprender o que fazer para manter uma carga cognitiva gerenciável, mesmo sob pressão.

Tédio – agora mais do que nunca

Sobrecarga cognitiva – ou estimulação – não é o único problema da Era Digital da distração. Tédio – ou pouca estimulação – também se trata de um problema, e aqui veremos o porquê.

Anos atrás, quando Walter Cronkite apresentava as notícias da noite, ele era a âncora principal, cativava a audiência lendo todas as notícias por inteiro. Agora nós assistimos a rápidas manchetes com rápidos gráficos visuais e um texto com as "notícias de última hora" correndo na parte inferior da tela. Desde 1965, a média de tempo das notícias fornecidas nos telejornais diminuiu de 42 segundos para apenas 8 segundos. Atualmente, um apresentador prolixo como Cronkite nos faria dormir.

Naquele tempo, uma morte na novela nos perturbaria profundamente. Depois, vieram os programas de investigação criminal em todas as grandes emissoras, violência sensacionalista no noticiário e a banalização da morte nos jogos de videogame. Hoje, dramas no horário nobre não são tão interessantes se alguém não morre. Em uma análise de 400 horas de programas televisivos, realizada de 1998 a 2002, a freqüência de mortes e violência em cada intervalo de tempo cresceu. No nosso horário nobre, as notícias envolvendo sangue aumentaram 141% e os incidentes de violência, 134,4%. Em 1998, a forma mais comum de violência na tevê eram as brigas corpo-a-corpo envolvendo artes marciais. Já em 2002, havia todos os tipos de armas.

Anos atrás, sexy era a mulher que usava um vestido curto ou um jeans apertado. Então, vieram os biquínis fio-dental, os clipes de música que erotizam a mulher e o nu artístico dos anúncios da Victoria Secret's. Hoje já não estamos mais propensos a proteger nosso cérebro de imagens e outdoors gigantes que há duas décadas eram considerados altamente provocativos.

Atualmente, uma hora de programação tem pelo menos nove minutos de comerciais. O comercial de tevê típico diminuiu de 60 segundos para 15 e sua edição, altamente elaborada, vem em letras maiúsculas e interrompe os programas com maior freqüência. O tempo de duração de um programa sem interrupção de comercial não ultrapassa oito minutos ou, às vezes, até um minuto, condicionando nossa atenção a acompanhar uma linha de raciocínio por apenas um curto período de tempo.

Há cerca de uma geração, sentar-se para assistir a algo com calma era comum. Ter paciência e ouvir com calma eram coisas rotineiras para pessoas de todas as idades. Hoje, o clique do mouse, dos controles remotos e a MTV aceleraram o ritmo que queremos da vida. Como Arthur Schlesinger observou: "A tevê espalhou o hábito da reação instantânea e estimulou a esperança de resultados instantâneos".

Tédio na curva invertida.

"Solavanco por minuto" é uma medida usada por roteiristas, criadores de videogame e anunciantes. Um solavanco é o momento de extrema excitação gerado por uma risada, um olhar sexy, um ato de violência, uma perseguição ou uma mudança de cena súbita em um filme. O solavanco tem a intenção de prender sua Resposta de Orientação por meio da ação que está acontecendo na tela. Solavancos são técnicas criativas nas mãos de escritores responsáveis, desde produtores até profissionais do marketing. Mas as indústrias de entretenimento e propaganda aumentaram tanto os solavancos por minuto quanto a intensidade do solavanco a extremos, abusando da Resposta de Orientação e nos habituando a sermos "chacoalhados". Como a mídia compete por sua atenção, esses constantes solavancos deixam você entediado e sem foco quando não ocorrem de maneira adequada. Você precisa de maiores e mais fortes solavancos, senão, fica preso na extremidade baixa da curva do "U" invertido, ou seja, sem estimulação suficiente para estar na sua zona de foco.

Todos nós ansiamos por adrenalina

Como isso ocorre no cérebro? No primeiro momento, a química cerebral que cria o solavanco é a adrenalina. Filmes de ação, fogos de artifício, rock-'n'-roll, e-mails que chegam durante reuniões chatas... A adrenalina faz com que nos sintamos vivos! Somos caçadores de estímulos por boas razões. A estimulação nos deixa mais espertos, nos movemos de maneira mais rápida para então podermos sobreviver e prosperar. Mas precisamos nos "adrenalizar" com moderação, pois quando nos habituamos com os solavancos, nosso cérebro cria uma tolerância à adrenalina.

Essa tolerância ocorre na posição receptora – uma pequena abertura entre os neurônios cerebrais, onde as conexões, chamadas sinapses, estão localizadas. Biólogos chamam esse processo de "regulação-baixa". Quanto mais uma célula receptora é estimulada para a Resposta de Orientação, menos a resposta será executada. Então, precisamos mais da mesma estimulação para conseguir o bombeamento necessário, pois, sem isso, nos sentimos entediados e cansados.

Porque o hábito ocorre dentro do cérebro, em um nível fora do alcance da posição receptora, precisamos tomar cuidado para que ele não nos engane. O cérebro vai arrumar várias desculpas para conseguir mais adrenalina. Exatamente como um viciado nega o vício, temos nossos motivos para bloquear a informação de nossa dependência por superestimulação. "Eu não", dizemos, porém ninguém é imune. Cada um de nós difere em potencial quanto ao desenvolvimento da tolerância; alguns cérebros criam tolerância mais rapidamente que outros. Mas o hábito à adrenalina é parte de nossa biologia – uma realidade física que não podemos mudar.

Adquirir tolerância ou habituação à adrenalina pode ser bom ou ruim. Habituar-se é eficiente quando você quer vencer um medo pessoal. Quanto mais enfrenta o medo, menos adrenalina bombeia a cada vez que vive a situação. Vamos supor que você tenha medo de falar em público. Se você se juntar a um grupo de palestrantes e subir ao palanque toda semana, seu medo diminuirá um pouco a cada semana, pois seu cérebro se habitua às sugestões – imagens e sons – que ocorrem quando você depara com essas situações. Os tratamentos mais eficazes para fobias e problemas de ansiedade são as terapias de "exposição". Com apoio, você sistematicamente se expõe ao seu medo irracional e seu cérebro se habitua a ele até que isso não seja mais um problema para você.

Por outro lado, habituar-se também pode ser prejudicial. Os estimulantes lhe dão uma injeção de ânimo, mas você paga o preço. Muito café com leite o deixa lento e com insônia. Muita tevê deixa-o passivo e com perda de potencial. Você precisa tomar decisões baseadas no conhecimento e na razão. Mas quando o cérebro se habitua a estar sempre hiperestimulado, desiste de lhe mostrar qual é o preço a pagar por isso. Assim, coloca-o em uma situação de risco, em que você gasta mais do que deveria.

Habituando-se sem perceber

Thom Hartmann, autor e especialista no assunto, descreve um exemplo impressionante que ocorreu quando morou na Alemanha. Na rodovia, onde não havia limite de velocidade, dirigiu espantosamente a 178 km por hora, maravilhado pelos carros passando por ele a 240 km por hora. Mas, em um trecho com mais ou menos 32 km de extensão, por entre uma floresta, havia um limite de 100 km por hora. Em suas palavras:

> "Era insuportável. Parecia que eu estava preso, impaciente e inquieto, conduzindo o carro até o limite dos 100 km por hora, enquanto esperava ansioso pelo fim daquele trecho e a retomada do (literalmente) acelerador".

As corridas de Nascar condicionaram Hartmann a ficar entediado enquanto dirigia a uma velocidade que, na verdade, ultrapassa os limites na maioria das estradas comuns.

Tédio no mundo real

Todos os professores atuais sabem que o tédio se tornou uma epidemia. Eles enfrentam um desafio quase impossível de vencer: prender a atenção das crianças com menos solavancos por minuto do que elas recebem 24 horas por dia nos sete dias da semana por parte da mídia, dos jogos eletrônicos e da internet.

As crianças estão constantemente pouco estimuladas para obter sucesso na sala de aula e também superestimuladas pelo medo de falhar, pois não conseguem prestar atenção para conseguir boas notas. Elas têm oscilações de desvios de atenção que vão de uma extremidade à outra da curva em U invertido.

Nós combatemos o tédio todos os dias. Ficamos entediados com a própria vida porque nosso cotidiano não nos oferece a quantidade de solavancos por minuto que a realidade dos filmes de Hollywood oferece. Nós nos sentimos cansados, impacientes e pouco estimulados, desejando estar a 178 km por hora o tempo todo. Mundos virtuais fazem nosso mundo real parecer maçante, se os compararmos. No mundo real, às 10 horas, hoje à noite, você e eu poderemos estar dobrando roupas em vez de investigar homicídios, voando para Paris ou beijando uma pessoa famosa.

Entender por que o tédio é endêmico em nossa cultura nos ajuda a lutar contra seus efeitos nocivos. No Capítulo 4, você vai aprender como nossa cultura e escolhas geram, na verdade, mudanças cerebrais.

Capítulo 4
O que estamos fazendo com nosso cérebro?

Neurônios que funcionam juntos
se conectam entre si.
— Donald O. Hebb, Ph.D.

O computador mais sofisticado que existe é como um brinquedo de criança, se comparado ao fantástico cérebro humano. O cérebro consiste em aproximadamente 100 bilhões de neurônios, e cada um sabe exatamente o que fazer. Incrivelmente, cada cérebro é uma obra inacabada. Ele continua a realizar novas conexões – chamadas de sinapses – em resposta às escolhas que fazemos todos os dias.

Seu cérebro está mudando exatamente agora

Os neurônios conectam-se entre si a uma velocidade incrível. O cérebro adulto é composto de 100 a mil trilhões de sinapses. Durante muito tempo os cientistas acreditaram que ele era incapaz de sofrer mudanças. Porém, novas descobertas nos últimos 50 anos provaram que essa visão estava errada. A "plasticidade" – termo usado para a habilidade de mudança que o cérebro possui – ocorre ao longo da vida. Embora o cérebro tenha mais plasticidade na infância, os neurônios continuam a fazer novas conexões, a formar novos caminhos e a refazer conexões também na idade adulta. Nunca é tarde para remodelar seu cérebro.

Plasticidade é o resultado do que praticamos no dia-a-dia.

- Imagens cerebrais usando ressonância magnética mostram que, a longo prazo, quando taxistas aprenderam a dirigir em Londres, seus cérebros aumentaram de tamanho na parte responsável pela orientação.

- Os registros de imagens cerebrais de músicos bem-sucedidos – mesmo aqueles que aprenderam a tocar já adultos – mostram muito mais regiões dedicadas ao movimento dos dedos, pois eles os utilizam mais do que as pessoas que não tocam instrumentos.

- Ressonâncias magnéticas mostram que monges budistas praticantes da meditação diária aumentam as regiões cerebrais responsáveis pelos pensamentos e pela reflexão.

Devido à plasticidade do cérebro adulto, você tem de escolher com cuidado o que quer praticar e aprender. Seus hábitos ficam armazenados no seu registro permanente – seu cérebro. É comum pensar que o cérebro influencia o comportamento, e não o contrário. Mas ambos se influenciam, o cérebro modela o comportamento e vice-versa.

De acordo com o funcionamento dos neurônios, o cérebro se reconecta

É preciso tempo e prática para reorganizar o cérebro, e isso é um aspecto positivo. Não gostaríamos que todos os nossos pensamentos, palavras e ações mudassem de maneira brusca o nosso arquivo permanente. Os sinais iniciais da plasticidade cerebral começam a aparecer em menos de um mês. Quando pessoas que nunca tinham estudado música aprenderam e praticaram uma seqüência de movimentos com os dedos, ressonâncias magnéticas funcionais (que podem ser feitas enquanto a pessoa está em movimento) mostraram mudanças nos padrões de atividade cerebral após três a quatro semanas.

Para uma mudança considerável acontecer, no entanto, a plasticidade cerebral leva muito mais tempo. Os taxistas de Londres dirigiram ao longo da cidade o dia inteiro por dois anos. Os violinistas bem-sucedidos praticaram incansavelmente de sete a 17 anos. E os monges budistas praticaram de 10 a 50 mil horas em um período de 15 a 40 anos.

Manter a atenção é necessário para que os resultados da plasticidade possam ser observados. Os taxistas de Londres, os violinistas e os monges budistas mantêm sua atenção durante muitas horas por dia para praticar suas habilidades.

Use ou descarte

A atenção modela o cérebro desde a mais tenra idade. Um bebê nasce com 200 bilhões de neurônios – o dobro do número que vai ter quando for adulto – e imediatamente começa a perder os que não usa. Pode parecer impossível, mas um bebê pode distinguir cada fonema de qualquer língua. Porém, como bebês ouvem somente o som de sua língua nativa, perdem a habilidade de processar os sons mais exóticos. Esse processo natural de eliminação de neurônios que não estão sendo utilizados é chamado de poda.

Durante toda a vida, "use ou descarte" é um processo que continua ocorrendo em sinapses, certos caminhos cerebrais e até mesmo em regiões inteiras do cérebro. Quando os cegos aprendem o braile, a região cerebral que corresponde à ponta dos dedos aumenta e toma conta da região que antes era usada para a visão.

De acordo com a plasticidade cerebral, as sinapses e os caminhos cerebrais que usamos fortalecem-se, e os que não usamos enfraquecem-se. Pergunte para qualquer um (mas não para um professor de matemática) que já tentou ajudar um aluno da 7ª série com um problema de trigonometria: as regiões cerebrais responsáveis pelos significados do seno, cosseno e tangente desapareceram devido à falta de uso.

Como os músculos, as habilidades que envolvem pensamento se fortalecem quando exercitadas e se enfraquecem quando não praticadas. Mas, diferentemente dos músculos, os pensamentos não são visíveis. Basta uma olhada no espelho para saber quando você está ficando fora de forma. Já no cérebro, as sinapses fracas são difíceis de notar.

Os perigos da Era Digital incluem demanda de trabalho incessante, altos níveis de estresse, sentimento de ansiedade, falta de tempo para resolver assuntos pessoais, perda de contato familiar – todos problemas que vemos no dia-a-dia. Mas o perigo que passa despercebido na Era Digital da distração é o enfraquecimento de conexões cerebrais para manter a atenção no lóbulo pré-frontal do cérebro.

> ## VOCÊ PODE ESCOLHER QUAL
> ## CONEXÃO CEREBRAL VAI FORTALECÊ-LO

Gerenciando seu cérebro
O lóbulo pré-frontal é a parte mais nova do cérebro, localizado logo atrás da testa. É o desenvolvimento mais recente do cérebro, sendo mais complexo em humanos do que em qualquer outro animal. Em um ser humano, o lóbulo pré-frontal não está completamente desenvolvido até os 25 anos, e é a região mais vulnerável ao envelhecimento.

É o lugar das "funções de execução" – o gerente do cérebro. É o centro para atenção, planejamento, estruturação, lógica, processamento de informação, raciocínio e julgamento no processo de decisão.

Seu gerente está ocupado no momento
O lóbulo pré-frontal é a parte do cérebro que você usa quando realiza múltiplas tarefas. Na verdade, essa região não permite que duas funções simultâneas sejam realizadas, pois você rapidamente muda de uma tarefa para outra. Quando você manda e-mails, checa a agenda e ouve suas mensagens no celular, tudo concomitantemente, o lóbulo pré-frontal desvia sua atenção do computador para o Palm, depois para o celular e novamente para o computador. Esse processo acelerado é abastecido pela dopamina, uma substância

química cerebral ativadora, da família da adrenalina. Múltiplas tarefas nos deixam confiantes e criam uma sensação de que há tempo de sobra para terminar o que temos de fazer. Nosso "gerente" está produtivo e faz com que nos sintamos vivos!

Seu gerente está muito ocupado para ouvir?

Quando você está realizando múltiplas tarefas respectivamente no computador, Palm e celular, deixa de fazer outras coisas, certo? Você não está sentado pensando na vida, em contato com a natureza, nem mesmo conversando com alguém de quem gosta. Essas atividades produzem serotonina, um composto químico cerebral ligado à sensação de bem-estar e que mantém a adrenalina no seu cérebro em níveis controlados. O lóbulo pré-frontal – o gerente do seu cérebro – é rico em receptores para serotonina e também dopamina. Essa região é ativada quando você pratica meditação, o quinto ato essencial para manter a atenção focada.

Em um estudo, ressonâncias magnéticas mostraram que lóbulos pré-frontais eram mais espessos em 20 adultos que meditavam cotidianamente por 40 minutos quando comparados com pessoas que não praticavam meditação. O aumento da espessura de lóbulos pré-frontais é considerado um sinal de resistência ao estresse e ao envelhecimento. Esse estudo foi considerado revelador, visto que os indivíduos que participaram eram pessoas comuns, apenas concentradas na respiração, diferentemente dos estudos habituais com ressonâncias, por exemplo, aqueles com os monges budistas que passaram a vida inteira se dedicando àquela prática.

Quando li este estudo pela primeira vez, lembro-me de ter pensado: "Só 40 minutos? Quem tem 40 minutos livres todo dia?". Porém, são necessários ao menos 40 minutos diários de qualquer tipo de relaxamento de atenção para você se livrar de um dia frenético de trabalho. Nesta Era Digital da distração, nossos lóbulos pré-frontais precisam de serotonina de forma calculada, para prevenir excessos de excitação devido à adrenalina que bombeamos ao longo do dia.

Se pudéssemos aproveitar um momento de serotonina para parar e refletir, poderíamos nos perguntar que tipo de cérebro pré-frontal desejamos. Um executivo não precisa de tempo para refletir sobre alguns assuntos? Qual juiz não diminui o ritmo, pára, pensa e considera o que está fazendo antes de tomar uma decisão?

Seu gerente está tomando decisões sensatas?

Quando você está realizando tarefas múltiplas e seu lóbulo pré-frontal o está levando de um lado a outro, de acordo com as exigências requeridas, sua eficiência aumenta?

Para testar essa teoria, pesquisadores da Agência Federal de Aviação e da Universidade de Michigan conduziram uma série de estudos. Jovens adultos foram instruídos a solucionar múltiplos problemas matemáticos e, ao mesmo tempo, reconhecer formas geométricas. Os problemas foram agrupados em ordem de grau de dificuldade e familiarização. Os resultados mostraram que, em todas as condições, realizar múltiplas tarefas levou mais tempo do que resolver os problemas separadamente. Como era de se esperar, os participantes do estudo foram mais eficientes quando resolveram as tarefas mais simples, com as quais estavam mais familiarizados. Mas, mesmo diante dos problemas mais simples e comuns, e sem compartilhar a atenção, os indivíduos os solucionaram mais rápido do que com a atenção dividida.

Outro estudo da Universidade de Carnegie Mellon encontrou resultados similares, também observados em ressonâncias magnéticas funcionais de voluntários. Nele, jovens adultos realizaram uma tarefa de compreensão de linguagem e ao mesmo tempo alternaram pares de figuras tridimensionais mentalmente. O número de acertos não se modificou, mas sim a velocidade. Eles levaram mais tempo para completar as tarefas do que se tivessem feito uma após a outra. Mais, a quantidade de ativação cerebral para a linguagem correspondente e as regiões espaciais foram menores para múltiplas tarefas do que para a atenção focada, enquanto era realizada cada tarefa individualmente.

Algumas informações encontradas sobre redução da eficiência vão ao encontro do fato de que, ao realizar múltiplas tarefas, o cérebro tem de trocar os mecanismos a todo momento, o lóbulo pré-frontal rapidamente oscila de uma tarefa para outra. Primeiro, o cérebro tem de escolher uma tarefa; esse fenômeno é chamado de "mudança de objetivo". Depois, ele tem de arquivar as regras da tarefa antiga e assumir as regras da tarefa nova; esse fenômeno é chamado de "ativação de regra".

Por que então realizamos múltiplas tarefas quando na verdade isso não é eficiente? A resposta é que, quando se trata de uma tarefa do dia-a-dia extremamente fácil de ser realizada, somos mais eficientes. Eu não conheço nenhum estudo que mostre redução da eficiência por esvaziar a máquina de lavar louça e falar ao telefone ao mesmo tempo.

E quanto a tarefas mais complexas, por exemplo quando usamos nossos computadores e Palms? A resposta mais provável é a ativação imediata, animadora, da adrenalina – base da química cerebral, a dopamina. Realizar múltiplas tarefas proporciona uma injeção de dopamina que faz você se sentir alerta e vivo, com a impressão de estar fazendo mais coisas em menos tempo, mesmo que isso não seja verdade. Imagine a curva em "U" invertido. Para tarefas repetitivas, o custo em eficiência é pequeno quando comparado ao custo de baixo estímulo e à falta de motivação necessária para se manter focado. Entediados e sem inspiração – como a era digital nos habituou a ser –, produziríamos ainda menos no fim das contas, se não fosse por essa injeção de dopamina.

A atenção às múltiplas tarefas – o uso estratégico de adicionar ou subtrair estímulos quando necessário – exige um gerente cerebral que possa tomar decisões sensatas. No Capítulo 5, você aprenderá diretrizes com exemplos úteis de atenção às múltiplas tarefas. Existem horas para realizar tarefas múltiplas e horas para se focar. Se o seu gerente está funcionando livremente, o estímulo adicional de múltiplas tarefas é uma adição positiva. Mas, se seu gerente está muito ocupado, preso em um ritmo frenético de dopamina, você vai negligenciar o reequilíbrio do seu cérebro das substâncias químicas como serotonina, e, a curto prazo, vai perder mais do que eficiência. Suas conexões cerebrais para atenção focada irão enfraquecer e, após um tempo, vai ficar mais difícil para você se sentar e terminar o que tem de fazer, concentrar-se nos problemas pessoais ou aprender uma tarefa pacientemente.

Decidindo pela atenção

Na Era Digital, temos de ser mais ágeis, fazer mais coisas ao mesmo tempo e fragmentar nossa atenção como um prisma divide a luz, pois queremos acompanhar o ritmo acelerado da vida. Mas está na hora de assumirmos o comando e protegermos as regiões cerebrais necessárias para manter a atenção focada.

Quando eu era criança, um amigo de família tinha uma propriedade apenas a algumas quadras da praia. O pai dele era um bom homem e deixava todo mundo usar seu terreno como atalho para chegar à praia. Mas, depois de um tempo, descobriu que, de acordo com a lei, ele havia perdido o direito de propriedade sobre aquela trilha que passava por suas terras. Mesmo com boas intenções, acabou perdendo um valioso pedaço de terra sem perceber. Como essa trilha para a praia, após um período de tempo as regiões cerebrais são requisitadas por quem as usa diariamente.

Tomando como partida o que sabemos até agora sobre plasticidade cerebral:

- Se para você é um hábito encontrar-se na sua zona de foco, está fortalecendo as regiões cerebrais responsáveis pela atenção de que necessita, para assim permanecer em sua zona e aprender.

- Se para você é um hábito estar fora da sua zona de foco, está enfraquecendo as regiões cerebrais responsáveis pela atenção de que necessita para permanecer na sua zona e aprender.

A Parte II deste livro vai disponibilizar as ferramentas necessárias para fortalecer as regiões de atenção do seu cérebro. Você vai conhecer oito chaveiros compostos por habilidades e estratégias para aprender a encontrar e se manter na zona de foco.

Parte II

Os oito chaveiros

Nesta parte, você vai encontrar oito chaveiros que o ajudarão a entrar em sua zona de foco. Cada um contém conceitos e estratégias-chave para construir habilidades mentais, emocionais e comportamentais.

Os chaveiros das habilidades emocionais são os seguintes:
  Chaveiro 1 – Auto-reconhecimento (Capítulo 5)
  Chaveiro 2 – Mudança de estado (Capítulo 5)
  Chaveiro 3 – Aniquiladores de adiamentos (Capítulo 6)
  Chaveiro 4 – Eliminação de ansiedade (Capítulo 6)
  Chaveiro 5 – Controle de intensidade (Capítulo 6)

Os chaveiros das habilidades mentais são os seguintes:
  Chaveiro 6 – Automotivador (Capítulo 7)
  Chaveiro 7 – Mantenedor do foco (Capítulo 8)

O chaveiro das habilidades comportamentais é o seguinte:
  Chaveiro 8 – Hábitos saudáveis (Capítulo 9)

Você encontrará uma grande quantidade de relações entre habilidades emocionais e mentais. Isso reflete o conhecimento de que as regiões do cérebro responsáveis pelos sentimentos e pensamentos estão intimamente ligadas. Será mais eficiente primeiro construir suas habilidades emocionais, principalmente porque a ativação, a estimulação e a adrenalina estão conectadas às partes emocionais mais antigas de seu cérebro.

Cada chaveiro possui três chaves e você vai ler sobre todas elas. Depois de escolher quais são as suas favoritas, vai praticá-las e usá-las constantemente. Descobrirá que, com apenas algumas habilidades e estratégias psicológicas confiáveis, irá se manter focado o dia inteiro. Elas se tornarão as chaves que o acompanharão o tempo todo, tão essenciais quanto as chaves de seu carro ou de sua casa. Então você poderá guardar suas outras chaves, caso precise utilizá-las em outro momento, da mesma maneira como guarda as chaves de portas que não usa todos os dias.

À medida que experimentar qual chave funciona melhor para você, decidirá quais abrem as portas do seu sucesso. Use-as e crie um chaveiro pessoal para sempre permanecer na sua zona de foco.

Capítulo 5
Habilidades emocionais
Chaveiros 1 e 2

De certa maneira, nós temos dois cérebros, duas mentes – e dois tipos diferentes de inteligência: a racional e a emocional. O sucesso que obtemos na vida depende das duas – não só de QI, mas também da inteligência emocional.

— Daniel Goleman

Você usa seu Palm, celular ou uma agenda e ainda assim é desorganizado e não consegue colocar os assuntos em dia? As exigências, distrações e sobrecargas do dia-a-dia o deixam mal-humorado ou lhe dão vontade de correr e se esconder? Como muitos pacientes que atendi em meu consultório, você tem a sensação de já ter tentado de tudo? Se você trabalhar primeiro as habilidades emocionais, garanto que vai sentir diferença em sua produtividade, humor e foco.

O que é habilidade emocional?

Trata-se de uma técnica para reconhecer seus sentimentos para então adaptá-los – da forma mais correta possível – a fim de serem mais úteis para você. Algumas vezes os sentimentos nos dão informações importantes sobre a vida, outras, estão tão condicionados que interferem na nossa habilidade de permanecer na zona de foco. Sentimentos como ansiedade e culpa agem como um barulho de fundo, tirando de você a habilidade de se concentrar e prosseguir com o que havia planejado.

A maioria das pessoas não tenta trabalhar os sentimentos, porque parece algo impossível de fazer. E realmente para a grande maioria isso é verdade.

Mas os sentimentos podem ser trabalhados de forma indireta. Como você não pode alterar a maneira como se sente, experimente mudar a maneira como pensa: desse modo, conseguirá mudar a maneira como se sente.

Vamos dizer que toda vez que você acessa seu Palm sente uma onda de ansiedade por causa de tudo o que tem para fazer até o dia seguinte; algo que se soma à culpa que carrega por não ter conseguido terminar sequer os compromissos vigentes. Parece uma boa idéia deixar seu Palm de lado na mesa, da mesma maneira que a balança de seu banheiro se enche de poeira. Mas, se você treinar para enxergar além dessa situação que tanto adia, poderá enfrentar sua ansiedade ou culpa e criar um plano para lidar com tudo isso. Poderá usar o autodiálogo calmante e a respiração profunda, escrever mensagens motivadoras em cartões ou gravar no seu Palm a foto favorita de quem você ama.

Hoje – mais do que nunca – você precisa de habilidades emocionais para permanecer centrado na sua zona de foco. As ferramentas de alta tecnologia não podem assumir o comando. O mais sofisticado Palm, computadores de bolso e caríssimos sistemas de gerenciamento de tempo não significam nada se você estiver frustrado, impulsivo, ansioso, agitado ou se sentindo desencorajado para usá-los. Por essa razão, coloquei propositalmente os capítulos sobre habilidades emocionais antes de falar sobre as habilidades mentais.

Como as habilidades emocionais funcionam?

À medida que você pratica suas habilidades emocionais, cria sinapses entre os sentimentos mais antigos – chamados de sistema límbico – e os mais recentes de seu cérebro pensante: o gerente pré-frontal. Quanto mais sinapses você criar, mais fortes ficarão as conexões entre essas duas regiões – sua direção e seu senso de razão.

Por exemplo, toda vez que você olhar a agenda de compromissos e disser para si mesmo: "Estou chegando lá", "Progresso, não perfeição" ou "Respire, 1, 2, 3", restabelecerá a calma e o sentimento de confiança em relação aos seus pensamentos sobre a agenda de compromissos e o prazo que tem para terminá-los. Quanto mais você pratica, mais fortalece essas conexões cerebrais. Depois de um tempo, quando seu cérebro pré-frontal pensar em "prazo", seu sistema límbico automaticamente criará sentimentos de calma e autoconfiança.

Seu sistema límbico é poderoso e pode ajudá-lo ou prejudicá-lo. Quando conectado, torna-se um ambiente saudável, cheio de confiança, e preenche seu gerente pré-frontal com esses sentimentos. Desconectado, quando os sentimentos de alta-adrenalina tomam conta de você, seu sistema perde energia e deixa seu gerente pré-frontal fora de controle.

Estratégias cognitivas

A maioria das chaves que você vai aprender neste livro refere-se a "estratégias cognitivas". Trata-se de uma técnica que ensina a substituir pensamentos e sentimentos ruins por bons.

O Capítulo 5 é dividido em dois chaveiros de habilidades emocionais:

Chaveiro 1 – Auto-reconhecimento: para reconhecer suas emoções e níveis de estimulação.

Chaveiro 2 – Mudança de estado: para ajustar suas emoções e níveis de estimulação.

Chaveiro 1 – Auto-reconhecimento
- Sua auto-observação
- Sua pontuação de adrenalina
- A pergunta: "O que estou fazendo agora?"

De acordo com Daniel Goleman, "o auto-reconhecimento identifica um sentimento assim que ele surge – é a chave-mestra para a inteligência emocional". Mas ele também é um desafio. No mundo atual saturado por distrações, podemos facilmente nos perder em situações que estão sendo alimentadas pela adrenalina, que nos fazem esquecer problemas mais sérios, os quais, lá no fundo, sabemos que devem ser enfrentados. Sem perceber, caímos em uma situação de negação e fuga de sentimentos desconfortáveis, tarefas desagradáveis e brigas com outras pessoas. Enquanto isso, dentro de nossa mente, esses esquecidos sentimentos nos guiam para longe de poder controlar nossa própria atenção.

Sua auto-observação

Quem é você? Olhe no espelho e faça essa pergunta quando você estiver se sentindo feliz. Você é uma pessoa brilhante, bem-sucedida, abençoada com uma bela família e amigos cheios de vida. Agora se olhe no espelho quando estiver se sentindo triste. Você está em uma encruzilhada, parece que está mais velho, as pessoas têm mais dinheiro, você é um eterno solitário e está engordando. Veja a diferença que sua oscilação de humor provoca!

O humor é como uma lente através da qual vemos tudo que acontece à nossa volta. Podemos olhar o mundo através de lentes cor-de-rosa ou de prismas que exageram ou distorcem as situações. Uma auto-observação – chamada de "atenção mental" – é a habilidade de nomear a lente pela qual você está olhando e lembrar-se de como a vida seria sem ela.

Sua auto-observação faz você chegar em casa na hora certa

Vamos supor que você esteja trabalhando e ouve uma voz convidativa o chamando para perto do bebedouro. Você está prestes a saltar da cadeira para ir conversar com o pessoal. Porém, em vez disso, pára e olha para si.

Na verdade, sua auto-observação lembra-o de que está entediado mas precisa terminar um projeto hoje. Nesse momento, ao prestar atenção na sua auto-observação, você acabou de realizar uma importante conexão cerebral. Conectou a região cerebral responsável pelos sentimentos com a região pensante. Agora seu gerente pré-frontal pode criar – deliberada e estrategicamente – um plano para você obter sucesso. Você pode escolher trabalhar e ignorar aquela voz convidativa perto do bebedouro ou pode dirigir-se até o bebedouro para um rápido "Olá", adicionando um pouco de estímulo ao seu dia. Qualquer uma delas é uma boa decisão e ambas são melhores do que as alternativas que não envolvem nenhuma estratégia: por exemplo, ficar sentado, sem atitude, enquanto se distrai tentando ouvir a conversa, ou, ainda, entrar na conversa com tudo e perder a noção do tempo. Sem uma auto-observação você vai ficar até tarde no trabalho para terminar seu projeto. Com ela, você termina a tempo e chega em casa para o jantar.

Longa história, muitos nomes

Uma antiga psicologia budista, *abhidhamma*, ensina que tanto os pensamentos quanto os sentimentos são transitórios. Ao observar calmamente seu ápice e decadência, seu aparecimento e desaparecimento, você fortalece seu senso de distância e desapego com eles. Essa prática de atenção total se tornou a base para centros de meditação e terapia. Em vez de reagir a pensamentos e sentimentos instantânea e automaticamente, você os encara como eventos da mente, para serem observados e considerados. Você está "acordado no momento presente".

A sua auto-observação está prestando atenção total na ação. Freud descreveu esse fenômeno como uma "atenção equilibradamente focada" e seus alunos a chamaram de "ego observador". Outros a chamam de "espectador imparcial", "autotestemunha", "assistente imparcial", "espectador neutro" e "voz da objetividade". Sua auto-observação aceita "o que realmente é" sem julgamentos ou comentários. Ela é uma companheira racional e confiável – como o personagem Spock, de *Jornada nas Estrelas* – uma voz emocionalmente imparcial de um aviso amigável para a prevenção.

O que a auto-observação não é

Sua auto-observação não é a crítica interna que insulta, por exemplo, os tenistas de Gallwey. Se você se sente envergonhado ou importunado por sua voz interior, quem está falando não é sua auto-observação. Recomponha-se e tente de novo, então ela virá, sem perfeccionismos. Sua auto-observação vê calmamente o que você pensa e sente, não o que "deveria" pensar e sentir.

Ela também não é uma voz de insegurança autoconsciente. Se você sempre pensa no que os outros acham, "Disse a coisa certa ou usei o garfo certo?", esquece-se do que pensa. Sua auto-observação nota seu estado interior e não a marca da sua calça.

Recuando

Um dia, quando meus filhos ainda eram pequenos, ouvi-os conversando enquanto assistiam a uma parte assustadora de um conto de fadas. Minha filha mais nova estava apavorada, porém, sua irmã mais velha apontou para cima da tevê e disse: "Olhe para lá". Ela disse à irmã mais nova que fazia aquilo quando se sentia assustada. Explicou que quando seus olhos focavam o contorno da tevê, seu cérebro tomava consciência que era "só um filme".

Recuar – para longe de todo o drama – é a maneira de você se conectar com sua auto-observação. Quando recua, ainda que sutilmente, da sua experiência, fica a par do que está acontecendo sem imergir completamente ou perder-se na situação. Obriga-se a olhar em outra direção e avaliar a situação como um todo. Treine para ver determinada situação pelos olhos de um diretor; não fique preso apenas no papel de ator.

Para ajudar a quebrar o transe de estar envolvido em sua própria história, tente pensar em como outra pessoa encararia a situação no mesmo momento. Você tem um amigo ou um conselheiro honesto com você, não importa a situação? Quando vir-se imerso em alguma situação embaraçosa, pergunte-se: "O que fulano diria sobre isso?".

Níveis de progresso

Como as outras conexões cerebrais, quanto mais você usa sua auto-observação, mais forte essa região cerebral se torna. À medida que você pratica, também fica mais fácil.

De que maneira você se conecta com sua auto-observação quando precisa dela? Imagine que precisa fazer um relatório de orçamentos, uma das inúmeras tarefas que tem de fazer. Um colega de trabalho de quem você gosta, mas com quem raramente tem a oportunidade de conversar, aparece para lhe fazer uma pergunta. O que você faz?

a. Convida-o para entrar e conversar o tempo que ele desejar e só então o acompanha até o elevador, continuando a conversar até a hora de o elevador partir.
b. Convida-o para entrar e conversar, mas lá no fundo sabe que tem trabalhos que não quer fazer.
c. Convida-o para entrar, olha o relógio e decide conversar durante apenas dez minutos, para recarregar as baterias; e, então, se ele não for embora, você diz que precisa voltar ao trabalho, mostrando-lhe que é hora de partir.

Se você respondeu	Seu nível de progresso é	Você precisa
a	Ainda não está autociente ou autocontrolado.	Fazer amigos com sua auto-observação imediatamente.
b	Autociente, mas ainda não autocontrolado.	Escutar mais sua auto-observação.
c	Autociente e autocontrolado	Pedir um aumento.

Sua pontuação de adrenalina

Em uma escala de zero a dez, onde zero é o quão relaxado você já esteve e dez o mais tenso, em qual número você se encontra agora?

Essa simples questão permite que você saiba qual a sua atual taxa de euforia. Variações desses números são comumente usadas em pesquisas e tratamentos de problemas ligados à quantidade de adrenalina, tais como ansiedade, medo e raiva. À medida que uma pessoa aprende a relaxar, há uma diminuição tanto na pontuação quanto nos sintomas.

Essa escala foi desenvolvida nos anos 1950 pelo Dr. Joseph Wolpe. Naquele tempo, ele chamou-a de Escalas de Unidades de Distúrbios Subjetivos (EUDS), porque ela permitia medir sintomas indesejados que causavam distúrbios na mente das pessoas. Quando a EUDS é usada para controle da atenção, o "D" equivale à euforia ou ao nível de adrenalina no chaveiro de auto-reconhecimento; a EUDS também é conhecida como "pontuação de adrenalina".

Sua pontuação de adrenalina é a chave para controlar quão devagar ou rápido você se sente, e, se necessário, guiá-lo de volta para o estado de relaxamento-externo de sua zona de foco. Diferentemente do objetivo original do Dr. Wolpe, você não está sempre tentando reduzir sua pontuação para ficar o mais relaxado e calmo possível. Em vez disso, está tentado ajustar seu nível de euforia para encontrar sua zona de foco.

Se você está:	*Seu objetivo é:*
em supereuforia	reduzir sua pontuação
com baixa euforia	aumentar sua pontuação
na zona de foco	continuar assim

Sua pontuação de adrenalina é um método simples e prático para checar e observar seus sentimentos e a quantidade de adrenalina bombeada. Algumas pessoas gostam da escala, porém outras acham que ela possui muitos números. Sugiro que você dê uma chance a ela, mas não tente ser muito preciso. Tudo bem se quiser usar outra versão da escala, com apenas três simples pontuações: muito alta, muito baixa e perfeita.

Como dar notas a si mesmo

Para começar a usar a escala, decida alguns pontos-chaves que servirão para as classificações 0, 5 e 10. Os melhores pontos-chave são os de memórias da vida real. Aqui estão alguns exemplos.

0   De férias, bem tranqüilo, embaixo de uma árvore.
5   Na sua mesa, terminando todo o trabalho no prazo.
10 Esperando por notícias de um ente querido, logo após um acidente.

Pare um momento, pense nas ocasiões em que esteve mais relaxado e escolha seu ponto-chave com o 0. Depois, faça a mesma coisa para os melhores estados de relaxamento-alerta e numere-os com o 5. Faça o mesmo para os momentos mais tensos, com o 10.

Agora que tem seus pontos-chave, você pode praticar com a escala inteira, de 0 a 10. Durante vários momentos do dia, pergunte-se: "Qual a minha pontuação de adrenalina agora?". Se você praticar constantemente, a auto-avaliação será feita naturalmente. E, quanto mais você pontuar seu nível de euforia, mais autoconsciente você se tornará.

Pontuação	Sentimento	Seu ponto-chave
0	O mais relaxado	
5	Geralmente relaxado e alerta	
10	O mais tenso	

Sua pontuação de adrenalina e sua zona de foco

Qual é sua pontuação ideal de adrenalina? Isso depende da demanda do seu trabalho. No Capítulo 1, vimos que diferentes atividades têm diferentes zonas de foco. Para atividades que requerem força física – como o boxe e o futebol –, você precisa de muita adrenalina para atingir sua zona de foco. Mas, para a maioria das atividades da Era Digital – decifrar códigos, escrever relatórios, fazer pesquisas detalhadas –, você precisa de paciência e habilidades mentais. Necessita de um nível de adrenalina médio e regular para poder permanecer na sua zona de foco.

Na maioria das vezes, quando você está trabalhando, é desejável que mantenha sua pontuação entre 3 e 7. Pontuações baixas – 0, 1 ou 2 – são ideais para um relaxamento total, mas sedado assim você não prestará atenção. Você estaria focado se estivesse descansando perto da piscina, mas, dentro do contexto do seu ambiente de trabalho, você está cochilando. E, a não ser que você ganhe a vida jogando hóquei, pontuações como 8, 9 e 10 são geralmente muito altas para mantê-lo na sua zona de foco.

Quanto mais vezes você pontuar seu nível de adrenalina, mais vai aprender qual é a pontuação certa para cada atividade do seu dia – 5 em seu trabalho, 3 no almoço, 7 em uma apresentação de vendas. Atletas de elite que usam a escala conseguem determinar qual é a pontuação ideal em todos os intervalos, antes e durante uma competição importante – 6 quando estão a caminho da competição, 9 quando chegam, 7 quando estão na metade da prova. Em suas melhores atuações, anotam as pontuações; então, tentam repeti-las em competições futuras.

Meça sua pontuação de adrenalina, em um dia comum, usando a tabela a seguir.

Atividade	Pontuação comum	Pontuação ideal
Dirigindo para o trabalho		
No meu ambiente de trabalho		

Ao telefone		
Em reuniões		
Jantar em casa		

Benefícios da autopontuação

Cada vez que você se atribui uma pontuação de adrenalina, ativa a auto-observação. À medida que pensa em pontuar seus sentimentos, começa a se desapegar deles. E, à medida que se desapega, recua, fortalecendo ainda mais sua auto-observação.

Outra vantagem de pontuar a adrenalina é que ela faz você ver que o que está sentindo é somente uma questão de intensidade. Isso quebra aquela sensação de "tudo ou nada" que vem junto com o estado de sentir-se perdido ou imerso em uma emoção. Quando você está muito ansioso, bravo, com medo ou estressado parece que não consegue evitar esse tipo de sentimento. Mas, se você se der um número de 0 a 10 para a sensação em questão, poderá enxergar a possibilidade de diminuir pelo menos um número de sua escala – para assim se sentir um pouco melhor. Isso faz você acreditar em si e assim quebrar as amarras que seu humor cria em você.

Usando figuras em vez de números

Algumas vezes, você simplesmente não consegue parar e pensar em números de 0 a 10. Encontra-se tão sobrecarregado ou abastecido de adrenalina que essa situação não é prática. Porque a adrenalina redireciona o fluxo de seu sangue do cérebro para os músculos, ela não deixa muita energia cerebral para você pontuar suas emoções. Em um momento de alta adrenalina, sua pontuação pode parecer trivial e irrelevante.

É por isso que imagens mentais funcionam bem para nos sinalizar quando estamos no topo da escala. As melhores imagens mentais são metáforas – como um pote de água quente ou uma panela prestes a ferver. Já vi professores usarem uma técnica em que, silenciosamente, colocam um cartão com um desenho de um farol vermelho sobre a mesa do aluno que está pouco estimulado. Isso sinaliza ao aluno que ele deve parar e se acalmar, para assim retomar o foco. Uma artista que eu conheci usava uma imagem mental do vulcão Vesúvio para alertá-la quando estivesse prestes a explodir. Muitos atletas usam a imagem do próprio "U" invertido para poder visualizar quando estão muito no ápice ou nas extremidades da curva.

Minha metáfora favorita é a que ouvi de um executivo que veio ao meu consultório para praticar gerenciamento de estresse. Ele também era piloto particular e queria treinar técnicas para se manter focado o tempo todo, principalmente quando estivesse no cockpit. Leu muito sobre o assunto, entendeu toda a escala EUDS sozinho, além de ter compreendido a necessidade da prática do auto-reconhecimento. Porém, não conseguia lidar com a adição de mais um instrumento quando ele estava voando – mesmo uma simples escala mental de 0 a 10.

As letras EUDS ficavam rondando sua mente e ele criava uma imagem de uma máquina de lavar. Quando começava a ficar tenso demais para manter o foco, via as letras EUDS da máquina de lavar boiando. Ambos, ele e sua imagem mental criada estavam ficando muito agitados! Ele sabia que era melhor se acalmar rápido ou então as letras iriam se embaralhar, fazendo uma tremenda bagunça.

A pergunta: "O QUE NÃO ESTOU FAZENDO AGORA?"

É necessário uma minuciosa auto-observação para reconhecer a ansiedade, porque nós a escondemos por meio da distração. A pergunta "O que não estou fazendo agora?" revela nossa ansiedade escondida e as diversas táticas que usamos para evitá-la.

O adiamento é algo comum na Era Digital. A distração nos pega por todos os lados. Não temos de ir muito longe da tevê, do computador ou do celular para fugir de sentimentos que nos chateiam. Para desmascarar a ansiedade, temos de ver além de nossos próprios adiamentos.

Se você não tem controle sobre o que o está deixando ansioso, distrair-se é uma maneira eficaz de reduzir a ansiedade. Um estudo mostrou que crianças prestes a passar por uma cirurgia tinham o nível de ansiedade reduzido ao jogar Game Boy, muito mais do que se tivessem tomado sedativos leves ou segurado as mãos de seus pais. Mas se você está ansioso sobre alguma coisa da qual tem o controle – como terminar um relatório a tempo –, distrair-se é algo negativo, não positivo. A não ser que seja uma estratégia deliberada para ajustar seu nível de motivação (como um *Power break*, que você vai aprender neste capítulo). Jogar Game Boy quando você está lotado de trabalho para fazer o faz perder tempo e mascara sua ansiedade.

A conexão tédio-ansiedade

Se a criança que está prestes a ser operada parasse de jogar Game Boy, começaria a pensar sobre a cirurgia. Quando o cérebro não tem mais nada para pensar, a ansiedade que estava escondida aflora. É por isso que nós nos mantemos ocupados – para afastar sentimentos de insatisfação para longe. Mas se você precisa refletir sobre seus problemas, manter-se ocupado para evitá-los vai contra seus objetivos.

Linda sabia que suas finanças estavam uma bagunça. Havia recebido uma quantia alta do acordo de seu divórcio, mas naquele momento tinha mais dinheiro saindo do que entrando. Assim, percebeu que começava a ter problemas, mas estava muito ocupada para pensar sobre isso. Ela era uma mãe dedicada, atuava como voluntária na escola de seus filhos e sempre passava muito tempo ao telefone planejando viagens de campo e angariando fundos com as outras mães. Também era uma filha dedicada, que viajava só para ajudar seus pais, já idosos. Também passava horas à noite na internet, pesquisando sobre as doenças dos pais e os benefícios do seguro saúde a que tinham direito. Quando ela não estava produzindo, sentia-se cansada e desmotivada. Costumava dormir pouco e quando seu médico sugeriu uma medicação, ela decidiu consultar-se comigo. Linda precisava de ajuda para enfrentar sua mania de adiar as coisas e para controlar a ansiedade em relação à sua incapacidade para lidar com o dinheiro.

A questão que vence o adiamento

Linda entendeu que protelar compromissos tinha se tornado um hábito. Ela concordou em questionar-se: "O que eu estou deixando de fazer?".

Quando foi à escola de seus filhos, repetiu para si: "O que eu estou deixando de fazer?". Ela já não respondia mais "sim" automaticamente quando lhe pediam para ser voluntária. A cada ligação, perguntava-se: "O que eu estou deixando de fazer? O que eu não quero enfrentar?". Assim, as ligações passaram a ser mais breves.

Na internet, Linda viu uma promoção de passagens aéreas para a cidade de seus pais, mas antes de reservar o vôo, forçou-se a perguntar: "Se eu não for, o que posso fazer em casa enquanto meus filhos estiverem com o pai?". Cada vez que entrava na internet, procurava se lembrar: "O que eu estou deixando de fazer? Se eu não estivesse fazendo isso, poderia usar o tempo para rever minhas finanças?".

Linda enfrentou sua ansiedade em relação ao dinheiro. Enquanto seu nervosismo aumentava, sentia-se esmorecida, culpava-se por protelar as coisas e, ocasionalmente, devorava todos os biscoitos e bolachas da despensa enquanto tentava se acalmar e organizar as finanças. Criou um plano que incluía três horas semanais para trabalhar nos assuntos financeiros pessoais. Dessa forma, logo recuperou o foco e conseguiu controlar de maneira eficaz seus adiamentos de tarefas, impedindo que eles deixassem de controlá-la.

Protelar tarefas traz alívio momentâneo
Vivemos na "Era do Agora" – comida de microondas, filmes lançados a todo momento, mensagens instantâneas. É claro que procuramos alívios imediatos tão logo pressentimos que estamos ficando ansiosos. Instantâneo é o nosso modo de vida bem como o adiamento. Mas enfrentar a ansiedade honestamente não é a maneira mais fácil de lidar com ela. Se você tivesse uma solução imediata para o problema, por que se sentiria ansioso?

É útil possuir habilidades para reduzir a ansiedade, como as chaves do chaveiro anti-ansiedade que você vai aprender no Capítulo 6. Para conseguir sentar e lidar com suas finanças toda noite, Linda colocava uma música suave, dividia as tarefas em pequenas partes e começava a cada noite, na sua mesa, a praticar a "chave da mudança de estado", como, por exemplo, a respiração nos quatro cantos, que você está prestes a aprender.

Chave 2 – mudança de estado
- Respiração dos quatro cantos
- Pausa energética
- Atenção focada nas múltiplas tarefas

Um aluno de 15 anos conseguiu seu primeiro A em ciências devido a uma boa professora que aplicava um exercício prático em aula chamado "mudança de estado". Não sei de onde ela tirou esse nome; os atletas, às vezes, usam o termo para descrever o que fazem para romper com o padrão de baixa ou alta euforia. Aparentemente, ela usava a técnica para o mesmo propósito, porém em sala de aula.

Veja como funciona. Todos os dias, os alunos se alternavam como responsáveis por pensar em uma maneira interessante de melhorar o humor da classe em três minutos ou menos.

Quando o ambiente se tornava monótono ou tenso, o aluno do dia era chamado para liderar a atividade de mudança de estado. Podia ser uma piada, uma música ou alguns exercícios. Alguns alunos foram muito criativos – tocando bateria, dançando e cantando rap.

A mudança de humor mantinha esses alunos focados. Isso foi um presente dos deuses para o aluno talentoso que se consultava comigo. Esse aprendiz excepcional construiu seu próprio computador quando tinha apenas 9 anos. Para ele era uma agonia ter de escrever um manual sobre como a eletricidade funcionava. Praticar o exercício de mudança de estado o manteve focado em suas atividades de baixo estímulo e lhe ensinou uma habilidade psicológica valiosa para usar também fora das aulas de ciências. Na verdade, para praticar a qualquer hora em que precisasse retomar sua zona de foco.

O restante do capítulo mostrará a você as estratégias de mudanças de estado. Como esses bem-sucedidos alunos de ciências, você poderá ser tão criativo quanto desejar. Se trabalha em casa, arrume suas coisas e vá para um escritório improvisado – a biblioteca local, a livraria ou a lanchonete. Se você tem essa flexibilidade, alterne tarefas da sua lista de afazeres: alta estimulação, baixa estimulação, alta estimulação e daí por diante.

O verdadeiro desafio está em decidir o que fazer quando você está empacado em sua mesa, e é isso que deve pensar quando escolher as chaves para incluir aqui. O chaveiro de mudança de estado tem três novas chaves versáteis para você: respiração dos quatro cantos, pausa energética e atenção focada às múltiplas tarefas.

Respiração dos quatro cantos

Vamos começar com a chave tentativa-e-verdade para você se acalmar rapidamente a qualquer hora e em qualquer lugar. Com a respiração dos quatro cantos você consegue achar seu ritmo toda vez que perder a sincronia, podendo usá-la quando se distrair ou para se acalmar quando estiver hiperativo.

Veja abaixo o que você deve fazer. Primeiro, olhe a sua volta e ache algo que possua quatro cantos – uma foto, uma janela, uma porta ou até mesmo o retângulo desta página. Agora comece:

1. Olhe para o canto esquerdo superior e inspire, contado até 4.
2. Desvie seu olhar para o canto direito superior e prenda a respiração, contando até 4 novamente.
3. Desvie o olhar para o canto direito inferior e expire, contando até 4.
4. Desvie o olhar para o canto esquerdo inferior e, silenciosamente, diga as palavras: "Relaxe, relaxe, sorria", repetindo-a.

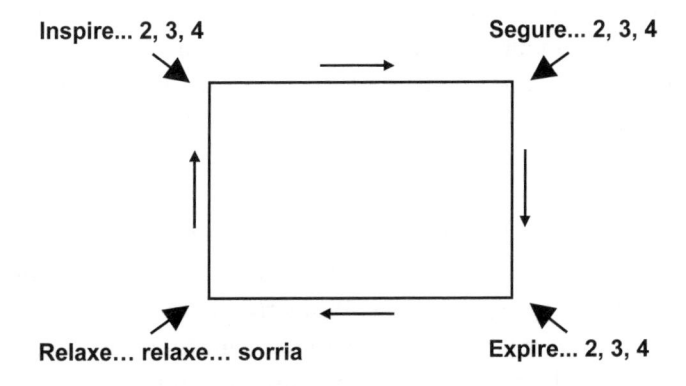

Inspire... 2, 3, 4   **Segure... 2, 3, 4**

Relaxe... relaxe... sorria   **Expire... 2, 3, 4**

Tente fazer esse exercício agora mesmo. Você pode usar essa técnica a qualquer momento, sempre que precisar de uma rápida mudança de estado de humor. Focar-se num ponto externo à situação em que você se encontra rompe seus sentimentos de auto-absorção, dúvida e culpa, além da prática da respiração consciente centrá-lo e trazê-lo para o momento presente.

Você pode realizar os quatro passos acima repetidamente. Se pontuou o seu nível de adrenalina no nível mais alto ou mais baixo do que o desejado, repita o movimento até que esteja chegando na pontuação adequada. Vamos dizer que sua pontuação de adrenalina está em 9, que você está muito tenso para se concentrar. Apenas continue fazendo a respiração dos quatro cantos até atingir o número 8.

Se você já pratica técnicas de respiração iogues, meditação, artes marciais ou descobriu que uma boa respiração profunda o ajuda a relaxar e retomar o foco, continue realizando esses exercícios. A respiração dos quatro cantos pode ser uma técnica adicional bastante útil, pois combina o uso de um ponto focal exterior com a respiração interna, profunda e rítmica. Mulheres que tiveram bebês usando os métodos Lamaze podem afirmar o poder da técnica combinada.

Como uma ferramenta versátil para outros propósitos – a exemplo de uma xícara de medida na cozinha, uma fita isolante na garagem ou uma aspirina no armário do banheiro –, a respiração dos quatro cantos pode se tornar um recurso ao qual recorrer quando há a necessidade de retomar o foco.

Pausa energética

Doug tem adoração por computadores, mas estava preso em um trabalho sem futuro. Na escola, era conhecido como um aluno abaixo da média. Prometia muito mais do que cumpria. Quando era hora de escrever um trabalho, começava muito bem, mas, quando pesquisava na internet sobre o tópico, de um site a outro... Não conseguia entregar o trabalho no prazo exigido.

As coisas não mudaram muito após graduar-se. Por meio de um amigo, Doug arranjou um trabalho decente, porém tedioso. Aceitou-o, porém pensando que seria temporário até encontrar algo melhor. Mas, toda vez que começava a procurar um novo trabalho, atualizar seu currículo ou se inscrever em cursos para se especializar, distraía-se com atividades mais interessantes.

Um dia, um colega de trabalho menos competente ganhou uma promoção primeiro que ele, então Doug decidiu que era hora de começar a agir. Foi ao meu consultório para aprender dicas de como se manter focado. Ele já sabia havia muito tempo que tinha problemas de déficit de atenção. Em suas palavras, "era atraído pela distração como o ferro pelo ímã". Por causa disso, criou uma regra para si: toda vez que sentasse para usar o computador, não sairia dali até a hora de ir para a cama. Porém, seu plano não estava funcionando da maneira como esperava.

Quando chegava em casa, sentia-se cansado. Ele deveria sentar-se e procurar empregos na internet, mas, em vez disso, acabava navegando ao léu, movido por outros interesses pessoais e por prazer. Sua má experiência escolar estava se repetindo de novo. Os prazos que estipulou para si partiam e vinham. Mais e mais ele resistia, sentando-se e produzindo. Ao sair do trabalho, passava horas bebendo cerveja com os amigos, para só então ir para casa, já tarde demais para começar suas obrigações.

Contei a Doug sobre a professora de ciências que usava a técnica de mudança de estado. Ele disse que seria um aluno nota 10 na aula dela. Decidiu adaptar a técnica também em casa, propondo-se a se levantar da cadeira quando precisasse, tirando estratégicos dez minutos ou menos para mudar o estado mental tenso, para relaxar.

Por ser um cara criativo, criou uma variedade de intervalos para renová-lo – dar uma volta de carro no quarteirão com o som ligado em alto volume, assistir a vídeos de comédia em seu laptop em algum outro ambiente ou sentar-se no chão para brincar com seu cachorro. Assim, descobriu que estava trabalhando com paradas de meia em meia hora, e passou a cronometrar os intervalos dessa maneira.

Bem planejados, os intervalos periódicos deram a Doug o estímulo de que ele precisava para continuar trabalhando a cada noite. Também encontrou um novo trabalho de que gostava e continuou a fazer pausas para retomar a sua zona de foco.

Essa chave é chamada de pausa energética, pois revigora a energia de que você precisa para se manter focado, quando se sente muito agitado ou com pouca motivação. Para fazer intervalos estratégicos como os de Doug, estabeleça um período de tempo para retornar ao trabalho.

A diferença entre protelar e fazer pausas energéticas

Quando ajudo crianças a desenvolverem o controle da atenção, o momento pivô ocorre quando elas realmente conseguem notar a diferença entre protelar algo e fazer pausas ou intervalos energéticos ao realizar algo. Ambos, protelar e pausar, lhe dão alívio imediato, porém, com o intervalo, você se compromete a voltar ao trabalho.

Muitas pessoas se levantam da cadeira e "pretendem" voltar ao trabalho, mas a estrada dos adiamentos é asfaltada com boas intenções. Uma vez que você se levantou, é muito fácil distrair-se e não retornar. Doug queria muito arranjar um trabalho melhor, mas não tinha aprendido como controlar o foco de maneira a conseguir o que almejava.

Em uma pausa energética você se compromete – faz uma promessa específica para si, ou seja, antes de se levantar, estipula um horário para voltar. Dessa maneira, mantém a palavra exatamente da mesma forma como faria se tivesse marcado um compromisso importante com alguém.

Atualmente, com os alarmes de celulares, Blackberries, Palms, cronômetros e computadores, fica fácil estipular um intervalo de tempo. Mas, se você não consegue fazer isso, pelo menos escreva em um pedaço de papel a que horas você deve retornar ao trabalho. Então, tenha um relógio sempre por perto para ter controle do tempo. Se adivinhar o tempo sem olhar no relógio, pode ser que melhore também a habilidade de seu cérebro em controlar o tempo.

Se for muito difícil retomar o trabalho após um intervalo, faça pequenas coisas para que esse retorno se torne mais fácil:

- Escolha uma tarefa que goste para ser a primeira coisa a fazer quando retornar.
- Traga um agrado com você, como uma xícara de chá ou balas de hortelã.
- Planeje seu próximo intervalo rapidamente para ter algo bom para esperar.

Você pode usar essas pausas energéticas para se animar, acalmar-se ou apenas para se manter focado. Intervalos de energia são bons incentivos para chegar até sua próxima parada. Você pode planejar um intervalo no fim de cada tarefa, capítulo ou sessão.

Direcione sua pausa para que consiga suprir suas necessidades – muitos intervalos curtos, ou poucos, porém longos. Durante trabalhos de pouca motivação você vai querer fazer mais intervalos. Adicione mini-intervalos à medida que precisar deles, especialmente no fim da tarde. Alongue-se, faça isometria, lave o rosto, abra a janela ou acenda mais luzes. As novidades também são bem-vindas – mesmo que seja somente experimentar uma marca nova de chiclete sem açúcar –, basta ser criativo. O essencial é que sua pausa energética seja deliberada, estratégica e com limite de tempo.

Pausas de alta ou baixa estimulação

Para usar a pausa energética estrategicamente, compare seu nível atual de adrenalina com o nível que precisa para permanecer em sua zona de foco.

Se o trabalho que estiver fazendo for maçante – entrada de dados repetitivos, escrita de relatórios técnicos –, escolha uma pausa de alta estimulação, fazendo algo que lhe dê interesse e energia. Se estiver em casa, ligue o rádio e cante. No escritório, suba as escadas enquanto fala com seu amigo no celular.

Se o trabalho que estiver fazendo for de deixar seus nervos à flor da pele – decisões conflitantes ou tráfego de controle aéreo, por exemplo –, escolha uma pausa de baixa estimulação para se acalmar e relaxar. Se está em casa, ande ao redor de seu quintal ou regue as plantas. No escritório, vá sentar-se no carro ou em algum lugar tranqüilo, feche os olhos e ouça músicas relaxantes.

E se seu trabalho for tão maçante ao ponto de ir além de deixar os nervos à flor da pele? Vamos supor que você esteja sob a mira de uma arma – estudando para um exame onde a nota de corte é muito alta ou preparando documentos para um julgamento difícil –, uma parte sua está entediada e a outra nervosa. Você precisa de uma pausa energética que seja estimulante e relaxante ao mesmo tempo. Que tal ir até lá fora entrar em contato com a natureza e aproveitar para fazer exercícios leves?

Na verdade, todo tipo de pausa energética tem algum elemento estimulante, porque novidades são por natureza estimulantes. Qualquer coisa diferente que fizer pode ter efeito restaurador e lhe dar ânimo.

O cochilo poderoso

Toda tarde, por volta das 2 horas, o ciclo circadiano do nosso corpo – de 24 horas de seu relógio biológico – chega a um ponto lento e natural. Nessa hora, nos sentimos desmotivados e sem foco. Por isso, em muitas culturas as pessoas têm o hábito de fazer a sesta.

Pesquisas recentes mostram que o cochilo no período da tarde previne a fadiga. Dormir consolida as informações que o cérebro adquiriu recentemente, criando novos espaços para novas informações. Pense nisso da seguinte forma: quando você chega em casa após fazer supermercado, coloca as sacolas no balcão da cozinha e depois guarda as compras. Você não consegue colocar nada no balcão até que coloque o leite na geladeira, a sopa no armário e o sorvete no freezer. Você precisa liberar espaço em cima do balcão.

O cérebro funciona da mesma maneira. Novas informações ficam situadas na memória temporária, esperando serem armazenadas na memória permanente. A fadiga ocorre quando a memória temporária – o balcão cerebral da cozinha – está cheia. Uma pausa relaxante abre um pouco de espaço, mas, às vezes, o balcão está muito cheio. As químicas cerebrais que você tem de limpar – chamadas de neurotransmissores – estão muito carregadas. O balcão cerebral da cozinha não tem mais espaço nem para mais uma sacola de compras. Você precisa dormir para restaurar as químicas cerebrais, para que elas possam guardar suas compras cerebrais. Um descanso durante a tarde limpa seu balcão – e esvazia a mente.

Você aprenderá mais sobre a importância do sono no Capítulo 9. Se não puder tirar um cochilo poderoso, durma bem durante a noite. Dormir é a pausa energética natural do corpo, necessária para que você possa acordar alerta, descansado e pronto para permanecer na sua zona de foco.

Férias

Sair de férias é sua "pausa energética do ano". Umas boas férias renovam e restauram sua perspectiva. Do lado de fora, olhando para dentro, você pode finalmente ver a floresta; não está mais no meio das árvores. Quando retornar, estará menos reativo a cada ligação, e-mail ou mensagens de texto que receber.

Atualmente, nos ambientes de trabalho competitivos, tornou-se um código de honra levar trabalho para casa nas férias. Pensamos: "Agora existe alguém querendo meu lugar", afinal nossa cultura competitiva nos ensinou a pensar dessa maneira. Mas lembre-se da história do burro faminto do Capítulo 3. Não se prive do descanso de que necessita.

Atenção focada nas múltiplas tarefas

Depois de um recente workshop para pais, uma mãe me contou a seguinte história: para não se tornar uma mãe ausente, afastou-se de seu trabalho como vice-presidente de marketing, justamente para comparecer aos jogos de seu filho pequeno. Depois de um jogo, o filho ficou bravo com ela, pois havia feito uma pegada espetacular, mas ao olhar para cima percebeu que a mãe não viu – estava no celular. Ela também ficou zangada, afinal, como ele pôde ter ficado com raiva por ela ter tido o azar de estar falando ao telefone naquele exato momento? Ele não deveria agradecer só por ela estar presente no jogo, especialmente porque estava colocando sua carreira em risco por causa daquilo?

Quando a gritaria acabou, eles conversaram. Ele disse que realmente queria que ela estivesse lá, mas preferiria que não fosse se tivesse outros assuntos para resolver. Explicou que era muito difícil esquecer a cena dela ao telefone, que seria mais fácil perdoá-la por não ter ido. Disse ainda que cada vez que se lembrava da jogada sentia-se ferido por ela ter perdido o lance. Então, preferia não pensar mais naquele momento, embora tivesse se sentido ótimo no momento do lance.

Essa conversa acordou-a para sua auto-observação. Quando ela recuou de sua própria frustração e raiva, conseguiu enxergar o que tinha acontecido de uma nova maneira, colocando-se no lugar do seu filho pequeno. Assim, parou de enxergá-lo como uma criança dramática e mimada e, em vez disso, sentiu-se abençoada por ter um filho que se importava tanto com ela. Sabia que era uma questão de tempo ele olhar a arquibancada e não enxergar mais o seu rosto lá.

Essa mulher reconheceu que não poderia fazer uma ligação importante de negócios e ao mesmo tempo estar presente para o filho. Ela faria uma escolha diferente da próxima vez. Para isso tornou-se uma estudante comprometida com o assunto de manter-se focada nas múltiplas tarefas.

Como você pode se recordar do Capítulo 1, atenção focada nas múltiplas tarefas é a prática estratégica e intencional de fazer mais de uma tarefa ao mesmo tempo. Você deliberadamente escolhe realizar múltiplas tarefas para aumentar o sentimento de alerta, reconhecendo que está menos eficiente. (O Capítulo 4 lhe deu uma breve visão geral dessa pesquisa.)

Quando um computador executa muitos programas ao mesmo tempo, processa informações mais lentamente. O mesmo acontece conosco. Usamos mais recursos internos quando realizamos múltiplas tarefas no computador; a atenção focada nas tarefas leva isso em consideração. Você reconhece que perde eficiência para ganhar o sentimento de alerta, mas aceita mesmo assim porque no geral o sentimento de alerta adicional permite que conclua mais atividades no prazo estipulado. Quando você não pode se dar ao luxo de reduzir sua eficiência – por exemplo quando a confiança de seu filho em relação a você está abalada –, escolhe não realizar múltiplas tarefas.

Seja honesto consigo mesmo

Kyle é um aluno brilhante, acostumado a tirar boas notas sem estudar. Recentemente, os trabalhos escolares tornaram-se mais difíceis e suas notas começaram a piorar. Kyle já não conseguia improvisar na hora da prova. Aos poucos, começou a perceber que tinha de estudar; porém, como nunca teve de estudar antes, era difícil aceitar.

Na maior parte das vezes, fazia a lição de casa assistindo à tevê. Estava habituado a ser estimulado pelo barulho de fundo. No ensino médio, assistia à MTV ou ouvia rock em alto volume enquanto estudava. Quando ele foi ao meu consultório, estava confiante em continuar agindo dessa maneira. Chegou até a discutir com seus pais e professores durante anos, seguro de estar certo.

Eu concordava com Kyle de que o estímulo adicional o estava ajudando a se manter motivado para terminar a tarefa. Nós discutimos a curva em "U" invertido e o que ele precisava para permanecer na sua zona de foco. Disse-lhe que muitos dos alunos que eu atendo criam uma lista de músicas estimulantes, sem letra, para ouvi-las especificamente durante os estudos. Escolhiam músicas que adicionavam estímulo, não distração. Mas Kyle ainda insistia em que a música que ouvia era adequada para ele.

Teimoso como era, tinha uma mente científica. Dei-lhe cópias de artigos sobre pesquisas que mostravam como múltiplas tarefas diminuem a eficiência. Conversamos sobre usá-las para ele se motivar, porém sabendo que elas diminuiriam seu nível de atuação. Kyle concordou em experimentar. Traria sua tarefa de bioquímica para nossa próxima sessão, assim como sua lista de músicas *hard rock*. De minha parte, eu traria umas de minhas gravações instrumentais africanas, sem nenhuma letra. Ele faria seu trabalho ouvindo os dois tipos de música e então nós compararíamos o tempo gasto e a atuação dele em cada situação.

Kyle chegou na sessão seguinte sem nenhuma tarefa por fazer, sem nenhuma música e também sem justificativa nenhuma. Decidiu fazer a experiência em casa e ele mesmo viu a diferença. Criou então uma lista de músicas de guitarristas como Jeff Beck para ouvir enquanto estudava, deixando o *heavy metal* para suas pausas energéticas. Com essa nova abordagem de estudo, conseguiu recuperar seu alto desempenho.

É difícil admitir algo quando as coisas de que gostamos nos privam de atingir nossos objetivos. Como Kyle, algumas vezes nos rebelamos contra uma voz restritiva do passado que ecoa em nossa mente. Focar a atenção às múltiplas tarefas requer maturidade e a tomada de difíceis decisões, mas o resultado faz o esforço valer a pena. Deliberadamente escolhendo como dividir sua atenção – para adicionar estímulos, mas sem ultrapassar seus limites –, você se mantém atento e com a energia focada no sucesso.

Pausa energética ou atenção focada nas múltiplas tarefas?

Quando você abre seu e-mail para checar as mensagens recebidas, está fazendo uma pausa rápida ou está realizando múltiplas tarefas?

Estritamente falando, você está fazendo um intervalo, apesar de essa ação ser considerada uma realização de múltiplas tarefas. Isso porque, na verdade, múltiplas tarefas implicam a troca rápida de tarefas. Seu cérebro nunca presta atenção em duas coisas ao mesmo tempo. Sempre que realiza múltiplas tarefas, você na verdade está fazendo uma pequena pausa, pulando de uma tarefa para outra.

A questão é que não importa como a chame – fazer um intervalo rápido ou realizar múltiplas tarefas. O que importa é que você faça propositada e estrategicamente, mantendo na cabeça apenas o nível correto de estímulos de que precisa para permanecer focado.

Múltiplas tarefas aumentam as lacunas entre gerações

Quando se trata da habilidade para realizar múltiplas tarefas, as pessoas jovens são favorecidas. O lóbulo pré-frontal de uma pessoa de 20 anos permite que ela consiga mudar de tarefas mais rapidamente do que uma com mais de 40 anos. Isso porque o cérebro favorece a profundidade do conhecimento, não a quantidade. Adicione a isso o fato de a maioria dos adultos usar o mouse em vez de um marcador de texto, e nós temos uma lacuna do tamanho do Grand Canyon entre colegas de trabalho mais velhos e mais jovens. A possibilidade para mal-entendidos sobre múltiplas tarefas é imensa.

Essa gigantesca lacuna entre gerações é evidente na reação da maioria das pessoas aos pequenos fones de ouvido utilizados no ambiente de trabalho. Uma pesquisa britânica apontou que 22% dos funcionários passam uma média de 3 horas diárias ouvindo MP3. Alguns gerentes vêem isso como uma resposta adaptativa à arquitetura aberta do escritório. Os funcionários estavam acostumados à separação física proporcionada por paredes que diminuíam a distração, então, passaram a compensar isso de alguma maneira. Porém, outros gerentes vêem essa atitude como um insulto aos outros colegas de trabalho, por isso baniram os MP3s do escritório. Eles dizem que os fones de ouvido mandam uma mensagem de "mantenha distância" para os outros e o isolamento não é saudável nem para o funcionário nem para o bom funcionamento da organização. Enfim, atualmente as linhas de batalha são traçadas entre gerações.

Múltiplas tarefas, microinjustiças e microatitudes

Por outro lado, o estrago causado por "microinjustiças" – ofensas mínimas e indiretas no ambiente de trabalho – ocorre dos dois lados da relação empregado/empregador. Enquanto os gerentes sentem-se excluídos quando seus funcionários usam fones de ouvido, os funcionários sentem-se desmoralizados quando os gerentes pedem para continuarem conversando enquanto eles checam seus Palms.

Essas microinjustiças causam impactos no andamento geral das empresas, as quais agora, mais do que nunca, necessitam competir pela contratação de novos talentos, a fim de substituir aqueles que já não acompanham o desenvolvimento empresarial. Como uma matéria de capa da revista *Times* de 15 de março de 2006 apontou, em termos de retenção de funcionários, essas pequenas discórdias e indiferenças acumuladas "resultam no descarte do funcionário como se fosse um papel que se joga no lixo". Os executivos estão se dando conta do custo monetário de pequenos sinais de brutalidade causados pela realização de múltiplas tarefas.

Qualquer que seja sua idade ou posição que ocupa na empresa, ao escolher realizar múltiplas tarefas, considere o valor de realizar uma "microatitude". Reserve um tempo para dizer àqueles que estão à sua volta o que está fazendo e o porquê.

Seja você um funcionário com fones de ouvido, seja um gerente que precisa atender a uma ligação, envie um sinal em respeito àquelas pessoas com as quais você lida todos os dias. Você não quer que as pessoas pensem que as rejeita ou que está na defensiva. E se há alguém realizando múltiplas tarefas que o afetam de certa forma, diga, mas não leve para o lado pessoal. É provável que ambos estejam tentando fazer a mesma coisa – ou seja, o melhor que podem no nosso mundo de distrações.

Exercitar-se ou se acalmar?

Se você estiver limpando a garagem ou organizando seu guarda-roupa, vai querer o máximo de estímulo possível. Beba um milk-shake gigante, use um fone de ouvido sem fio para papear com os amigos, coloque sua música favorita no último volume. Você não correrá o risco de ficar estimulado em excesso e se distrair ao selecionar e reciclar.

Quando há um trabalho mental sério e minucioso para fazer, você precisa se excitar de diversas maneiras que reforcem sua concentração. Se está lendo um material chato, pegue um marca-texto fluorescente e vá grifando o texto enquanto lê. Se tem de memorizar informações de uma reunião ou de uma aula chata, copie o conteúdo com figuras e diagramas enquanto você as ouve. Se cada detalhe da cansativa conversa é importante, escreva todo o conteúdo, como faz um escrivão no tribunal. Papel e caneta são ferramentas importantes para melhorar sua concentração.

Por outro lado, na curva em "U" invertido, quando você está tenso ou excitado, precisa de soluções tanto mentais quanto físicas para se acalmar: exercícios de relaxamento; um amigo confiável para conversar; ouvir sua música favorita e olhar fotos; tudo isso irá recuperar sua paz de espírito.

Quando realizar múltiplas tarefas, tenha certeza de qual é sua intenção. É necessário excitar-se ou acalmar-se? Em que grau de intensidade? Você não deseja passar do ponto. Mire sua zona de foco e escolha exatamente o melhor estímulo e a quantidade necessária para chegar lá. O restante deste capítulo é dividido em duas partes: a realização de múltiplas tarefas como estímulo quando se sentir desestimulado e a realização de múltiplas tarefas para relaxar quando você estiver hiperestimulado.

Múltiplas tarefas para se sentir estimulado

Quando você está entediado no trabalho precisa buscar maneiras para adicionar motivação que o mantenha na sua zona de foco. Quais motivações podem funcionar para você?

1. Ponha para tocar músicas instrumentais com batidas alegres. Se estiver sozinho no escritório, aumente o volume até a música fazer você se mexer. Se estiver com outras pessoas e o ambiente permitir, use fones de ouvido. Todos têm suas músicas favoritas, procure na sua lista de músicas instrumentais com ritmo forte e rápido, e batidas lineares. Abaixo seguem algumas sugestões para você começar:

- Clássicas – especialmente barrocas, como Bach.
- World music – especialmente aquelas com batidas marcantes de instrumentos de percussão.
- Jazz – animado, mas não de sonoridade irregular.
- Ragtime – que tal a música de Scott Joplin, da trilha sonora do filme *Um golpe de mestre?*

2. Múltiplas tarefas sem equipamentos eletrônicos. Na Era Digital da distração, pensamos em realizar múltiplas tarefas quando usamos mais de um aparelho eletrônico ao mesmo tempo. Mas fazer isso quer dizer fazer mais de uma coisa ao mesmo tempo, sejam elas eletrônicas ou não. Aqui vão algumas sugestões para adicionar estímulos sensoriais, mais saborosos do que os digitais:

- Beba algo descafeinado ou com pouca cafeína. Faça um suco de frutas natural; prepare um chá gelado de ervas ou chá verde; consuma café descafeinado (que ainda assim possui um pouco de cafeína).
- Consuma um lanche saudável. Corte algumas frutas; faça pipoca, crie seu próprio mix saudável.
- Mexa os pés ou as mãos. Aperte uma bola de borracha; esfregue uma pedra-pomes; retraia e flexione os dedos dos pés ou faça movimentos giratórios. Arrume um apoio para os pés de maneira a permitir que os movimente de um lado para o outro. Se você estiver sozinho, tire os sapatos e passe um massageador.

3. Conecte-se com o mundo digital. Geralmente, isso quer dizer abrir um aplicativo da internet – seu e-mail, um site de busca ou de mensagens instantâneas. Mas também pode ser enviar uma mensagem de texto, checar seu Palm ou dar uma olhada naquele vídeo de música que você baixou no seu iPod.

Quando houver um trabalho cheio de detalhes ou repetitivo no computador, conectar-se com a internet pode parecer uma linha-de-sobrevivência. Um e-mail divertido ou uma resposta animada pode salvar você dos efeitos maléficos da queda de estímulo que o conduz ao tédio. Conectar-se para conversar com outros membros da mesma platéia em uma palestra de alta tecnologia é atualmente um procedimento padrão.

Na internet há a certeza de que encontrará novidades e novas conexões. Sites de relacionamento como blogs, Youtube, My Space e Orkut o convidam para um relacionamento social, inovador e colaborador entre internautas. Você está ativo, não passivo. É um fluxo de estimulação que nunca acaba, podendo ser bom ou ruim. O Capítulo 10 vai lhe dar dicas úteis de como permanecer em sua zona de foco ao surfar na internet. Enquanto isso:

- Opte pela qualidade.
- Mantenha um relógio em um lugar em que possa vê-lo.
- Não deixe suas conexões digitais o controlarem.

Múltiplas tarefas para se acalmar

Quando você está em um ritmo frenético no trabalho, escolha maneiras de realizar múltiplas tarefas que reduzam esse excesso de estímulo, para que assim você possa retomar o foco. Aqui estão algumas idéias:

1. Coloque músicas instrumentais relaxantes para tocar. Elas podem aliviar seu stress no trabalho, mas você ainda precisa de tempo para permanecer focado. Você não vai querer ouvir a mesma música que selecionaria em sua poltrona em frente à lareira, com a pontuação de adrenalina entre 1 ou 2. No trabalho, você está querendo uma pontuação de adrenalina entre 5 ou 6. Para músicas calmas, deixe o volume baixo, apenas o suficiente para ouvir. De novo, se for permitido, use fones para criar uma atmosfera que preserve seu estado de relaxamento-alerta.

À medida que você consultar sua lista de músicas, procure as instrumentais relaxantes, mas não sedativas. Uma maneira é escolher músicas com batidas por minutos (bpm) para o compasso que desejar manter. Você pode estimar as batidas por minuto ou usar um software como o Tangerine (para analisar suas músicas e criar uma lista de categorias de acordo com as bpm). Mas lembre-se de que cada pessoa tem uma tolerância diferente para a adrenalina. Uma música de Chopin pode ser perfeita para aumentar sua pontuação de adrenalina para 5 ou 6, enquanto uma outra mais agitada pode colocá-lo para dormir. A mesma obra de Chopin pode deixar qualquer outra pessoa extremamente desmotivada, enquanto uma música mais agitada deixa-a focada.

Eis algumas sugestões para começar:
- Clássicas – tente compositores mestres como Chopin e Beethoven.

- Jazz – suave, mas não música de elevador.
- Solistas gênios – Itzhak Perlman no violino, James Galway na flauta.
- Silêncio – muito melhor do que barulhos que causam distração. Se não incomodar aqueles que estão perto, tape os ouvidos ou use fones que minimizem barulhos.

2. Múltiplas tarefas sem equipamentos eletrônicos. Quando você trabalha, qualquer tipo de respiração rítmica o ajudará a reduzir o estresse. Tente a respiração dos quatro cantos ao redor da tela do computador ou tenha o hábito de respirar profundamente toda vez que salvar seu trabalho. Pequenas coisas como uma vela aromatizada podem parecer insignificantes, mas fazem a diferença. A região de seu cérebro ligada ao olfato está intimamente conectada à região emocional.

Eis mais algumas boas escolhas:

- Beba chá morno de ervas – camomila é uma erva antiga eficiente, usada em muitas culturas.
- Tenha um lanche saudável e gostoso. Carboidratos ajudam a produzir substâncias químicas cerebrais calmantes; em grãos são mais saudáveis.
- Tensione e relaxe seus músculos – firme seus pulsos por volta de dez segundos e solte, sentindo-os relaxar. Eles ficarão quentes, pesados e dormentes, pois os músculos dessa região se tornarão mais relaxados do que antes de tensioná-los. Este método é chamado de "relaxamento muscular progressivo", e foi desenvolvido pelo Dr. Edmund Jacobsen há mais de 50 anos. Tente fazer com um grupo de músculos de cada vez, por exemplo testa, mandíbula, pernas e pés, exceto pescoço. Nunca tensione ou relaxe os músculos do pescoço de repente, pois pode se machucar. Para ajudar a remediar a tensão dos ombros armazenada pelas horas que

passamos sentados, tensione-os e relaxe-os: levante-os até a altura das orelhas e solte; desloque-os para frente e solte-os; mova-os para trás e depois solte.

3. Assuma o controle das suas conexões digitais. Quando você está hiperexcitado, sente uma forte motivação para abrir novos aplicativos e começar um novo projeto. Em um *boom* de adrenalina, seu cérebro pede mais. Preste atenção em você e reconheça que nesse estado menos é mais, ou seja, menos estímulo lhe proporciona mais foco. Reduza – e não aumente – sua sobrecarga. Recue do seu estado hiperalerta e vá em direção ao estado de relaxamento-alerta de sua zona de foco.

- Termine o que está inacabado. Não comece a redigir outro e-mail. Termine aqueles que já começou.
- Fique no aqui e agora. Feche todas as janelas e aplicativos de que não precisa no momento.
- Transforme isto em uma pausa energética. Se você simplesmente não consegue se acalmar, coloque o computador na tela de descanso e vá respirar ar fresco por um tempo.

Olhando além

Agora que você tem as chaves para reconhecer e regular seus sentimentos, está pronto para aprender mais ainda sobre habilidades emocionais. O Capítulo 6 mostra três tipos de problemas de atenção causados pelo medo: adiamentos, ansiedade e vários graus de raiva. Você vai aprender três novos chaveiros para transformar o estresse em sucesso.

Capítulo 6
Confrontando o medo e todos os seus primos
Chaveiros 3, 4 e 5

Devemos construir diques de coragem
para segurar a enchente do medo.
— Martin Luther King Jr.

Ameaças nucleares, terrorismo, aquecimento global, epidemias, desastres naturais... Nós vemos tudo isso ao vivo e em cores nas nossas tevês de tela plana e ouvimos essas notícias em som estéreo *surround*. Registramos essas imagens horríveis em nosso cérebro assistindo a violentos dramas e noticiários horrorosos no horário nobre toda noite antes de dormir.

O cérebro não foi construído para processar constantemente cenas de assassinato, acidentes, homens-bomba, vítimas de doenças e guerras. A Resposta de Orientação (RO) descrita no Capítulo 2 nos leva diretamente para esses solavancos. Precisamos de estratégias para nos proteger do que não podemos explicar, da adrenalina em tempo integral e da Era Digital do medo.

"Lute-e-fuja" causa problemas

Quando você se sente ameaçado, produz adrenalina em seu cérebro e corpo. Na região mais antiga de nosso cérebro, a da sobrevivência, um tipo de adrenalina chamada de norepinefrina desencadeia a resposta de "lute-ou-fuja", a qual assume formas muito diferentes atualmente. Você pode vivenciar o "lute" por meio de um sentimento de raiva, mas também pode rumar em direção à ansiedade, preocupação e culpa – qualquer emoção que envolva irritabilidade.

Atualmente, em situações em que geralmente não podemos fugir de uma irritação ou provocação, esses sentimentos também são formas de fuga. Se você é obsessivamente preocupado com o futuro e se sente culpado em relação ao passado, também está mentalmente fugindo do presente. Quando seu filho começa a lhe dar desculpas por não fazer a lição de casa, ambos, você e ele, brigam e ainda ignoram a lição que está lá parada. Na verdade, pode ser útil chamar esse estado de "lute-*e*-fuja", para nos deixar mais cientes do que não estamos fazendo quando trabalhamos em excesso.

O Capítulo 6 mostra três problemas comuns causados pela norepinefrina e pela resposta lute-*e*-fuja: adiamentos, ansiedade, raiva ou excitação em excesso. Pode parecer estranho que eu use as palavras "raiva" e "excitação" como equivalentes aqui, mas é por uma boa razão.

Quando somos provocados, nossa raiva começa com muita intensidade. As pessoas dizem: "Eu não estou zangado, estou frustrado". Todos à nossa volta conseguem sentir raiva, e, mais tarde, quando estamos mais calmos, percebemos como estávamos com raiva. Mas, no momento em questão, quando a raiva estava dentro de nós, simplesmente estávamos defendendo nosso ponto de vista. Por isso, eu escolhi a palavra "excitação" para incluir todos os graus de raiva, desde o chateado até o furioso. Isso vai ajudá-lo a identificar sentimentos intensos que estão prestes a se tornar raiva, mas sobre os quais você ainda tem controle.

As soluções para adiamentos de tarefas, ansiedade, raiva ou excitação começam quando você percebe que tudo está, na verdade, baseado no medo. As chaves deste capítulo vão guiá-lo para que reconheça de maneira óbvia ou indiretamente quando se sente ameaçado e ensinam métodos para o ajudar a auto-regular sua norepinefrina.

As chaves que aprendeu no Capítulo 5 também são úteis para os problemas de lute-*e*-fuja descritos neste Capítulo 6. Você vai descobrir aqui – e ao longo do livro – que uma chave de um determinado chaveiro pode ser útil também para outro.

O Capítulo 6 lhe dá três chaveiros para manter em ordem sua norepinefrina (ou medo em função da adrenalina):

Chaveiro 3 – Aniquiladores de adiamentos
Chaveiro 4 – Antiansiedade
Chaveiro 5 – Controle da ansiedade

> Chaveiro 3 – Aniquiladores de adiamentos
> - Construtores de confiança
> - Acendendo a chama
> - Reescrevendo o passado

Em janeiro de 2007, Piers Steel, Ph.D., publicou uma pesquisa em que analisou centenas de estudos sobre adiamentos. Descobriu que adiar tarefas está em alta. Em 1978, somente cerca de 5% dos americanos assumiam-se como pessoas com hábitos crônicos de adiamentos; atualmente esse número passou para 26%. Também descobriu que protelar está fortemente ligado à impulsividade e à capacidade de distração, mostrando que tal incremento nas estatísticas faz sentido. A tecnologia atual cria tentações cada vez maiores, as quais nos seduzem a adiar o que temos de fazer.

A análise do Dr. Steel mostrou outras duas fortes ligações com esse tipo de atitude de adiamento: o fato de a pessoa não gostar da tarefa a realizar, o que geralmente mostra sua baixa estimulação; e não acreditar que a tarefa pode ser realizada – a própria dúvida, que geralmente está apoiada no medo.

Jane Burka, Ph.D., outra notável perita em adiamentos, nomeia três traços de medo em pessoas que protelam tarefas:

1. Medo de falhar – Se você não fizer, não será julgado.
2. Medo do sucesso – Se você fizer, será esperado que faça ainda mais.
3. Medo de ser controlado – Não fazendo, dirá: "Você não pode me obrigar".

Minha experiência com os pacientes – e seus adiamentos – mostra que isso é verdade. Medo de falhar inclui o medo de cometer erros. Os maiores postergadores que eu conheço têm expectativas irreais em relação a eles próprios e como as coisas deveriam acontecer.

O medo de ser controlado inclui o medo de falar por si mesmo. Adiar é uma maneira indireta de dizer: "Realmente não quero fazer isso". Se está com medo ou não se sente capaz de dizer não, por isso acaba se atrasando, deixa alguém esperando por você ou discorda dos resultados, não se engane: isso também é uma maneira de recusar. (Para quebrar hábitos passivo-agressivos é útil usar também a chave de habilidade assertiva do chaveiro de controle de habilidade que ainda aparecerá neste capítulo).

O chaveiro de aniquiladores de adiamentos tem três chaves que o levarão de volta ao trabalho: construtores de confiança, acendendo a chama e reescrevendo o passado. Use-as para encarar seus medos, permanecer focado e superar adiamentos para sempre.

Construtores de confiança

Há duas maneiras principais de construir sua confiança: (1) Reafirme o sucesso: faça coisas para aumentar suas chances de conseguir o resultado esperado. (2) Auto-reafirme-se: defina o sucesso pelos seus esforços e se valorize mesmo que não consiga o resultado desejado.

1. Reafirme o sucesso

O que acontece quando você brinca de pega-pega com uma criança? Instintivamente, fica parado para que a criança possa pegá-lo e vencer a brincadeira. Aja da mesma forma consigo mesmo. Nas palavras de Norman Vincent Peale: "Nenhum trabalho é tão difícil se você dividi-lo em partes pequenas".

Crie objetivos que possa alcançar e condições para atingi-los. Lute pelo progresso e não pela perfeição. Tente usar os seguintes construtores de confiança:

- Divida seu trabalho em partes específicas.
- Escreva uma linha de raciocínio simples ou um plano.
- Inclua intervalos e prêmios depois de cada passo.
- Se você sente-se bloqueado, divida aquele passo em duas partes.
- Sem autocrítica; somente encorajamento.

Se você costuma adiar tarefas, torne um hábito perguntar-se: "O que eu não estou fazendo que poderia fazer agora?" (a pergunta que está no chaveiro de auto-reconhecimento). Você também vai precisar conversar consigo mesmo no seu "estado mental de auto-sedução":

Observe-se falando	E compare com
"Eu vou fazer amanhã."	*"Agora, agora, agora."*
"Eu ainda tenho bastante tempo."	*"Eu quero ter uma margem de tempo para o inesperado."*
"Eu mereço um tempo para assistir tevê."	*"Eu mereço terminar o que estou fazendo agora e assitir tevê sem culpa mais tarde."*

2. Auto-reafirme-se

Escreva um ou mais desses elogios e mantenha-os com você, junto de seu plano escrito:

- Dê crédito ao seu esforço. "Valorizo-me por estar fazendo isto."
- Desista de ser perfeito. "Gosto de mim do jeito que sou – humano."
- Lembre-se de que você consegue tolerar alguns inconvenientes para alcançar seu objetivo. "Eu consigo", "É difícil, mas sou mais forte."
- Lembre-se de um sucesso do passado. "Lembro-me daquela vez em que terminei o projeto 'tal' antes do prazo de entrega. Senti-me ótimo."

- Conecte-se com seu futuro. "Quando eu terminar, vou viajar para o interior. Já estou até me vendo lá... aliviado, feliz e livre!".
- Lembre-se de que, seja lá qual for o resultado, você ainda é uma pessoa digna. "Mesmo se eu tirar uma nota ruim neste trabalho, ainda sou inteligente e estou orgulhoso por ter tentado."

Acendendo a chama

Já que o adiamento é um problema tanto de muita quanto de pouca estimulação, você precisa dispor de maneiras confiáveis para se acalmar quando está ansioso e de se excitar quando está entediado. As chaves de mudança de estado o ajudarão. Então você vai aprender a se sentar e começar só quando realmente desejar terminar algo.

Controlando seu trabalho

O primeiro passo será considerar seu trabalho como só seu. Seu chefe, professor ou sócio tem as razões dele para exigir esse trabalho terminado. Mas, afinal, qual a razão principal para você querer terminar isso? Ganhar dinheiro? Ganhar uma boa avaliação? Sentir-se orgulhoso de seu trabalho? Deixar o cliente satisfeito? Fechar determinado negócio? Quando se sentir sem energia, repita suas razões inúmeras vezes para si. Faça disso o seu mantra motivador. Nos capítulos a seguir, você vai aprender mais técnicas para providenciar isso nos chaveiros "motive-se" e "mantenha-se na linha".

Adiamentos justificáveis

No escritório, Greg recebe tarefas por e-mail que seu supervisor não pediria pessoalmente – anotações escritas sobre reuniões, detalhes minuciosos de despesas. Ele protela o término dessas tarefas como uma maneira de ver quanto elas realmente são importantes. Quando seu supervisor pede a ele para trabalhar em outro projeto, em trabalhos que precisam ser terminados antes, Greg os utiliza como desculpa. Diz a seu chefe: "Se eu fizer isso, não vou ter tempo de fazer mais nenhum relatório de finanças detalhado".

O chefe de Greg acha que ele é um postergador. Greg vê-se como um sobrevivente. E ele não está sozinho. Muitos funcionários se vêem forçados a adiar atividades como uma maneira de controlar a carga de trabalho em constante fluxo. Com as rápidas mudanças vivenciadas hoje em dia, eles geralmente são recompensados por esse comportamento, pois sobrevivem à demanda que lhes é imposta. Sentindo que a empresa estava perdendo interesse por um de seus consultores, Greg atrasou as implementações que o consultor tinha recomendado. Assim, sentiu-se livre de culpa quando o consultor foi demitido.

Fazer dos adiamentos um hábito para filtrar tarefas sem importância pode ser arriscado, especialmente se você adiar coisas fora do escritório também. Um exímio postergador é adepto da auto-sabotagem. Sem perceber, você pode estar justificando seus adiamentos quando, na verdade, não são justificáveis. Verifique sua auto-observação cada vez que decidir que não há problema em fazer algo mais tarde.

Adiamento planejado

Outra maneira de adiar tarefas de propósito é saber quando o seu medo de não cumprir um prazo vai surgir e, então, usar esse conhecimento a seu favor. Suponha que tem três semanas para escrever um relatório e consegue escrevê-lo em uma semana. Você pode decidir não pensar nele durante duas semanas, e então ter uma semana antes do prazo de entrega, em que você pode usar a norepinefrina de seu medo de perder o prazo de entrega para conseguir preparar o relatório. A desvantagem do adiamento é: (1) Problemas que possam passar despercebidos podem estressá-lo ou atrasá-lo; (2) Se você fizer disso um hábito, condicionará seu cérebro a se focar somente se alguém impuser um prazo de entrega para você, ou seja, perderá sua habilidade de se impor quando iniciar algo.

Uma dose de medo

Se você é cuidadoso, pode usar uma dose estratégica de medo, abastecido com norepinefrina, para começar a produzir. Pergunte-se o seguinte: "O que meus adiamentos estão me custando?". Obrigue-se a nomear o preço pago por seu atraso. Eles causam:

- Tensão em você ou nos outros?
- Preocupação, impossibilitando-o de fazer qualquer outra coisa produtiva?
- Preocupação em relação a sua habilidade de conseguir realizar algo?
- Perda de dinheiro, como, por exemplo, pagar altos preços para ter serviços imediatos?
- Notas baixas?
- Perda de credibilidade com pessoas que são importantes para você?

Uma vez que souber qual é o preço, enfrente, mas não empaque. Muita norepinefrina fará o efeito contrário e o colocará no estado de lute-ou-fuja. Pense nisso como um fluido de isqueiro no fogo. Um pouco faz com que o fogo fique controlado, muito faz com que ele saia fora de controle.

Citações inspiradoras

No Talmud, livro de compilação das discussões judaicas, está escrito: "Uma citação, no momento certo, é como um pão para o faminto". Abaixo segue uma lista de pensamentos para você começar. Veja quais são os seus favoritos e os copie. Você pode usar cartões, pedaços de papel ou bilhetes no estilo dos biscoitos da sorte, colocando-os em lugares estratégicos.

Quais desses pensamentos você mais gosta para animá-lo a iniciar uma tarefa?

- "Comece e a mente se aquece, comece e o trabalho termina." – Goethe

- "Você não precisa ser bom para começar, mas tem de começar para ser bom." – Mary Marshall

- "Carpe diem!" ("Aproveite o dia!") – Horácio

- "Mesmo que você esteja no caminho certo, será atropelado se ficar apenas sentado nele." – Will Rogers

- "O adiamento é o ladrão do tempo." – Edward Young

- "Apenas comece a cantar enquanto lida com o que não pode ser feito, então irá fazer." – Edgar Albert Guest

- "Mesmo grandes torres começaram por baixo." – Provérbio chinês

- "Em atrasos, as desculpas não são suficientes." – William Shakespeare

- "Você não precisa ver todos os degraus, apenas dê o primeiro passo." – Martin Luther King Jr.

- "Nenhum crime é maior do que a perda de tempo." – Thomas Tusser

Reescrevendo o passado

Há regiões no cérebro que carregam memórias emocionais por muito tempo. Padrões que aprendemos na infância, durante os anos de formação, repetem-se ao longo da vida, a não ser que consigamos reconhecê-los e mudá-los.

Na escola, as crianças geralmente sentem-se indefesas quando têm de enfrentar tarefas com prazo de entrega. Elas não possuem o poder efetivo de protestar. Algumas vezes, a única maneira que têm para dizer algo como "você não pode me obrigar" ou "eu não quero fazer isso," é adiando o mais que puderem. Esse comportamento passivo-agressivo incomoda e provoca pais e professores – as autoridades às quais elas procuram se opor. E, dessa maneira, a criança consegue o que quer. "Ela está me tirando do sério", um pai pode dizer. Mas, aos olhos da criança, ela está apenas aumentando seu nível de energia. Mesmo quando punida, a criança ainda se sente satisfeita porque seu protesto gerou uma resposta, assim o adiamento é recompensado, repetido e internalizado.

Se você fez adiamentos ao longo da vida, olhe para trás e observe quais eram suas táticas para adiar as coisas. Os adiamentos o fizeram sentir-se no controle da situação como uma criança? Sua auto-observação pode ajudá-lo aqui. Lembre-se: é difícil observar a pintura quando você está dentro do quadro.

Experiência emocional corretiva

Como você muda um hábito se sua região cerebral está condicionada? Psicólogos usam um método chamado "experiência emocional corretiva". Nele, sua mente retorna à situação original, conectando-se com os sentimentos vividos, só que desta vez com a cena em questão – pensando, sentindo e agindo de modo diferente.

Chris é uma pessoa de mente livre que odiava a escola quando criança. Adiar tarefas era sua voz de liberdade, mas, quando se tornou adulta, isso virou um problema em sua vida. Ela estava determinada a mudar. Tanto na terapia como em casa passava o tempo reescrevendo sua história e não culpava seus pais e professores. Pensava somente em como teria sido se tivessem dado a ela a chance de se expressar e ser ouvida quando criança. Passava todos os dias ensaiando isso em sua cabeça. Usando a outra chave de aniquiladores de adiamentos, Chris formou novos hábitos para lidar com seu trabalho e retornou à escola para terminar seu MBA.

Reescrever não é culpar. Chris realmente não culpava os adultos por seus problemas, embora ainda sentisse raiva de alguns de seus professores. Reescrever não vai funcionar se seu objetivo é descarregar a raiva. Você só vai passar pela mesma situação fortalecendo regiões cerebrais mais antigas que não quer. O objetivo de reescrever é o de criar novas regiões em seu cérebro – para formar novos hábitos que funcionem para você. Se não consegue superar ressentimentos do seu passado, pense na idéia de conversar com um profissional de psicologia.

Enxergando o passado com novos olhos

Chris teve um problema. Um de seus professores da faculdade tinha um estilo que a fazia se lembrar de um professor da 4.ª série que detestava. Entendia que não poder mudar a maneira como seu professor pensava; só poderia mudar a si mesma. Mas voltou a fazer adiamentos.

Para quebrar o padrão, Chris reescreveu um cenário de sua infância a fim de conseguir terminar suas tarefas no prazo correto para seu exigente professor de 4ª série, mas de maneira a se sentir digna. Ela imaginou seus colegas de classe apoiando-a e contando piadas sobre o professor, seus pais dando-lhe os parabéns e um sentimento de orgulho que não deixaria seu professor minimizá-la. Posteriormente, faria a mesma coisa com seu professor da faculdade, decidindo que seu sucesso era mais importante do que "provar algo para ele". E, naquele momento, eliminou os adiamentos para sempre de sua vida.

Chris aplicou o autoconhecimento adquirido com sua autoobservação. Percebeu o que todos precisamos perceber para resolver problemas do passado. Se você pudesse retornar a uma antiga situação, ainda faria a mesma coisa que fez antes, pois era o que sabia fazer naquela época. Mas, na sua mente, você pode visualizar como poderia ter feito as coisas saírem diferentes, e assim, aplicar tudo o que aprendeu naquela época. Você pode mudar as coisas.

Ensaio mental

Para melhorar suas habilidades, atletas de elite corrigem os erros do passado mental e fisicamente. Eu trabalhei com um jogador de tênis que perdeu um título regional por causa de um rebote, pois estava sob pressão. Para corrigir esse erro de rebote, ele voltou àquele momento crítico muitas vezes mentalmente, pensando em como se sentiria se tivesse conseguido fazer o ponto. Imaginou a posição de seu pulso, sua linha de visão com a bola e sua sincronia. Imaginou também seu estado emocional caso estivesse em relaxamento-alerta. Visualizou a permanência em sua zona de foco, com a pressão pelo ganho do jogo controlada. Viu-se fazendo o rebote e fez dessa visão algo ainda mais forte do que a memória de tê-lo perdido. No ano seguinte, conseguiu chegar ao torneio nacional.

Estudos apontam que o ensaio mental da imaginação cerebral funciona. Notavelmente, quando atletas e músicos ensaiam mentalmente, a atividade cerebral que direciona seus movimentos são as mesmas de quando praticam a ação. O ensaio mental corretivo é uma prática aceita por atuantes de alto nível em vários segmentos e pode ser uma chave poderosa para você também. Você vai aprender mais sobre o ensaio mental no Capítulo 7, no chaveiro "mantenha-se na linha".

Chaveiro 4 – Antiansiedade
- Checagem da realidade
- Faça um plano
- Substituição de pensamento

Quando você quer controlar sua atenção, a ansiedade funciona contra você. Ela manda norepinefrina e tira-o de sua zona de foco, tornando-se uma profecia auto-realizável. Dois exemplos conhecidos são a ansiedade da matemática e a ansiedade das provas. Quanto mais você se preocupa em achar a resposta certa, mais distraído fica e menos consegue se concentrar e achar a resposta correta.

Isso também acontece no nosso dia-a-dia. A ansiedade reduz o foco e a redução causa ansiedade. Você alguma vez já passou pela experiência de estar ouvindo alguém, mas, à medida que a pessoa fala, distrai-se e perde o fio da meada? Sem saber ao certo o que perdeu, começa a ficar ansioso, e, em resposta, sua ansiedade faz você perder ainda mais a atenção. O chaveiro da antiansiedade tem três chaves de "fique no comando" para ajudá-lo: checagem da realidade, faça um plano, e substituição de pensamento.

Checagem da realidade

Mary foi a primeira da família a cursar uma faculdade de direito. Era uma aluna dedicada, só tirava notas excelentes. Ainda se lembra da sua formatura: seus pais, avós, tias, tios e primos orgulhosos compareceram à cerimônia. Alguns meses depois, quando foi reprovada no exame da Ordem dos Advogados, sentiu-se triste na mesma intensidade que havia se sentido alegre no dia da formatura. Havia estudado muito, porém sentiu uma pressão imensa enquanto estava fazendo a prova – e sabia que sua ansiedade era a responsável.

Mary ainda conseguiu um bom trabalho. Na verdade, a empresa de advocacia em que trabalhava era tão boa que estava pagando um tutor para ajudá-la a passar no próximo exame da Ordem dos Advogados. À medida que foi chegando o dia da prova, Mary foi ficando cada vez mais nervosa. Roía as unhas e tinha dificuldades de concentração enquanto estudava. Seu problema de assimilação de conteúdo causava-lhe um sentimento de mais ansiedade, e pensava:

"Tenho a força necessária para passar no exame?". Uma colega de classe recomendou-me para ajudá-la a lidar com a ansiedade.

Um dos primeiros passos foi olhar para a ansiedade de Mary e separar o que era racional do que não era. Mary reconhecia que era aluna consciente e bem aplicada. No entanto, sempre se sentia ansiosa na hora de fazer provas. Saía-se bem, mesmo em exames importantes, como o de ingresso na faculdade de direito. Reconhecia que sua ansiedade quanto ao Exame da Ordem era irracional, porque simplesmente não tinha fundamento na realidade. Acreditava que se tivesse tempo suficiente para estudar poderia dominar o conteúdo. Mas havia falhado uma vez por causa da ansiedade descontrolada. Suponha que ela não pudesse controlá-la de novo: aos seus olhos pareceria racional, uma ansiedade baseada na realidade, pois já tinha acontecido antes.

Medo racional ou irracional?

O primeiro passo para combater a ansiedade é recorrer à auto-observação. Como Mary, desprenda-se e decida se, na realidade, você tem uma base sólida para perceber o que sente neste momento. A natureza nos deu a norepinefrina por uma razão. Em *Virtudes do medo*, o psicólogo forense Gavin de Becker, Ph.D., mostra como, de tempos em tempos, uma sensação de agonia de uma determinada situação "que não parecia correta" era sinal de perigo e salvou a vida de vítimas em potencial de crimes violentos.

Mas hoje em dia os medos produzidos pela mídia mascaram os sinais de perigo. Tornamo-nos insensíveis ao nosso verdadeiro instinto porque somos bombardeados por perigos, desastres e pela violência que entrou em nossa casa e em nosso cérebro. A cada noite, nossos olhos deparam com uma situação de medo, mesmo que estejamos seguros em casa. Você precisa de uma forte auto-observação para quebrar esse transe e se desconectar desse medo irracional e digitalizado.

A preocupação é alimentada à medida que a norepinefrina é produzida no cérebro. O sistema límbico – a região emocional do cérebro – faz seu gerente pré-frontal do cérebro, a parte pensante, justificar a ansiedade com pensamentos que continuam a produzi-la. Mesmo Mary tendo feito um curso de direito baseado na lógica e no pensamento analítico, seu medo irracional levou-a a presumir situações incertas: falhar no exame significava que não sabia o suficiente para passar; ninguém mais em sua família tinha ido tão longe nos estudos, pois era muito difícil – perder a concentração estudando significava que ela atingira sua limitação intelectual.

Quando você compara a base de seu medo com o que é verdadeiro, rompe com esse ciclo, insiste no pensamento racional. Mary obrigou-se a lembrar de seus sucessos do passado. Forçou-se a ver que era razoável presumir que era esperta o suficiente para passar naquele exame, que era inviável achar que não era. O primeiro passo para lidar com a ansiedade, a preocupação ou o medo é identificar se trata-se de algo racional ou irracional.

É normal sentir medo

Quando Mary resolveu se auto-observar para analisar sua ansiedade em relação ao teste, decidiu que seu medo era irracional. Pôde sentir novamente que a ansiedade estava debilitando-a no momento do exame da Ordem dos Advogados. Soube que o fato de ter perdido a concentração naquele momento ocorreu por causa da preocupação e percebeu que estava receosa de encarar isso antes, pois, lá no fundo, estava com medo de que não houvesse nenhuma solução. Ela sabia como estudar, mas não sabia como se livrar do medo. Evitando o medo, seu subconsciente apenas a ajudaria: por que deixar você lutar contra algo que acredita que não pode controlar? Por isso, é importante você empreender uma checagem da realidade e deixar sua mente consciente decidir.

É razoável

Em um tribunal, quando um caso está difícil de ser resolvido, a pergunta central é: "O que uma pessoa razoável faria?". A mesma coisa deve ser feita quando você for usar a chave de checagem da realidade, perguntando-se: "Isto é racional ou irracional?", "O que uma pessoa razoável responderia?". Após revisar todas as evidências, sua auto-observação dirá que seus sentimentos de ansiedade são mensagens autênticas de seu medo racional? Ou dirá que seus sentimentos estão exagerados em relação à sua realidade? Ansiedade irracional, preocupação, culpa e medo geralmente têm um fundamento, mas são exagerados e aumentados pelas pessoas. Eles podem ser resultado de uma dosagem errada de químicas em seu cérebro devido à cultura, condicionamentos ou falta de compreensão.

Falsos alarmes

Dave ficou pasmo quando os paramédicos disseram que estava tendo um ataque de pânico. Ele sentia palpitações, as palmas das mãos suavam e todo o seu corpo termia. Estava certo de que era algo em seu coração.

Ataques de pânico e fobias são exemplos extremos de medo irracional e são extremamente comuns. Dave, como muitas outras pessoas que venceram a síndrome do pânico, luta para voltar à normalidade, aprendendo a reconhecer a irracionalidade do seu medo. Dave aprendeu a ver seu medo como um alarme de incêndio, uma metáfora útil para qualquer sentimento irracional nutrido pela norepinefrina, desde pequenas preocupações até ataques de palpitação. Os sentimentos que você tem são reais, exatamente como também é o sinal do alarme de incêndio, mesmo que não haja fogo. Se você morasse em um prédio onde soassem falsos alarmes de incêndio, aprenderia a tolerar o terrível som do alarme sem se sentir assustado quando o ouvisse. Dave praticou isso criando uma imagem de um alarme de incêndio, porém sem o incêndio. Até criou a imagem de crianças fazendo travessuras, como ligar o alarme e fugir dando risada da travessura estúpida. A imagem mental não ameaçadora dominou a tensão que sentia.

O medo irracional é como um alarme quebrado; parece real, mas seu cérebro está temporariamente desregulado, enviando alarmes falsos.

Faça um plano
Ansiedade racional

Se sua ansiedade tem uma causa legítima, faça um plano simples e o escreva. Um bom plano tem três qualidades: (1) é executável; (2) específico; e (3) positivo. Aqui está um simples teste para ver se você tem um bom plano: Quando o analisa, sente-se atarefado ou esperançoso?

A ansiedade racional de Mary era que seu medo de se sentir ansiosa de novo interferisse em sua atuação no exame. Uma vez que decidiu enfrentar essa ansiedade, analisou as razões pelas quais se sentiu tão ansiosa da primeira vez. Como outros alunos que fazem o exame da Ordem dos Advogados, Mary percebeu que boa parte da pressão sentida era por causa de ser um evento público, ou seja, porque a reprovação ou a aprovação tornam-se públicas, todos ficam sabendo se você conseguiu passar ou não. E Mary se conhecia o suficiente para reconhecer que era uma pessoa envergonhada, pois já tivera essa experiência intensivamente.

Mary foi condecorada na graduação. Era o orgulho da família. Percebeu que colocou muita pressão em si para passar no exame da Ordem dos Advogados por causa disso, e sua família também queria apoiá-la. Eles ligaram um ou dois dias antes para desejar sorte no exame. No entanto, essas ligações bem-intencionadas tiveram o efeito oposto. A adrenalina de Mary subiu em vez de descer, porque ela se sentia pressionada pelas expectativas de sua bem-intencionada família.

Ela ainda percebeu que, naquela vez, quando sua empresa se ofereceu para pagar um tutor, novamente sentiu a forte pressão de suprir as expectativas dos outros. Não queria desapontar sua família nem seus novos chefes, mas se sentiu pressionada pela empresa devido ao dinheiro que estava sendo investido nela; preocupava-se por achar que seus chefes pensavam que não estava valendo a pena investir nela.

À medida que a data do exame se aproximava, Mary se sentia cada vez mais ansiosa. E, enquanto estudava, escolheu enxergar a ansiedade como uma oportunidade em vez de um problema. Isso deu-lhe a chance de reduzir sua ansiedade. Ela ainda planejou usar o ensaio mental de quando fez outros exames, só para praticar.

Mary optou por um plano de três partes: (1) reduzir a pressão que vinha de outras pessoas; (2) manter-se no foco enquanto estudava; (3) ensaiar mentalmente estar na zona de foco durante o exame. Escreveu um plano usando palavras-chave e frases. Uma forma longa pareceria com isto:

1. Reduzir a pressão que vem das outras pessoas

- Aceitar que se trata de um evento público e enxergar isso como algo positivo, e não negativo, mantendo a cabeça erguida. Deixar um papel no bolso com as palavras: "Estou jogando com os profissionais agora".
- Conversar com meus familiares quando a hora do exame estiver chegando, agradecer-lhes pelo apoio, dizer que vou ligar após o exame e em seguida controlar todas as minhas ligações até a hora do exame.
- Conversar com meus chefes e agradecer-lhes por confiarem em mim. Quando lembrar-me deles, pensarei: "Eles acreditam em mim. Eu também acredito em mim".

2. Permanecer focado enquanto estudo

- Colar um "5" gigante em um local vistoso para que eu possa me lembrar da pontuação de adrenalina que quero ter. Fazer pausas, se necessário.
- Colocar um adesivo na margem superior esquerda da tela do meu computador para me lembrar de praticar a respiração dos quatro cantos.
- Escrever autoconversação instrutiva:

"Eu estou orgulhosa de ser qualificada para fazer este exame."
"É difícil, mas não uma tragédia, fazer este exame de novo."
"Saio-me muito bem em exames."

3. Ensaio mental para permanecer focado durante o exame

- Visualizar a situação de estar na minha mesa durante o exame, pronta para começar: meu coração palpita enquanto faço a respiração dos quatro cantos e digo para mim mesma, repetidas vezes: "Posso fazer isto". Assim, acalmo-me e me foco.
- Visualizar a situação de fazer o teste e permanecer no momento presente. Praticar o fato de perceber quando estou mergulhando em pensamentos do passado como: "Deveria ter estudado mais" ou mergulhando no futuro: "Nunca vou conseguir". Use esses pensamentos como meios para retomar imediatamente o aqui e agora. Visualize-se apontando o dedo para onde deve olhar, e, silenciosamente, leia os exercícios, palavra por palavra.
- Praticar essas duas visualizações toda vez que for fazer um exame.

Ansiedade irracional

Se sua ansiedade não tem uma causa legítima, ainda assim vai se beneficiar de um simples plano escrito para lidar com isso. O passo 1 do seu plano será sempre o mesmo: lembrar-se de que é irracional e esquecer, tendo um pensamento racional. O passo 2 sempre será o mesmo: relaxar. E o passo 3 também: redirecionar-se para uma atividade construtiva e útil.

O medo irracional da Mary era não ser esperta o suficiente para passar no exame da Ordem dos Advogados. Veja abaixo o plano de três passos criado para ela lidar com isso:

Passo 1. Escrever pensamentos de gatilho e pensamentos de rebate em um cartão e mantê-lo próximo.

Irracional: Falhar no exame da primeira vez significou que não possuo as habilidades necessárias para passar.
Racional: Falhar da primeira vez quer dizer que falhei da primeira vez. Ponto. Na verdade, isto me dá uma vantagem: sei o que esperar.

Irracional: Ninguém na minha família foi tão longe nos estudos, porque não ser inteligente é uma característica de família.
Racional: Minha família é bem inteligente, porém ninguém teve a oportunidade que eu tive. Eles criaram uma filha que tem um diploma de direito.

Irracional: Perder minha concentração quando estudo quer dizer que atingi minha limitação intelectual.
Racional: Perder minha concentração quando estudo quer dizer que estou fora da minha zona de foco e preciso fazer alguma coisa para retomá-la. Talvez seja hora de dar uma pausa.

Passo 2. Fazer a respiração dos quatro cantos e manter minha pontuação de adrenalina abaixo de 5.

Passo 3. Continuar estudando. Se alguém começar a falar sobre o exame, mudar de assunto o mais rápido possível.

Mary passou no exame e agora retorna quase todo ano à sua universidade, a fim de ajudar outras pessoas a passarem.

Substituição de pensamentos

No reino da mente subconsciente o fruto proibido é doce e atraente. No momento em que dizemos não a um pensamento, nossa mente nos leva direto àquele lugar. Os mergulhadores podem se ver em um turbilhão no momento em que disserem a si mesmos: "Não vá até aquele rodamoinho". Em vez disso, bons mergulhadores se instruem silenciosamente: "Continue pelo caminho seguro" e, então, visualizam sinalizadores verdes boiando indicando a posição correta.

Você não pode "não pensar" sobre algo. Se sabe meditar, pode permitir que um pensamento apenas "passe". Mas pensamentos que tenta apagar voltam direto para você. Tente agora. Não pense em carros. Seja lá o que fizer, não pense em carros. Então, em que tipo de carro você está pensando?

Ao substituir pensamentos você se livra de um pensamento indesejável tentando pensar em alguma outra coisa. Experimente. Pense em barcos, bicicletas e aviões ou pense em uma locomotiva que se pareça e soe como se estivesse vindo pelos trilhos, a todo vapor. Agora é menos provável que você esteja pensando em carros.

Substituições que funcionam

Substituir pensamentos funciona quando o novo pensamento tem pelo menos o mesmo nível de estímulo do pensamento antigo. Para Mary, estudar para o exame era um pensamento de substituição natural. Ao primeiro sinal de que estava começando a se sentir ansiosa, substituía esse pensamento por memorização de princípios legais. Revisar as questões engajou sua mente e evitou pensamentos de preocupação. À medida que o exame chegava, ela sabia que sua mente poderia gerar preocupação quando estivesse distraída, até na fila do mercado. Ela carregava cartões o tempo inteiro e os lia quando sua mente divagava, mesmo que somente por alguns minutos.

Gerenciamento da distração

Algumas vezes pode ser um desafio encontrar pensamentos estimulantes, como aqueles que você quer substituir. Para competir com a alta ansiedade, você precisa de atividades que sejam extremamente atrativas e o mantenham interessado. No Capítulo 5, você leu um bom exemplo sobre isso – o estudo com crianças que jogavam Game Boy enquanto esperavam a cirurgia. Se essas crianças estivessem em casa, fazendo as tarefas escolares, seus pais não as deixariam jogar videogame – isso as distrairia muito. Mas jogar enquanto esperavam a cirurgia era por uma boa causa: prendia a atenção delas e prevenia a ansiedade antecipada.

Gerenciar a distração é uma estratégia intencional para vencer a ansiedade ou o tédio inevitável. Maratonistas de longa distância usam essa técnica imaginando-se em lugares distantes enquanto seus corpos adquirem fadiga física. Não é a mesma coisa que evitar ou recusar. O gerenciamento da distração é um tipo de pensamento substitutivo deliberado, uma escolha consciente.

Controle ou sem controle?

Aqui está uma questão crítica para substituir ou não um pensamento ou uma atividade: "Há algo que eu possa fazer agora em relação ao meu problema?". Se a resposta for sim, faça. Coloque em prática o plano que fez ou faça um novo plano. Se a resposta for não, considere o pensamento substitutivo.

As crianças não tinham opção a não ser jogar Game Boy, pois não podiam ir para outro lugar ou mudar o destino de serem operadas. O pensamento de substituição foi a melhor escolha.

Substituir pensamentos, especialmente gerenciar as distrações, é uma estratégia psicológica essencial para atletas olímpicos. Considere a condição dos esquiadores nos jogos de Salt Lake City em 2002 – uma ocorrência comum nas olimpíadas de inverno. No grande dia, com muita energia, eles subiram a montanha para a linha de partida. Lá esperaram por horas, sem saber se competiriam ou não. Finalmente, os juízes cancelaram a corrida por causa dos ventos fortes. No dia seguinte, lá estavam os esquiadores novamente. Ficaram sentados por horas em uma sala pequena sem janela, no topo da montanha. Algumas vezes, conversavam e riam para quebrar a tensão, outras, ficavam em silêncio. Mas precisavam estar focados a qualquer hora, prontos para descer a montanha esquiando e fazer a melhor atuação de suas vidas.

Esses esquiadores treinaram mentalmente para aquele momento e sabiam exatamente quais pensamentos iriam aumentar ou reduzir a pontuação de adrenalina. Algumas vezes, por disputarem longas distâncias, usavam a técnica do pensamento de substituição (ou pensamento dissociativo) e imaginavam estar em outros lugares, vivenciando outras experiências. Algumas vezes, centravam-se no momento presente (técnica chamada de pensamento associativo). De vez em quando, canalizavam a adrenalina de antecipação em um ensaio mental da atuação que eles estavam prestes a fazer. Que pensamentos você teria inventado para acalmá-lo e mantê-lo focado, se fosse ao pico daquela montanha por meio da imaginação?

"O motor número 2 não está funcionando"

O momento crucial para usar a técnica do pensamento de substituição é quando você está deitado na cama, ainda acordado, antes de um exame ou de um evento importante. Nesse momento, faça a pergunta crítica: "Há algo que eu possa fazer em relação a isso agora?". Para essa pergunta só há uma resposta: vá dormir. Você precisa substituir sua preocupação por pensamentos que induzam o sono. Mas isso é um grande desafio, porque você não pode substituir por atividades estimulantes, já que a adrenalina vai mantê-lo acordado. Você precisa contar com métodos relaxantes e aproximações criativas.

> Karen, uma funcionária brilhante, retomou os estudos para conseguir o diploma de graduação quando já estava com cerca de 30 anos, mãe de gêmeos de 10 anos. Muito responsável, tinha pouquíssimo tempo para estudar. Na noite antes de um exame, permaneceria deitada e acordada, pensando que deve-

ria ter estudado mais. Se adormecesse, rapidamente acordaria, sentindo-se cansada e ansiosa.

Sugeri a Karen para, em vez de lutar com esses pensamentos autorrecriminatórios persistentes, agradecer seu subconsciente por tê-la lembrado de que poderia estar mais bem preparada. Pedi a ela que reafirmasse para seu subconsciente que tinha entendido a mensagem, e, embora soubesse que poderia ter feito mais, ela com certeza tinha tudo sob controle. Então, fazendo as pazes com ela mesma, talvez conseguisse dormir um pouco.

Karen gostou muito da sugestão. Tentou e viu que funcionou. Inventou uma história que podia usar e mentalizar quase todas as noites:

> Imagino que sou a capitã de um navio. Meu primeiro marinheiro acorda e me diz: "O motor número 2 não está funcionando". Agradeço-lhe pela informação e o deixo ciente de que estou a par do problema. Outro membro da tripulação me diz: "O motor número 2 não está funcionando". Agradeço novamente. Lembro-me de que já estivemos seguros sem esse motor em uma situação anterior. Muitos membros da tripulação me dizem a mesma coisa. Eu complemento: "Sim, eu sei. Obrigado por me contar" e os dispenso. Eventualmente, a notícia se espalha pelo navio. Todo mundo sabe que o motor número 2 não está funcionando e a capitã pode enfim dormir um pouco.

Chaveiro 5 – controle de intensidade
- Acalme-se
- Desmascare o medo
- Habilidades assertivas

Dizem que há dois bons momentos para se manter de boca fechada: quando você está dentro da água e quando está bravo. Apesar disso, você na verdade se sente ainda mais cheio de razão quando está com raiva, embora não por muito tempo. Aquele "estou certo" dura pouco. Quando você se acalma, percebe então que o seu ponto de vista não é o único que existe.

Quando você está bravo, sente seu foco perfeito. Mas, na verdade, seu foco está estreito e é provável que você perca detalhes importantes, principalmente sinais de aviso de que está se machucando ou machucando os outros. A raiva priva-o da concentração, e, se não tratada, se autoperpetua. Quanto mais raiva você sentir, mais a justificará. E, se estiver discutindo com outra pessoa, a raiva se espalha entre ambos.

No livro *Inteligência emocional*, Daniel Goleman cunhou um termo que descreve exatamente o porquê de isso acontecer: "ascendência da amídala". A amídala é a observadora do sistema límbico, a região correspondente à sobrevivência mais antiga do cérebro. Ela é uma massa com formato de amêndoa, cujos neurônios trabalham para identificar perigos. A amídala reage a todas as ameaças como se elas fossem casos de vida ou morte, e impulsiona as regiões mais jovens do cérebro para agüentar a resposta "lute-ou-fuja". Ela vence seu poder de razão e força o seu gerente cerebral a justificar sua raiva e a criar novos e melhores argumentos para vencer a luta. O chaveiro de controle de intensidade ensina como manter seu gerente cerebral no comando e como resgatá-lo quando estiver refém, durante a inevitável ascendência da amídala em pequena escala, o que acontece todos os dias. O chaveiro de controle de intensidade tem três chaves de auto-regulação: acalme-se, desmascare o medo, e habilidades assertivas. Vejamo-os.

Acalme-se

Tony, criador de comerciais de imóveis, geralmente calmo – a não ser na hora de fechar um negócio importante, pois aí a tensão aparecia e ele rapidamente demonstrava sua raiva –, não podia mostrar seu temperamento no trabalho. Mas, em casa, ficava irritado, discutindo com sua esposa, perdendo o controle com seu filho adolescente. Fora de si, quando estava de mau humor todos se mantinham a distância. Assim, sentia-se abandonado, exatamente quando mais precisava de apoio da família.

Se saísse de casa zangado com a esposa, ficava consumido por uma ira silenciosa e pelo ressentimento. Se explodisse com seu filho, preocupava-se com sentimentos de frustração e culpa. De qualquer maneira, bombearia norepinefrina por horas no escritório, atrapalhando sua habilidade de focar-se nos negócios prestes a fechar.

Depois de um tempestuoso episódio, a esposa de Tony insistiu para que eles procurassem ajuda profissional. Foi assim que ele veio ao meu consultório. Começou a usar sua auto-observação imediatamente, aprendendo a recuar e ver como as pressões do serviço faziam-no ter um temperamento explosivo. Tentou manter o controle da sua pontuação de adrenalina, mas, quando perdia a calma, ainda ficava preso tentando justificar sua raiva, pois sentia-se dono da razão em relação a tudo. Quando começava a bombear norepinefrina, tudo que pensava era: "Eles têm esses carros e tudo o mais por causa do que faço. Meu trabalho paga por tudo isso. Eles não podiam ter mais consideração?".

Eventualmente, mesmo em seu pico de raiva, Tony veio a descobrir que seu próprio medo de falhar, e não o erro de sua família em não entendê-lo, era a raiz do problema. Viu que quando tinha muita coisa em jogo, sentia muita pressão. A intensidade aumentava de maneira extraordinária o impacto emocional de qualquer coisa que alguém dissesse, então, era inevitável que alguém alguma hora falasse algo que desencadearia sua raiva. Tony aprendeu a identificar seu alerta – os sinais de ascendência da amídala. Chamava-o de "alerta vermelho". Fez uma regra para si: no momento em que "enxergasse vermelho", fecharia os olhos, respiraria fundo e diria para todo mundo que retornaria em um minuto. Então sentava-se no seu carro e ouvia um pouco de música até que estivesse "fora do vermelho".

Aplique gelo

Quando você sofre uma contusão, precisa parar o que está fazendo e colocar gelo no local para reduzir a inflamação – isso diminui o estrago causado no tecido celular. Quando se machuca emocionalmente, acontece a mesma coisa. Você fica dolorido pela falta de dignidade, o que pode causar mais danos do que a contusão física. Você precisa parar e "aplicar gelo", por assim dizer. Precisa se desprender seja lá do que for que esteja lhe causando a dor e assim fazer todo o possível para se acalmar. Isso reduz a "inflamação" emocional e limita o estrago – em você e nas pessoas que ama.

Quando a esposa de Tony dizia algo que ele recebia como uma rejeição ou seu filho agia de alguma forma que o fazia se sentir sem autoridade, feria-se emocionalmente. Enquanto não parava para se acalmar, inflamava-se e causava ainda mais estragos. Dizia coisas desagradáveis para a esposa, que ficava com o coração partido, e gritava com o filho, que fazia planos para fugir. Também arruinava sua própria habilidade de permanecer focado enquanto estava no escritório.

Uma vez que Tony começou a "aplicar gelo" nos "machucados", passou a impedir que os danos se espalhassem. Ao sentar-se no carro para ouvir música, sua norepinefrina parou de ser bombeada, a pontuação de adrenalina caiu e seu gerente cerebral assumiu o comando novamente. Sua auto-observação ajudava-o a ver a situação através dos olhos de sua esposa, para que pudesse se lembrar de que ela estava ao seu lado. Ele também se lembrou de como fora na adolescência e percebeu que seu filho só estava agindo como uma criança.

O estresse exalta as emoções

Sentado no carro, Tony percebia que a pressão sofrida no trabalho era a real razão para cada mudança emocional brusca que sentia. Todos nós exageramos nas reações quando estamos agindo intensamente, porque nosso nível elevado de norepinefrina muda a maneira como vemos as coisas. Encaramos pequenos problemas como se fossem imensos, como na história da princesa e da ervilha: a princesa sentiu uma pequena ervilha embaixo de uma pilha de colchões, como se fosse um calombo imenso, e isso a manteve acordada a noite inteira. O estresse amplia a emoção exatamente dessa maneira. Você passa por uma situação insignificante, mas não consegue tirá-la da cabeça – vira um obstáculo até que sua inflamação emocional seja reduzida e você possa ver o problema como ele é de fato, sem aumentá-lo.

Quando Tony se acalmou, parou de ver os mal-entendidos diários através de lentes de aumento. Também incorporou um novo hábito em sua rotina quando saía do escritório: se sua pontuação de adrenalina estivesse muito alta, pararia em um local a caminho de casa e faria uns lançamentos de golfe. Dessa maneira, sua adrenalina diminuiria e, ao chegar em casa, aproveitaria o tempo positivamente na companhia de sua esposa e filho, sem deixar-se levar pelos altos e baixos da vida familiar.

Dicas para se acalmar

Há uma razão para as pessoas pedirem para você contar até dez e não perder a calma. A atividade mental rompe o momento da resposta "lute-ou-fuja" e traz seu gerente pré-frontal cerebral de volta ao comando. Além disso, a contagem é algo simples, porém suficiente – mesmo que sua adrenalina esteja no pico mais alto. A seguir estão algumas escolhas que seguem as mesmas premissas:

- Cante uma música em voz alta (ou emita apenas o som de acompanhamento se não se lembrar da letra).
- Aperte as mãos com força e concentre a tensão em seus dedos.
- Feche os olhos e se imagine em sua paisagem predileta.
- Conte de 100 para baixo.

- Tente se lembrar da data de hoje e o que você comeu ontem no jantar.

Se estiver tendo uma crise e não conseguir fazer a região pensante de seu cérebro funcionar, faça o que Tony fez: uma pausa para ouvir música.

A resposta lute-ou-fuja manda força e impulso para usarmos nossos músculos. Sem dúvida, a melhor forma de controlar seu temperamento é fazer exercícios físicos rigorosos. Ir para a pista de golfe era um grande alívio para Tony. Se você puder se distanciar do que o está afligindo e sair para dar uma volta ou para se exercitar, voltará com a mente mais leve do que antes, assim seu gerente cerebral voltará a ter o controle total da situação.

Desmascare o medo

Para impedir a recorrência da raiva enfrente em primeiro lugar a ameaça que desencadeou a resposta lute-ou-fuja. Algumas vezes o medo é racional, só de vez em quando é irracional, mas ele está sempre lá, escondido. Raiva é medo disfarçado.

Uma vez que se acalme, você conseguirá enxergar seu medo mais claramente. Pode ser qualquer coisa, desde perigo físico até um antigo medo da época do ensino médio, como o de parecer ridículo perto de uma garota popular ou do capitão do time de futebol. Atualmente, todos nós temos um medo central em comum.

No trabalho, o medo geralmente tem relação com a perda de dinheiro, de tempo, de status, de respeito ou com insegurança. Vamos supor que seu chefe siga com um projeto que você não concorda e comece a sentir raiva. No fundo, você pode estar com medo de que:

- trabalhará muito e não terá um bônus
- terá de trabalhar muitos sábados
- descerá um degrau na escada política da empresa

- sua esperteza não seja valorizada como antes ou como deveria ter sido
- terceirizem seu trabalho

Lá no fundo, pais nervosos temem pelo bem-estar de seus filhos. Eles têm medo de que:

- algo de mal aconteça a seus filhos
- algo não diagnosticado esteja acontecendo com seus filhos
- seus filhos não sejam bem-sucedidos
- seus filhos não sejam tratados com justiça
- seus filhos cometam erros como eles cometeram

Casais irritadiços geralmente temem o abandono, uma cilada ou a rejeição. Eles têm medo de que:

- sua cara-metade vá abandoná-los ou traí-los
- sintam-se presos em relacionamento que não supram suas necessidades
- o parceiro não goste dele o suficiente

Crianças que ficam bravas com os pais geralmente têm medo de serem controladas. Quando estão extremamente desapontadas é porque têm medo da rejeição, da humilhação ou da perda de status. Na mesma velocidade acelerada com que jogam videogame, os adolescentes rejeitarão os pais antes que eles os rejeitem. Como os adolescentes estão constantemente estabelecendo popularidade e namorando, o medo da vergonha esconde muito de sua raiva.

Outros medos comuns que abastecem a raiva atualmente são os de cometer erros, perder o controle da situação e não ser bom o suficiente. A vida é bagunçada e cheia de mal-entendidos. Se você é extremamente rigoroso com você mesmo ou com os outros, também é propenso a sentir raiva. Na verdade, está com medo de se sentir culpado, mesmo que tenha atribuído a culpa a si mesmo.

Desmascarar o medo faz seu gerente cerebral retomar o comando. Assim que você nomeia seu medo, sua amídala deixa de agir e a parte frontal mais recente do cérebro volta ao trabalho. Diferentemente da amídala, seu gerente cerebral enxerga a fonte de seu medo como um problema a ser resolvido e não como uma ameaça para lutar ou fugir.

Habilidades assertivas

Estava assistindo aos alunos da pré-escola sendo entrevistados sobre alguns eventos na tevê. Perguntaram para uma criança: "Por que você acha que as pessoas vão para a guerra?". A resposta foi simples, porém profunda: "Porque eles não usam as palavras que têm".

Habilidades assertivas são as maneiras de usar as palavras para reclamar seus direitos sem invadir os dos outros. Seu objetivo é se expressar de forma efetiva. Você não intimida os outros e os outros não o intimidam. Essas habilidades o ajudam a conquistar suas necessidades sem agressão passiva ou sem perder a calma.

Seu chefe se recusa a ouvir suas idéias sobre um projeto.

Passivo-agressivo: Você não diz nada, mas se empenha em terminar.
Hostil-agressivo: Você explode e pede demissão.
Assertivo: Você sugere uma reunião do grupo para discutir.

Sua cara-metade faz planos que o envolvem sem consultá-lo de antemão.
Passivo-agressivo: Você segue o plano, mas age friamente.
Hostil-agressivo: Você explode e sai batendo a porta.
Assertivo: Independentemente de qualquer coisa, você decide o que deseja fazer. Seja lá o que decidir, discute com sua cara-metade.

Seu filho não desliga a tevê quando deveria fazê-lo.

Passivo-agressivo: Você não quer parar o que está fazendo, então o deixa continuar assistindo, mas fica ressentido e nervoso com ele pelo resto da noite.
Hostil-agressivo: Você grita com ele e ameaça castigá-lo por uma semana.
Assertivo: Você vai até a sala e pede a ele que desligue a tevê ou pergunta se prefere que você mesmo desligue; e, então, continua o que estava fazendo antes.

Fazendo um pedido

É difícil verbalizar os problemas quando você está com raiva. Sua amídala está distraindo as fontes de seu cérebro para manter sua raiva ardendo. Seu gerente cerebral fica menos disponível para resolver problemas porque a amídala o está forçando a justificar sua raiva e manter a norepinefrina em bombeamento. Seu foco se estreita e você pensa rapidamente: "Este cara é um imbecil", em vez de pensar: "Será que existe outra maneira de resolver isso? Talvez eu possa falar com alguém do meu grupo".

Para ajudá-lo a agir de maneira correta quando se sentir provocado, aqui está uma fórmula-modelo – para escrever um script pessoal:

1. Relate os fatos.
2. Diga como se sente.
3. Enxergue através dos olhos do outro.
4. Peça o que você quiser.

Vamos dizer que você precise conversar com aquele chefe chato:

1. Aquele projeto novo de software tem compilações e custos que não estão incluídos na proposta atual.
2. Está difícil me engajar, pois estou preocupado com isso.

3. Entendo que acredite que esse projeto tem um ótimo potencial.
4. Vamos marcar uma reunião com o grupo e ver o que todos acham disso.

Desta vez, você é um pai frustrado:

1. São 9 horas da noite e a tevê ainda está ligada; nós dois sabemos que está na hora de desligar.
2. Não gosto de ficar lembrando uma regra a todo momento, você sabe que deve segui-la.
3. Sei que você quer continuar assistindo a tevê e que o dia foi difícil.
4. Você quer desligar ou prefere que eu faça isso?

E agora você é a cara-metade que não foi consultada:

1. Vi que você marcou para jogarmos com os Duffers. Tudo bem desta vez.
2. Mas quero que saiba que não gosto quando você marca algo e não me consulta. Sinto-me excluído, como se minha opinião não importasse.
3. Sei que você está tentando ser sociável e planejando coisas boas para fazermos.
4. Na próxima vez que um amigo ou qualquer pessoa lhe perguntar algo você vai dizer que precisa me consultar primeiro, ok?

O passo número 3 ajuda você a se esquivar de certas situações. Quando você faz uma tentativa honesta de enxergar o conflito pelos olhos do outro, aquela pessoa se sente considerada, exatamente como você se sentiria se outra pessoa tentasse ver através de sua perspectiva. Isso diminui a defesa da outra pessoa e mantém a parte racional de seu cérebro no comando.

Cuidado para não começar o passo número 4 com a palavra "mas". Com ela você muda todo o sentimento da mensagem e desfaz o que disse no passo número 3. Não valida o ponto de vista da outra pessoa. Em vez disso, é como se dissesse: "Entendo seu ponto de vista, mas não me importo".

Impondo limites

A tecnologia nos deu um poder sem precedentes. Com um clique no mouse, você pode comprar e vender ações, fazer um amigo novo em outro hemisfério, ou postar uma opinião para o mundo ver. Mas todo poder tem um preço. Em palestras ou *workshops*, as pessoas me contaram: "Existe muita pressão hoje em dia. Não dá para ignorar um e-mail ou o celular", "Eu não tenho mais tempo livre", "Sinto como se minha liberdade tivesse sido arrancada de mim".

Quando alguém pergunta "Por que você não atendeu seu celular?", nos sentimos na obrigação de inventar uma desculpa – "Eu estava em uma reunião" ou "Eu estava sem bateria". Nós esquecemos que podemos desligar nossos aparelhos eletrônicos sem culpa. Dominar a tecnologia não quer dizer que precisemos usá-la a toda hora.

É necessário desenhar uma linha. Se alguém o "acusa" de não ter atendido o celular, recuse-se a sentir que deve uma explicação àquela pessoa. Habilidades assertivas começam com um bom entendimento e lembretes para você mesmo sobre quais são exatamente seus direitos.

Impor limites seguramente mantém você na sua zona de foco. A possibilidade de você ficar sobrecarregado e com raiva é menor. Em vez de tolerar uma interrupção atrás da outra, perdendo assim a cabeça por não agüentar mais, você as limita, resolvendo apenas o essencial, nada mais. No Capítulo 10, você vai aprender mais dicas sobre como controlar suas pausas diárias. Comece agora mesmo a praticar maneiras efetivas de dizer não.

Você pode impor limites. Desligue seu celular. Peça para anotarem seus recados. Fique offline. Se alguém aparecer, pratique os quatro passos seguintes para fazer um pedido:

1. Tenho um relatório que eu preciso terminar.
2. E estou me atrasando.
3. Que bom ver você. Obrigado por aparecer.
4. Podemos colocar o assunto em dia amanhã? Preciso terminar isto e ir para casa.

Medo da perda

Assertividade significa estar apto a dizer não para outras pessoas, o que exige a habilidade de dizer não para si mesmo. Quando seu celular toca, você sente um suave impulso que o estimula a agir. Quanto mais toca, mais você é preenchido pelo "medo da perda".

Soube pela primeira vez sobre o medo da perda quando eu trabalhava com alunos de faculdade. As escolas oferecem uma vasta lista de atividades – palestras, concertos, aulas de reforço, esportes e festas. Os alunos não conseguem fazer tudo, apesar de muitos se esforçarem admiravelmente para conseguir. Os resultados geralmente são o hábito de dormir pouco, altos níveis de tensão diante de trabalhos a serem entregues e muitas idas à enfermaria quando o cansaço atinge seu limite. Uma aluna de faculdade que se consulta comigo tem um problema de peso ligado ao medo da perda. Ela sente que se negar um alimento oferecido por alguém perderá a chance de experimentar em outra ocasião.

Você pode ver o medo da perda agindo quando os pais matriculam seus filhos para atividades extra-curriculares e acampamentos de verão. Eu era uma mãe com medo da perda quando meus filhos estavam em fase de crescimento. Matriculei-os no futebol, aulas de dança, cerâmica e natação, rezando sempre para que os semáforos estivessem todos verdes e eu pudesse levá-los a tempo. Uma mãe com medo da perda teme que as outras crianças de oito anos tenham uma vantagem que sua filha não tem. Os especialistas dizem que sua filha deveria estar tocando algum instrumento nessa idade, não é mesmo? E o momento decisivo para aprender uma segunda língua não está acabando?

Os alunos de faculdade poderiam ter aprendido seus medos da perda com os pais? Ou talvez isso seja uma parte inevitável da nossa cultura sempre intercambiável, cheia de informações e rápidas transformações?

Com tantas escolhas estimulantes disponíveis, o medo da perda é praticamente inevitável. Fica espreitando no fundo da mente, mantém o controle remoto em suas mãos: "E se estiver passando algo melhor nos outros 300 canais?". Ele o mantém observando o relógio do monitor do computador. Se o preço das ações muda, como você pode agir mais rápido do que as outras pessoas? Esse medo o faz saber quem está *online*. Imagine se seus amigos estão conversando na internet e você não está participando?

Quando você é assertivo, assume o comando do seu medo da perda. Livra-se do medo de achar que alguém está se divertindo mais do que você, ganhando mais dinheiro ou se tornando mais popular. Pergunte-se: "O que mais quero?". Quando seu celular tocar, a única pergunta que importa é: "Realmente quero atender agora?".

Como dizer não

Todos nós exageramos no excesso de responsabilidades. Isso acontece por inúmeras razões. O tempo é efêmero e difícil de ser estimado com precisão. Ninguém quer desapontar os outros ou perder uma oportunidade. Existe o medo da perda, a culpa e mesmo o hábito de querer agradar só para parecer legal. Mas você pode aprender e praticar a arte de dizer não. Aqui estão algumas sugestões para você começar:

• "Já estou supercomprometido. De qualquer modo, obrigado por pensar em mim."

- "Gostaria muito, mas não funciona para mim."
- "Estou com muitos projetos e não posso assumir mais nada."
- "Estou realmente lutando para ter mais tempo. Eu preciso passar."
- "Meu calendário está tão cheio de anotações e lembretes que está até caindo da parede."

Talvez o método mais conhecido de assertividade seja o da quebra de registro. Veja como funciona. Vamos dizer que a pessoa que surgiu em seu escritório queira realmente que você faça um intervalo com ela:

Colega de trabalho: "Ei, vamos tomar um frappuccino. Quando voltarmos, você termina isso aí rapidinho."
Você: "Não, obrigado. Quero continuar trabalhando agora."

Colega de trabalho: "Vamos lá, você está trabalhando como um escravo o dia inteiro. Merece um descanso."
Você: "Não, de verdade. Quero continuar trabalhando."

Colega de trabalho: "Seus olhos merecem um descanso dessa tela de computador."
Você: "Obrigado por pensar em mim, mas realmente preciso continuar trabalhando."

Com a técnica da quebra de registro, menos é mais. Você não se desencaminha da mensagem. Mesmo sem explicar todos os detalhes da situação e dar desculpas demais, organiza a informação e a deixa mais clara para a pessoa com quem está conversando.

A técnica de quebra de registro é uma ferramenta, não uma arma. Lembre-se de ser paciente e simpático, com um tom de voz sincero, não rude ou sarcástico. Em vez disso, procure uma abertura para mudar a conversa graciosamente para algo que permita dizer:

Colega de trabalho: "Ei, vamos tomar um frappuccino?"
Você: "Hoje não. Que tal sexta-feira?" ou "Não posso, mas se quiser o acompanho até lá embaixo."

Quando você enfatiza uma alternativa, a decepção se ameniza – para você mesmo ou para a outra pessoa. Isso é, na verdade, outro exemplo de pensamento de substituição: você propositalmente substitui um pensamento por outro.

Alterar uma privação para obter recompensa futura é um antídoto útil para o medo da perda. Quando você precisar dizer não para si mesmo, desvie sua atenção para aquilo que pode dizer sim. Tente dizer:

- Não posso me dar ao luxo de falar ao telefone agora, mas vou ligar para meus amigos no fim de semana.
- Não posso tomar um frappuccino agora. Quando eu terminar o que estou fazendo, vou alongar as pernas e caminhar até o bebedouro.

Olhando para a frente

Agora você tem uma variedade de habilidades emocionais para praticar. O Capítulo 7 mostrou o uso de habilidades mentais. Você vai aprender mais estratégias cognitivas e um novo chaveiro para mantê-lo motivado pelo desejo e não pelo medo.

Capítulo 7
Habilidades mentais
Chaveiro 6

A natureza consegue ser organizada e criativa ao mesmo tempo.
— Anônimo

Nos Capítulos 5 e 6, você aprendeu as habilidades emocionais para se manter focado quando estiver entediado ou agitado. Aprendeu como impedir seu sistema límbico – a região cerebral que abriga os sentimentos mais antigos – de extrair força da região mais nova, que é responsável por resolver problemas, o seu gerente pré-frontal cerebral. Neste capítulo e no próximo, você vai aprender habilidades mentais para se manter em sua zona de foco.

O que é uma habilidade mental?

Uma habilidade mental é a habilidade de usar a maneira como você pensa para atingir um propósito. O seu gerente cerebral é a região mais nova, a que gera mais respostas, de seu cérebro – a parte que leva ao limite. Habilidades mentais melhoram funções executivas poderosas – decisões, planejamento, razão – que, em conseqüência, o guiam para o sucesso. As habilidades mentais são construídas com práticas repetitivas, por isso ter emoções sustentáveis é imprescindível.

As chaves deste capítulo referem-se às estratégias cognitivas – métodos para ajudá-lo a substituir pensamentos que não colaboram por aqueles que ajudam. O termo "cognição" origina-se do latim *cognoscere*, que significa "conhecer". Na psicologia, cognições se referem às diversas maneiras que o cérebro humano tem para aprender algo. Essas habilidades incluem percepção, compreensão, aprendizado, razão e planejamento. Tanto o pensamento concreto como o abstrato são cognições, portanto, de cunho racional, o que também inclui crenças, intenções e desejos.

"Espere um minuto" você pode dizer. "Desejos não são pensamentos, são sentimentos." Na verdade, desejos são sentimentos e pensamentos. Eles interagem na sua mente como os neurônios interagem em seu cérebro, e é por isso que os métodos cognitivos funcionam. Embora você não possa mudar um desejo diretamente, pode mudá-lo ao transformar a maneira de pensar – isso você realmente pode fazer.

Tente experimentar agora. Pense em alguém que lhe cause raiva ou irritação – alguém que conheça bem. Agora tente pensar sobre as qualidades dessa pessoa. Escreva-as para que possa vê-las e leia o que escreveu. Visualize bons momentos que passaram juntos. Pense em um presente que essa pessoa tenha lhe dado ou em algo que ela adicionou de agradável em sua vida. Consegue notar como os sentimentos ruins que nutria por essa pessoa foram suavizados?

Vamos considerar o que aconteceu dentro de seu cérebro exatamente na hora em que terminava este exercício. Dirigindo sua atenção para pensamentos positivos em relação a essa pessoa, seu gerente de resolução de problemas chamou a atenção para o seu lado emocional, o sistema límbico, a fim de reconsiderar os sentimentos que você estava ligando a essa pessoa. Seu sistema límbico cooperou e acionou regiões mais "favoráveis" do que "desfavoráveis". Você ainda pode estar ressentido, mas agora um pouco menos. Seu desejo por uma relação com essa pessoa é composto tanto de sentimentos como de pensamentos.

Desejos são importantes cognições, porque eles mantêm a motivação. Conseguem isso ao gerar a combinação correta de químicas cerebrais que o mantêm em sua zona de foco.

Motivação por meio do desejo, não do medo

Quando você está focado, vive em equilíbrio quanto às químicas cerebrais de que precisa para sustentar sua atenção (como leu no Capítulo 4). Você está relaxado – bombeando serotonina – e alerta – bombeando dopamina –, com uma pequena quantidade de norepinefrina.

Tanto a dopamina quanto a norepinefrina são tipos de adrenalina, e ambas deixam seu foco afiado. (A dopamina é, na verdade, a precursora da norepinefrina.) Mas essas duas substâncias cerebrais funcionam de forma muito diferente. A dopamina está associada aos objetivos, às recompensas e à motivação pelo desejo. A norepinefrina, com a percepção de ameaças e à motivação pelo medo. Ela desencadeia a resposta lute-ou-fuja.

Uma dose estratégica de norepinefrina o energiza. Apenas uma olhadela no relógio quando o prazo de entrega está se aproximando pode colocá-lo para trabalhar ainda mais rápido. Mas muita norepinefrina o deixa fatigado. Embora o cérebro tenha muitas substâncias que interagem em um nível muito mais complexo, aqui está um guia simplificado para a "química cerebral da atenção".

	Química cerebral		
	Serotonina	Dopamina	Norepinefrina
Função	Acalma	Ativa	Excita
Estado	Relaxado	Alerta	Hiper/intenso
Pensamentos	Bem-estar	Recompensa	Luta
	Cooperação	Sucesso	Fuga
	Confiança	Visões de objetivos	Alívio da ameaça
Motivação	Dádiva de viver	Desejo	Medo
Tipo de combustível	Nutritivo	Sustentável	Consumidor
	Reabastecer	Reciclar-se	Queimar rápido
Para fica na sua zona	Bombear de forma equilibrada	Bombear de forma equilibrada	Usar espaçadamente

Com equilíbrio entre dopamina e serotonina, e uma dose ocasional de norepinefrina, seu cérebro repele a resposta lute-ou-fuja e você se mantém focado.

Neste capítulo, você vai aprender a utilizar um novo chaveiro – o primeiro de dois sobre habilidades mentais.

Chaveiro seis – Motive-se

Essas chaves irão ajudá-lo a se manter motivado pelo desejo e manter um equilíbrio saudável das substâncias corretas de seu cérebro, para assim prestar atenção. Você vai ter a motivação de que precisa do começo ao fim – a qual poderá sustentar para perseguir seus objetivos e ir adiante.

Chaveiro 6 – Motive-se
- Objetivos com significado
- Ferramentas de sustentabilidade
- Testes do leito de morte

Atingir um objetivo de longo prazo é como ganhar uma maratona. Na linha de largada, você está tomado pelo entusiasmo e pela energia; e, quando a linha de chegada pode ser avistada, você retoma o foco e a direção. Mas são aqueles quilômetros no meio da corrida que desafiam a sua habilidade de continuar correndo, momento em que se sente cansado, entediado e com baixa estimulação.

É essencial planejar objetivos significativos, que possam lhe dar sustentação. Decida correr somente em maratonas que escolher, aquelas que são mais importantes para você. Depois, divida cada objetivo em partes menores, que possam ser gerenciadas, para criar uma série de linhas de chegada na sua frente. Cada vez que a linha de chegada seguinte estiver próxima, você repetidamente retomará seu foco e direção. É por isso que precisa de objetivos de curto prazo – para manter um objetivo em mente a todo momento.

Em *Psychology from Start to Finish*, o psicólogo esportista Frank Schubert, Ph.D., diz:

> "A arte de alcançar um objetivo é criá-lo de uma maneira que a tarefa exigida e a recompensa esperada desenvolvam uma irresistível força de atração."

Aqui, no chaveiro motive-se, você vai aprender como escolher objetivos que realmente o atraiam e depois arranjá-los de maneira que o motivem irresistivelmente. Suas três novas chaves para as vitórias pessoais são: objetivos com significado, ferramentas de sustentabilidade e o teste do leito de morte.

Objetivos com significado

Aos 65 anos, sete anos após o papel como presidente dos Estados Unidos no seriado The West Wing, que lhe conferiu o prêmio Emmy, Martin Sheen matriculou-se em uma faculdade para conseguir o diploma que ele não conquistou antes de se tornar ator. Certamente não precisava de um diploma para aumentar seu salário ou melhorar as oportunidades de sua carreira. Mas, em uma idade em que a maioria das pessoas pensa mais em horas livres do que em decorar textos, o senhor Sheen escolheu sua própria maneira para o sucesso pessoal. Optou por um objetivo mais significativo.

O caminho seguido com o coração

Em *Os ensinamentos de Don Juan*, Carlos Castaneda nos deu uma pérola da sabedoria americana nativa. Don Juan Matus, um índio ancião, aconselhou Castaneda dizendo: "Um caminho é só um caminho". Você deve se perguntar: "Este caminho tem coração? Se tem, o caminho é bom; do contrário, não é de serventia nenhuma". O caminho seguido com o coração "faz de uma jornada algo maravilhoso, contanto que você siga de maneira correta, ou seja, você e este caminho se tornam um só". Esse caminho faz de você uma pessoa mais forte, enquanto um caminho seguido sem coração o enfraquece.

O mitólogo Joseph Campbell, Ph.D., estudou mitos culturais ao redor do mundo ao longo do tempo. Seu trabalho o levou a acreditar que se você "segue sua felicidade" as portas se abrem onde antes havia apenas muros, e onde não haveria portas para mais ninguém. Nas palavras dele:

> "Para encontrar seu caminho, é preciso seguir sua felicidade. Isso envolve análise, auto-observação e enxergar onde a profunda e real felicidade está – não os rápidos momentos de euforia, mas sim a felicidade extrema e eterna."

Pense na sua própria vida, em como se sente diferente quando está fazendo algo que realmente quer e quando está fazendo algo que é tão-somente uma obrigação. Mesmo que esteja cansado, requer muito menos esforço trabalhar em coisas que, para você, têm coração; sente-se naturalmente motivado. Mas como aplicar essa idéia para motivá-lo diariamente? Mesmo em um trabalho de que você gosta, muito da sua produção é mais mundana do que felicidade plena.

A caçada aos entulhos

Rob era um aluno do ensino médio excepcional, que ia muito bem em matemática e ciências. Mas, por outro lado, não tinha o menor interesse por inglês e estudos sociais e suas notas refletiam isso. Desde o ensino fundamental, já sabia que queria ser designer gráfico. Não via sentido em estudar matérias que não o ajudariam a conseguir o que queria. Pensou que uma vez que entrasse na faculdade estaria livre dessas matérias. Se estivesse ciente do conselho do Dr. Campbell teria dito que estava seguindo sua felicidade, contanto que portas iriam abrir para ele.

Rob tinha amigos que, como ele, eram qualificados em programação e desenvolvimento de software. Mantinham contato entre eles por meio de grupos de alta tecnologia na internet. Muitos eram mais velhos do que ele e não foram aceitos nas melhores faculdades nas quais se inscreveram. Rob estava abalado. As coisas que seus pais, professores e conselheiros lhe diziam começavam a fazer sentido. Mas Rob ainda não conseguia ter motivação para ler clássicos e escrever redações; sentia-se ressentido e resistente.

Se havia uma coisa que entendia bem era sobre jogos. Tinha uma boa reputação entre os jogadores na internet devido a várias dicas que escreveu sobre jogos populares de videogame. Eu o encorajei a pensar em tirar notas altas como se fosse um jogo. Em vez de discutir sobre a relevância do que ele tinha de fazer, disse-lhe que estava correto, que muito do material que ele tinha de estudar não iria ajudá-lo profissionalmente. Porém, boas notas ajudariam.

Nós concordamos que obter boas notas era muito parecido com uma caça a entulhos. Você realmente não precisa de um cone de papel toalha, uma tachinha ou o jornal do domingo passado. Mas, se está em uma caçada a entulhos e esses itens constam de sua lista, então faz tudo o que precisa para consegui-los e ganhar o jogo.

Rob entendeu a analogia e mudou de atitude a tempo de ir para a Cal Tech, sua primeira escolha. Desde então, usei o conceito de caçada aos entulhos para ajudar muitos alunos a se motivarem em matérias de que eles não gostavam. Na verdade, uso a técnica em mim mesma quando tenho de organizar pilhas de papel que parecem ter pouca importância para minha atividade clínica. É uma maneira divertida de ter uma dose de motivação quando nos sentimos presos em tarefas que nos fazem divagar: "O que isto tem a ver com meu trabalho?".

Permaneça conectado com seus sonhos

Ninguém vai sentir felicidade todos os momentos do dia, mas

você pode manter-se conectado com seu senso de propósito. Quando Rob se sentava para ler um clássico, lembrava-se de que estava jogando um jogo, ou seja, o prêmio seria entrar na faculdade. Pensou em sua lição de casa de inglês e em seu futuro como um profissional em computação gráfica. Mentalmente, desenhou uma linha entre sua ação presente e sua paixão e mantinha essa linha em mente quando se sentava para estudar.

O nadador olímpico americano John Naber ganhou uma medalha de prata e quatro de ouro. Naber define motivação como "a excitação e o entusiasmo que você sente quando imagina qual vai ser sua reação quando seu sonho pessoal se tornar verdade". Note o verbo "imaginar" nessa definição. Imaginação é uma ferramenta mental. Quando você imagina um sucesso futuro com um significado pessoal dá uma pancada de leve na sua fonte interior de dopamina direcionada para sua motivação natural.

Imagine um reservatório. Um aqueduto conectado diretamente com sua casa que leva água natural potável diretamente para sua torneira. O reservatório é a motivação natural que move seu sonho. Esse aqueduto é formado pelo ato da sua imaginação. Ele o faz pensar na conexão entre seus sonhos e ações presentes. Isso lhe dá uma pequena dose de motivação natural.

Seu caminho seguido com o coração é único para você. Talvez você queira ganhar tanto dinheiro quanto for possível ou dar boas condições à sua família. Talvez ganhe uma promoção em particular ou tenha uma mudança de carreira em mente. Talvez, como Martin Sheen, você queira atingir um objetivo que não pôde em algum momento da vida. Ou, talvez como John Naber, você tenha um talento especial ou um dom e queria ver até onde pode desenvolvê-lo. Naber disse que ganhar medalhas olímpicas tiveram pouco ou nenhum impacto na vida dele como nadador. Sonhava, na verdade, com melhorias constantes e desejava quebrar seus próprios recordes.

Seu objetivo é digno de seu foco?

Qual o seu caminho do coração? Onde está sua felicidade plena? Aqui estão algumas questões para checar se o caminho que você está tomando lhe dá a energia de que precisa para se motivar.

- É de energia centrada? Em outras palavras, você está usando seus dons e talentos de valor? O seu objetivo exige de você o melhor de suas habilidades e aptidões? No fim do dia, você se sente bem pelas contribuições que fez?
- Este objetivo é seu ou é o resultado de expectativas que sente em relação aos outros? Amigos e familiares podem ser de valor inestimável quando se trata de apoiá-lo, mas é fácil cair na frase "você deveria", como uma tentativa de agradar os outros. Você sente que os outros esperam que você tenha um certo tipo de trabalho ou que faça parte de um grupo que não o interessa? As pessoas só sabem o que você conta para elas. Pode ser que elas não saibam quem você realmente é, portanto, as expectativas delas podem não combinar com as de seu caminho.
- É acreditável? É importante ser valente, pensar grande e ser aberto a possibilidades. Também é importante ser capaz de sustentar sua própria crença em alcançar seu sonho. Você precisa de objetivos grandes o suficiente para que se importe, mas realistas o suficiente para alcançá-los. Pense em freqüentar uma academia e levantar pesos. Você coloca mais pesos à medida que vai ficando mais forte. Se tentar levantar mais do que agüenta acabará se machucando, desencorajando-se e desmotivando-se. Na psicologia desportista, quando você diz que um objetivo tem "máxima credibilidade", quer dizer que o atleta pode dizer exatamente como e por que ele pode atingir determinado objetivo.
- Você acredita no seu objetivo? Como Rob, você não tem que acreditar em todos os passos do processo que vão levá-lo a conquistar o

que deseja. Mas você precisa realmente de uma visão que lhe dê um senso de propósito. Eleanor Roosevelt uma vez disse: "O futuro pertence àqueles que acreditam na beleza de seus sonhos".

• Você está renovando seu objetivo? Nossos objetivos amadurecem como nós. Em cada estágio da vida, enfrentamos um desafio interno. O renomado psicólogo Erik Erikson identificou oito estágios durante o curso de duração da vida. Os quatro primeiros ocorrem antes da puberdade. Os quatro últimos são: estágio 5 (identidade versus confusão de papéis na adolescência); estágio 6 (intimidade versus isolamento no começo da idade adulta); estágio 7 (geração de atividade versus estagnação no meio da idade adulta); e estágio 8 (integridade versus desprezo no fim da idade adulta). O que pode ter motivado uma lenda como Bill Gates a começar a mudar seu papel de dono da Microsoft para se tornar o chefe de uma fundação que ajuda pessoas necessitadas? Provavelmente, ele atendeu a um chamado interior em um estágio novo de sua vida.

Ferramentas de sustentabilidade
Ferramenta número 1:
Objetivos de esforços centrados
Escolha objetivos que dependam de seus esforços,
não de um resultado do qual você não tem o controle.

Em 1984, o psicólogo sueco Lars-Eric Unestahl virou o mundo do esporte de cabeça para baixo quando declarou: "Há mais chance de um atleta se tornar vencedor se não tem a vitória como objetivo". O dr. Unestahl observou atletas top de linha durante anos para descobrir os hábitos dos campeões. O que descobriu foi que esses atletas focam-se nas atividades e não nos troféus. O objetivo principal é vencer o próprio nível de desempenho e não o desempenho de outras pessoas.

Ganhando a batalha contra você mesmo. Lembre-se de quando John Naber disse que vencer seu próprio recorde era mais importante do que ganhar medalhas. Sua história de vida o ajudou. Ele não nadava antes de começar a sétima série. No ensino médio, era o nadador mais lento de sua equipe, mas gostava do esporte. Mantinha dados de seu progresso com um cronômetro mesmo quando perdia as corridas. Focava-se apenas em sua taxa linear de melhora. Definiu o sucesso em função de suas próprias perdas naquele tempo. Qual a probabilidade de que gostasse do esporte o suficiente para continuar?

A competição pode ser uma força de direção para a excelência. Mas atletas tops de linha, competidores de garra, competem primeiro e principalmente consigo mesmos. Eles colocam a realização pessoal acima dos prêmios para obter uma motivação sustentável. Quando perguntado "O que o motiva?", o triatleta Mark Allen, único homem a vencer cinco vezes consecutivas o campeonato mundial de *ironman*, respondeu: "Ganhar o ironman ou qualquer outro triatlon é a cobertura do bolo. Perceber o que eu posso fazer, ir além do que já consegui, é o verdadeiro sucesso". O ironman consiste em um nado de 2,4 milhas (uma milha tem cerca de 1,6 quilômetros) ao redor da baía, uma corrida de ciclismo de 112 milhas de pista cheia de deformidades e uma maratona de 26,2 milhas. Imagine a motivação necessária para sustentar o treinamento para essa prova e terminá-la, sem comentar o fato de tê-la vencido cinco anos consecutivos.

Liberdade para focar-se no seu objetivo. Em uma conferência de psicologia desportiva, ao conversar com o campeão de tiro ao alvo, lembrei-me do princípio do dr. Unestahl: vencer é mais provável quando não é seu objetivo principal. Ele me disse que quando atira não tem a menor idéia de quantos discos já acertou. Para ele, aquele que acaba de ser lançado aos céus é o único tiro que existe, pois está tão focado no aqui e agora que geralmente fica surpreso quando não existem mais discos a serem lançados.

Além da atenção focada, outra razão pela qual atletas com objetivos pessoais ganham mais é porque estão livres para focar-se completamente no momento presente. O campeão de tiro ao alvo que conheci estava totalmente engajado em cada tiro naquela competição. Quando ele se entrega não conta os tiros que acertou ou errou para manter um controle da pontuação durante a competição. Apenas foca-se no que pode controlar – no esforço que faz minutos antes do tiro que está prestes a dar.

Tão logo você começa a comparar-se com os outros, se distrai da sua própria atuação. Se o objetivo principal do atirador fosse ganhar – vencer todos os outros competidores –, sua atenção estaria dividida entre seu esforço e sua pontuação. Ao comparar-se com os outros, você acaba desviando sua atenção para situações que não pode controlar.

Em qualquer dia ou hora você pode fazer a melhor corrida da sua vida, mas seu oponente pode fazer melhor ainda. Você não pode controlar o desempenho do seu oponente. Se desperdiçar sua atenção com o que ele está fazendo não dará tudo de si. Essa regra poderosa se aplica a qualquer desempenho humano – apresentação de vendas, entrevistas de emprego, procedimentos no tribunal, falar em público e, especialmente, ao fazer provas ou exames.

Focando-se durante as provas. No Capítulo 6, você aprendeu ferramentas para vencer a ansiedade. Mas na hora de uma prova é melhor se prevenir da ansiedade permanecendo focado.

Quando você faz uma prova, seu objetivo é manter-se focado o tempo todo, respondendo as perguntas e resolvendo os problemas. Ao pensar em como a pessoa a seu lado está se saindo, qual será a nota dela ou se todos estão mais bem preparados, você acaba desperdiçando a boa atenção. Qual a vantagem disso, já que você não pode controlar como as outras pessoas irão se sair ou qual será a porcentagem no resultado final? Agindo assim, você se desvia para a incerteza, criando ansiedade.

Se você tem dificuldade em permanecer focado durante as provas, pontue os sinais de aviso ao começar a perder o foco. Observe se:

- Olha para os outros trabalhando.
- Perde o ponto que estava lendo em uma página.
- Tem pensamentos como: "O que leva todo mundo a conseguir fazer e eu não?"

Esses são os momentos em que você começa a usar muita norepinefrina. Aprenda a identificá-los de forma imediata. Em um exame, o que você deseja é que seu gerente cerebral, responsável por resolver problemas, fique no comando, então, permita que apenas pensamentos gerados por dopamina e serotonina aconteçam. Tente a substituição de fala, como, por exemplo:

- O que importa é meu progresso pessoal.
- Estou no aqui e agora.
- Estou preparado para fazer isto.

Lidando com a pressão do desempenho. Provas e eventos de grande importância não são os únicos momentos em que você se vê cara a cara com a pressão do desempenho. A tensão que você sente quando se compara com os outros pode ser um problema também no seu dia-a-dia.

Carol era uma associada de vendas que dividia um grande escritório com outras pessoas. Ela era muito dinâmica, fazia tudo rápido e trabalhava o dia inteiro, mas tinha uma decaída no meio da tarde. Então, sentava-se quieta em sua mesa e ouvia os outros vendedores em ação ao telefone. Assim, começava a duvidar de suas habilidades. Por que eles conseguiam fazer mais do que ela? O que eles tinham que ela não tinha? O resto da tarde se tornava uma profecia de autoconsumismo. Com baixa auto-estima, ela não conseguia fechar muitas vendas.

Geralmente, o ambiente competitivo onde Carol trabalhava funcionava a seu favor. Imaginando-se ganhar a competição de vendas do mês, ela podia dar a si mesma um pouco de ânimo. Mas, pela tarde, quando estava desmotivada, pensar sobre a competição a deixava pior e não melhor.

Por Carol exigir muito de si mesma logo no começo da manhã, suas químicas cerebrais necessárias para prestar atenção ficavam totalmente esgotadas no período da tarde. Sentindo que estava ficando sem essas químicas, seu cérebro começava a bombear norepinefrina. Em um estado de lute-ou-fuja, o medo de Carol começava a crescer. Seu nível de adrenalina estava muito alto e os pensamentos de competição deixavam esse nível de adrenalina ainda mais alto.

Carol precisava se controlar melhor, mas tinha também de lidar com seu medo no meio da tarde, relacionado ao baixo desempenho. Ela teve de parar de se comparar de forma desfavorável com os outros. Criou um plano para usar, com contra-argumentos: "Esta é apenas uma pequena parte do dia. Não sei o que fulano estava fazendo uma hora atrás", "Todo mundo tem horas boas e ruins", "Talvez esta seja a vez dele, a minha será a próxima".

Carol estava acostumada a escrever as coisas que dizia em seu material de trabalho, então aprendeu muito fácil e rapidamente viu resultados. Carol também escreveu pensamentos positivos em cartões:

Faço o que posso em um dia, e isto é muita coisa.
Estou reabastecendo meu tanque.
O que penso é o que importa, e eu penso que sou boa.

Durante anos Carol usou a frase "olhos no prêmio" para se manter ativa e focada. Continuou usando essa frase mesmo quando se sentia desmotivada, mas quando dizia a palavra "prêmio", confirmava que estava falando de seus objetivos pessoais.

Um dos momentos em que todas as pessoas estão particularmente vulneráveis à pressão da atuação é no começo de um novo emprego ou de qualquer situação nova. Sem controle do que você já atingiu, sua autovalorização parece flutuar em cada conversa, decisão ou venda. Durante a primeira semana em uma empresa nova, um novo local ou uma nova escola, você se compara com os outros quase o tempo todo. Um promissor advogado de tribunal me disse uma vez que, embora tivesse passado por casos multimilionários, nenhum lhe causou mais angústia do que o primeiro. Naquele tempo, sentiu como se o veredicto fosse defini-lo como um vencedor ou perdedor.

Quando você encarar o desafio da pressão do desempenho, desligue-se da competição à sua volta e lembre-se de quem é. Direcione seus pensamentos para seus objetivos pessoais. Imagine o Tiger Woods e a expressão "bloqueie tudo, exceto a tacada" – visível em sua cara quando ele está na décima oitava caçapa do campo. Quanta atenção ele está desperdiçando com seus oponentes na hora em que está prestes a dar uma tacada?

Sua vitória particular. Sentir-se autoconsciente em excesso pode causar asfixia em um momento importante ou mesmo em uma ocasião comum – uma reunião ou em sala de aula, em frente a centenas de pessoas ou sozinho na sua mesa de trabalho. Você pode escolher focar-se em vez de pensar somente em ter vergonha ou perder o status.

Na descrição dos seus dias de ensino médio, John Naber se lembra de que era o nadador mais lento da piscina. Mas seu objetivo pessoal – o que de fato importava para ele e o pai – melhorava cada vez que ele participava de uma prova. Não se distraía por uma possível perda em público mas se focava em sua vitória.

O venerável taoísta Chuangtzu escreveu melancolicamente sobre um arqueiro dotado de várias habilidades que teve de atirar para ganhar um prêmio em ouro. O arqueiro viu então dois alvos. Sua habilidade não mudou, mas o prêmio dividia-o. Pensava mais em ganhar do que em atirar a flecha. E a necessidade de ganhar drenou sua energia.

Quando seus objetivos dependem dos seus esforços, não de um prêmio, há uma motivação que dura e um foco que não é desperdiçado em fatores que você não pode controlar. Concentre-se no seu desempenho – para fazer o seu melhor possível.

Comparação de desempenho. Os psicólogos falam sobre escolhas de objetivos que são baseadas em esforços. Geralmente, a objeção colocada em voga é a responsabilidade final: "Eu não quero o cirurgião que está tentando seu melhor; eu quero um que tenha o sucesso como meta". Escolher objetivos baseados no seu melhor não quer dizer que você não ligue para o resultado. Você ainda pode estar dirigido pelos resultados. Na verdade, você está mais livre para aceitar resultados como seus e ser até mais responsável por eles.

Vamos dizer que você esteja no pré-operatório de uma cirurgia. O paciente que entrou na sala de operação antes de você não resistiu. Você quer um cirurgião ligado ao resultado e que ainda esteja pensando no que acabou de acontecer quando você estiver sendo anestesiado? Ou prefere um cirurgião que sabe que fez o que podia pessoal e profissionalmente, que aceita que existem fatos que fogem ao seu controle e está pronto para se focar somente em você e na sua operação?

O bom cirurgião conhece a taxa de sobrevivência para a operação que acabou de realizar. Estar ciente dos dados, estatísticas e comparar desempenho é uma parte importante para fazer o seu melhor. Você sabe que tem de levar esses números em conta sem deixar que eles o dominem e roubem o seu foco.

O mundo dos negócios é cheio de números para que você se auto-avalie – cotas de vendas, comissões a receber, preços-alvo, cotação de ações, retorno de investimentos. Quando você os vence, está tudo ótimo. Mas quando eles o vencem, você tem um problema. O desafio é redefinir esses números como um *feedback* útil, da mesma maneira que os pilotos usam o feedback que recebem das máquinas para pilotar um avião. Alguns números dizem para você fazer uma correção de curso; a maioria só precisa ser observada; poucos deles indicam perigo em potencial. Um piloto checa seus instrumentos, responde de acordo e continua a pilotar o avião em direção ao seu destino. A informação o guia, mas não é a razão pela qual ele pilota.

O *feedback* é necessário para o aprendizado, e as comparações de desempenho, são medidas para que você possa entender melhor qual o significado de seu *feedback*. O desafio é manter a comparação de desempenho em seu próprio contexto. Mesmo que alcance a sua cota de vendas ou não, a questão que o ajuda a progredir é: o que você pode aprender com isso?

Quando você tem um *feedback*, seja ou não um piloto com novas informações dos instrumentos da cabine, como ele o ajuda a "pilotar seu avião"? Se você está muito ocupado preocupando-se ou se chateando, provavelmente não vai aprender muito, pois está fora da sua zona de foco. Mas se aceitar o feedback pelo que ele é, pode usá-lo para ir aonde quiser.

"Remodelagem" é uma estratégia cognitiva que vai mudar sua perspectiva ou ponto de vista. No Capítulo 8, você vai aprender mais sobre isso. Uma comparação de desempenho é um servo útil, mas pode ser um mestre tirano. Aprenda a remodelar suas comparações de desempenho como um feedback para ajudá-lo – e não como ameaças inúteis.

Ferramenta de sustentabilidade 2:
Os degraus para o sucesso
Construa degraus escaláveis para poder alcançar seus objetivos.

Lembre-se de que a arte de estabelecer um objetivo é fazer com que cada tarefa se torne irresistível e sua recompensa gere uma força irresistível que o impulsione a verdadeiramente conquistá-lo. Uma metáfora usada na psicologia do esporte é a de pensar em construir uma extensão de degraus. Você quer que todos os degraus sejam do tamanho correto e que todos os passos sejam dados na ordem certa, para que cada um leve ao seguinte. À medida que você dá cada passo, ganha a motivação de que precisa para chegar ao topo.

Para fazer os degraus firmes o suficiente para agüentarem seu peso, você precisa definir o tamanho e o formato de cada passo. Especificar é magnífico. Pontue claramente o que você vai alcançar e quanto vai ter de completar. Escreva em um papel para fazer disso uma coisa mais concreta.

Se estiver se sentindo sobrecarregado em relação ao trabalho, é provável que não tenha uma escadaria firme. Imagine por um momento que você esteja no local de construção de uma casa que está começando a ser montada. Você olha para cima e vê a armação da porta do segundo andar; mas, sem nenhuma escada, não tem como chegar lá. Se essa é sua tarefa – chegar ao segundo andar –, sente-se perdido. Você olha em volta, mas não consegue ver como isso pode ser feito.

Quando um trabalho começar a sobrecarregá-lo, use seus sentimentos como um sinal para construir uma escadaria. Construa cada passo grande o suficiente para que você possa fazer progressos, mas pequenos o suficiente para que possa obter sucesso. O meio da escadaria é a parte mais difícil. Construa em uma paisagem –, será uma pausa energética atrativa.

Se você está sofrendo, redefina o tamanho dos seus degraus para que sejam menores e mais fáceis de alcançar. Se sentir-se sobrecarregado por causa daquela pilha de recibos que precisam ser arquivados, divida-os em duas ou mais pilhas e depois arquive uma por vez.

Mantenha em mente sua corrida imaginária com várias linhas de chegada. À medida que você cruzar cada uma, a próxima já aparecerá em sua mente imediatamente. Você é recompensado a cada vez com uma dose de dopamina que o mantém motivado, em movimento e na sua zona de foco.

Ferramenta de sustentabilidade 3: A curva da árvore

Seja guiado pelo objetivo e não governado por ele.

Lembre-se dos "deverias" de Tim Gallwey no começo do Capítulo 2. De acordo com Gallwey, a autocrítica é a pior inimiga do foco no jogo de tênis. Ela rouba de você a alegria do jogo, fazendo-o perder a motivação.

Durante minhas consultas, vejo o estrago causado por esses "deverias", marcados por extremos insustentáveis:

- Alunos que tiram A ou E, pois lutam para alcançar a perfeição nas aulas de que gostam, mas não conseguem manter o esforço nas aulas de que não gostam.
- Pessoas cronicamente obesas que começam dietas seguindo-as à risca, mas não conseguem manter o ritmo e caem na farra.
- Bagunceiros inveterados que têm suas mesas cheias de pilhas de papel, exceto periodicamente, quando a mesa está totalmente limpa devido ao começo de um projeto.

Nós podemos aprender muito com a mãe natureza, que é poderosa e forte, mas ainda assim adaptável e flexível. Na natureza, ter a habilidade de se moldar é bastante seguro.

Você também pode ser flexível ao ser guiado por seu objetivo – e não governado por ele. Em vez de tudo ou nada, quando se trata de seus objetivos, molde suas regras de tempos em tempos. Pense no que pode acontecer se:

- Um aluno perfeccionista resiste a todo hiperlink que surge nas referências enquanto procura escrever seu trabalho de forma definitiva; então reserva um tempo para estudar para uma aula de que não gosta muito e tira A, B, ou C em todas as matérias.
- Uma pessoa em dieta vai a uma festa, dá permissão a si mesmo para comer uma porção razoável de sobremesa e, depois, em casa, não sente uma vontade incontrolável de abrir o armário e comer tudo o que vê pela frente.
- Um profissional que sente a necessidade de guardar cada pedaço de papel até que possa lê-lo de novo e decidir o que fazer com ele, aceitando o fato de que se ele acidentalmente jogar fora algo de que precisa, vai ter de lidar com isso. Assim, à medida que limpa seu espaço de trabalho, ele descobre que consegue achar o que precisa mais facilmente.

A árvore em uma tempestade. Quando você exige muito de si, se cansa e se sente desmotivado. Então você se culpa e exige ainda mais de si. Também, você não está preparado para filtrar todos os problemas que enfrenta diariamente.

Imagine uma árvore alta, firme, com raízes fortes tomando chuva. Ela se encurva o quanto for necessário para que não se quebre. Você também pode fazer isso.

O teste do leito de morte

Embora esta prática possa soar um pouco assustadora à primeira vista, o teste do leito de morte é uma das ferramentas motivacionais mais esclarecedoras que eu conheço. É simples.

Quando você tem de tomar uma decisão difícil, faça-se esta pergunta: "No momento da minha morte, se eu olhar para este momento, o que desejo me lembrar que decidi fazer agora?".

Você tem de estar disposto a imaginar o momento de sua morte com um grau de objetividade. Você não precisa de dados específicos como idade, local ou causa da morte. Você só precisa daquele sentimento de coragem da finitude – como aquele que sentiu quando fechou a porta atrás de você pela última vez depois de ter tirado a mobília da última casa onde morou.

O destino que todos nós compartilhamos

Outra lenda dos nossos tempos, Steve Jobs, discursou na cerimônia de formatura para a turma de 2005, na Universidade de Stanford. Jobs, fundador da empresa de computadores Apple e dos estúdios Pixar, explicou que quando tinha 17 anos leu uma citação que mudou a maneira de ele ver as coisas. Desde então, nos últimos 33 anos, ele olha para o espelho e se pergunta toda manhã: "Se este fosse o último dia da minha vida, eu gostaria de fazer o que estou prestes a fazer hoje?". Se a resposta fosse não por muitos dias, ele sabia que tinha de mudar alguma coisa.

Jobs disse: "Lembrar-me de que eu estarei morto em breve é a ferramenta mais importante que encontrei para me ajudar a fazer grandes escolhas na vida". Explicou que expectativas externas, orgulho e medo da vergonha ou falha "desaparecem quando você está diante da morte". Depois descreveu um encontro que teve com a própria morte naquele ano, quando foi diagnosticado com câncer no pâncreas. Viram que era uma forma rara de câncer, curável por meio de cirurgia, mas até que aquilo fosse descoberto, Jobs olhou para sua mortalidade cara a cara.

Como resultado, sentiu-se como se pudesse dizer com ainda mais certeza que a morte é "muito parecida com a única e melhor invenção da vida", porque ela é a "mudança de agente da vida". Em suas palavras:

"Morte é o destino que todos compartilhamos... Seu tempo é limitado, então, não o desperdice vivendo a vida de outra pessoa... Tenha a coragem de seguir o seu coração e intuição. Eles de alguma maneira sabem o que realmente você quer se tornar".

Um pensamento de morte a cada dia?

O escritor Albert Camus uma vez disse: "Não há por que ficar se lembrando diariamente de que você é mortal; isso será mostrado mais rápido do que você pensa". Mas muitas tradições espiritualistas – e Steve Jobs – discordam. Eles usam pensamentos de morte para coisas boas e não para tristezas – como um ímpeto para a vida diária.

Outro ensinamento de Don Juan, do escritor Castaneda, é manter uma imagem de um corvo preto sentado no seu ombro esquerdo para motivá-lo a tomar boas decisões na vida. Com a morte tão presente em sua cabeça o tempo inteiro, você está destinado a permanecer focado e a escolher quais ações tomar de maneira correta.

Dependendo do quanto você teme sua morte, vai liberar um pouco de sua norepinefrina quando usar o teste do leito de morte. Como você pode se lembrar, uma dose estratégica de norepinefrina é energizante, mas uma dose muito alta pode jogá-lo no estado de lute-ou-fuja. Para se manter focado quando você pensa na sua morte, fique centrado na força de motivação que ela gera, da maneira como Steve Jobs fez.

Você pode usar o teste do leito de morte todos os dias ou somente quando achar necessário. Olhe no espelho, imagine um corvo no seu ombro ou crie a sua própria imagem mental. Pode ser que prefira a imagem mental pintada no século XVII pelo poeta inglês Robert Herrick: "Una botões de rosa enquanto você pode".

Olhando para a frente

As habilidades mentais que você aprendeu no chaveiro Motive-se vão ser úteis o tempo todo. No Capítulo 8, você vai aprender mais habilidades mentais, incluindo estratégias cognitivas de autoconversação, remodelagem e ensaio mental. Suas novas chaves irão destrancar suas habilidades de construir a estrutura de que precisa para alcançar seus objetivos sem a adição de pressões desnecessárias.

Capítulo 8
Estrutura sem pressão
Chaveiro 7

(Quando perguntado que livro ele escolheria se estivesse preso em uma ilha deserta): Um guia prático de como construir um barco.
— Bernard Baruch

Para manter-se focado você precisa de horários estruturados, planos, listas do que fazer. Do contrário, vai se sentir sem rumo em um extremo do "U" invertido; ou frenético, no outro extremo.

A estrutura mantém as químicas cerebrais para a atenção bombeadas em um nível balanceado. Uma rotina ou planos do tipo passo-a-passo o conectam a seus objetivos, assim você gera dopamina. E o trqanqüiliza, fazendo-o gerar também serotonina.

Adicionar um prazo pode dar a você uma dose estratégica de norepinefrina, mas muita pressão cria tensão e joga-o no estado de lute-ou-fuja. Pode ser que você sinta-se mais focado num primeiro momento, mas, no quadro geral, você tem menos concentração – e não mais.

Um bom exemplo é a situação de pais bem-intencionados citada no Capítulo 1, que tentam ajudar seus filhos distraídos a se acalmarem e fazerem a lição de casa. Sem perceber que a criança está assustada e não consegue fazer a lição, os pais a ameaçam em vez de motivá-la; a ameaça causa desânimo, logo ficará ainda mais difícil que a lição seja concluída.

O que você precisa em situações como essa é construir uma estrutura sem acrescentar pressão. Você quer degraus possíveis de subir, que não sejam incertos ou assustadores? Se você é um pai que ajuda seu filho com a lição de casa (embora ele não saiba ou admita), forneça um conjunto de degraus seguros para ele seguir. Por exemplo: se seu filho estiver assustado, não conseguirá escrever uma boa redação, então leia as questões com ele e depois trabalhem juntos para construir uma simples lista do tipo passo-a-passo. Escreva claramente: Passo 1 – Qual o seu tema? Passo 2 – Nomeie três coisas que você possa dizer sobre isso. Deixe a gramática e os erros de ortografia por último para que ele se sinta livre para usar qualquer palavra ou frase que venha a pensar. Se seu filho tem um bloqueio para criar novas idéias, desenhe uma imagem simples de um sol e peça que escreva a idéia principal no centro e algo sobre essa idéia em cada raio solar. Se seu filho tem medo de resolver um problema de matemática, escreva um modelo com a solução na agenda dele para que possa se basear. Quando você pacientemente cria um guia de ajuda para seu filho, remove a ameaça que o está imobilizando, sem se render ao medo dele ou sem fazer a lição por ele.

Estruturas como instruções passo-a-passo são efetivas para qualquer trabalho novo, complexo ou que envolva pressão, principalmente se você tem problemas para começar. Por exemplo: se tiver um relatório ou uma apresentação para preparar, liste o que tem de fazer do começo ao fim. À medida que escreve, pode vir a descobrir que um desses passos pode ser uma fonte oculta de pressão – a razão pela qual você vem adiando o processo todo. Talvez você precise de um pouco de informação, mas está perdido em um arquivo desorganizado ou tem de entrar em contato com um colega de trabalho não muito simpático para conseguir terminá-lo. Agora você pode dividir esse passo em vários outros. A tarefa se torna executável e o medo desaparece. Métodos como estes fornecem uma estrutura sem pressão.

Este capítulo fornece a você um segundo chaveiro de habilidades mentais:

Chaveiro 7– Mantenha-se no percurso

Esses métodos são bem estruturados, com baixos índices de medo. No chaveiro "mantenha-se no percurso", você vai aprender a usar as três chaves que já viu em ação nos capítulos anteriores: autoconversação, mudança de atitude e ensaio mental.

A autoconversação inclui auto-instrução, como as estratégias que você leu na dissertação de doutorado da Introdução. Você vai aprender como escolher palavras e frases específicas para se manter na tarefa. A mudança de atitude é baseada em uma estratégia cognitiva chamada remodelagem, que você leu no Capítulo 7, quando remodelamos as comparações de desempenho, como os *feedbacks* úteis. O ensaio mental é um tipo de visualização para fortalecer novas associações e regiões cerebrais. No Capítulo 4, você leu sobre os efeitos do ensaio mental na plasticidade cerebral.

Chaveiro 7 – Mantenha-se no percurso
- Autoconversação
- Mudança de atitude
- Ensaio mental

Algumas pessoas dizem que não gostam de estrutura ou horários porque fazer planos rouba a espontaneidade. Geralmente isso é um código para "Eu não quero ficar amarrado a isto", "Estou aguardando para ver se algo melhor aparece". Lá no fundo, todos nós sabemos que se um evento ou um projeto é importante e queremos executá-lo de forma tranqüila, temos de planejá-lo. Construtores têm plantas, diretores têm roteiros, e empreendedores têm planos de negócios. Um casamento memorável, uma aposentadoria confortável, férias felizes, mudar para uma nova casa ou uma festa surpresa são todos resultados de um plano adequado.

Planos escritos têm poder. Quando você vir uma técnica que goste neste chaveiro, escreva-a. Use abreviação, palavras-chave ou figuras simples. Cartões de apresentação funcionam bem; eles são portáteis, cabem na palma da mão e são duráveis. Post-its também são úteis; você pode colá-los em quase todos os lugares. Ou, se preferir, poste uma nota eletrônica no seu computador.

Por que colocar planos por escrito? Faz parte da natureza humana achar que lembraremos de algo no futuro mais do que realmente lembramos hoje. Cientistas comportamentais chamam esse princípio de "tendência de previsão" – a tendência em acreditar que você pode armazenar informação só porque ela é familiar a você. Quando as pessoas predizem algo, consistentemente subestimam qual será seu verdadeiro nível de lembrança. (Por isso, é melhor aprender um pouco mais estudando e fazendo perguntas sobre a matéria usando *flash cards*, e não somente lendo o material.) Então, aumente o nível de esperteza da sua tendência de previsão. Pegue papel e lápis agora. Enquanto lê este capítulo, escreva as estratégias que pretende usar.

Autoconversação

Nesta seção, você vai aprender a autoconversação precisa, que é breve e vai direto ao ponto. Vou descrever cinco tipos para você:

(1) a lista dos 3 itens do que fazer; (2) autodirecionamentos; (3) âncoras; (4) afirmações; e (5) pensamento de substituição (que você aprendeu no chaveiro de antiansiedade, porém aqui terá mais usos).

1. A lista dos três itens do que fazer

Simplifique. A primeira vez que me encontrei com Josh, ele descreveu sua mente como uma "bagunça complicada". Josh é químico, líder de um grupo que detém várias patentes. Ele tem o perfil clássico do "traço de Edison": uma pessoa de grande imaginação que, como Thomas Edison, é predominantemente um pensador divergente. Em outras palavras, pensa em muitas coisas ao mesmo tempo sem o filtro comum que sente e exclui associações irrelevantes. O ponto bom dessa característica é que ele pensa em coisas que mais ninguém pensa; a parte negativa é que geralmente quando tem essas idéias, todos estão pensando ou falando sobre outra coisa.

Para cooperar com seu estilo divergente de pensar, Josh acostumou a carregar um livro com páginas em branco para que pudesse escrever suas idéias e afazeres. Descobriu que ao escrever suas idéias, ouvir as outras pessoas não era mais tão difícil.

Josh me disse que nunca ficava sem sua lista, então, me surpreendi quando me disse que a lista não o estava ajudando a terminar as coisas, porque raramente ou mesmo nunca olhava para ela. Em contrapartida, ficou surpreso por eu considerar a lista útil como lembrete. Seu propósito era limpar a mente escrevendo tudo o que pensava. Quando me mostrou a lista, percebi por que não estava prestando atenção nela: oito páginas escritas eram cansativas. Uma das tarefas era "candidatar-se para a renovação da bolsa de estudos", e a próxima "pegar a roupa na lavanderia".

Sugeri a Josh que escolhesse as próximas três coisas que precisava fazer e que as escrevesse em um post-it. Ele fez, e imediatamente viu os benefícios dessa prática, desenvolvendo um novo sistema. A lista de três itens tornou-se mais convidativa, fazendo-o realizar a tarefa e não a repelir.

Ele continuou a adicionar itens à sua longa lista, livrando a mente do fardo de carregar pensamentos excessivos em sua cabeça. Mas também manteve uma lista de três itens do que fazer, o que lhe deu uma dose de adrenalina comedida para melhorar seu foco e motivação a cada vez que terminasse algo da lista.

Crie estratégias. Se você usa uma lista do que fazer, note que quando está meio esgotado, escreve ali coisas fáceis, a fim de terminá-las sem maiores esforços. Não se sinta mal por fazer isso: é uma estratégia eficiente. Vá em frente e liste uma tarefa ou duas – molhar as plantas, apontar o lápis ou lavar a cafeteira. Essas pequenas tarefas podem ser adiadas, se você não fizer isso. Do contrário, se as escrever como uma espécie de aquecimento, estará usando de maneira hábil uma ferramenta psicológica. Nada é tão bem-sucedido como o sucesso. Você pode praticamente sentir o surgimento da dopamina de recompensa quando risca algo da sua lista.

Outra estratégia efetiva é alternar entre itens de baixo e alto estímulo ao longo da lista. Se uma tarefa entediante e repetitiva o deixa com a adrenalina baixa, uma outra pode supri-lo com mais adrenalina.

Tenha duas listas distintas de três coisas a fazer: uma para o seu ambiente de trabalho e uma para sua casa. Josh descobriu que fazer isso o ajudava de inúmeras maneiras, já que seu trabalho no laboratório era mais estimulante do que as suas responsabilidades em casa. Assim, ter uma lista do que fazer em casa o mantinha focado nas tarefas de baixo estímulo. Também o ajudou a se desconectar dos problemas do dia-a-dia no laboratório, ficando mais presente para a esposa e filhos à noite. Desconectando-se dos problemas, ele poderia encará-los de novo na manhã seguinte, porém com a cabeça fresca.

Você vai descobrir que seu cérebro gosta de uma lista curta, escrita com apenas três itens de cada vez. Se algo mais urgente surgir você pode substituir – não adicionar – um item a qualquer momento. Com apenas três itens, caminhará muito bem. Enquanto estiver fazendo uma tarefa, seu cérebro se programará subconscientemente para o que virá a seguir.

Pensamentos substitutos previamente preparados. A lista dos três itens do que fazer é ideal para o pensamento de substituição. Você vai ler sobre isso ainda nesta seção. Como você pode se lembrar do Capítulo 6, o pensamento de substituição é crucial em algumas horas, pois você não pode se obrigar a não pensar em algo, mas pode se obrigar a pensar em outra coisa. O próximo item da sua lista do que fazer é um imediato e hábil pensamento de substituição. Quando você se pegar tendo um pensamento de ansiedade, sentindo-se entediado ou distraído, substitua esse pensamento que não está ajudando pelo próximo item da sua lista do que fazer.

Vamos supor que a primeira tarefa da sua lista de três itens a fazer seja terminar o resumo de um relatório. À medida que você se acomoda na sua mesa, começa a se sentir ansioso devido à avaliação de seu desempenho anual, que acontecerá na quinta-feira próxima. Sua mente gira ao pensar na lista de coisas certas e erradas que fez ao longo do ano, e você se vê defendendo suas decisões menos perfeitas para seu supervisor invisível. Começa a pensar onde colocou aqueles arquivos de que pode precisar para justificar sua decisão e luta contra a vontade de procurar memorandos de atualização sobre os procedimentos de avaliação. Você não consegue "não pensar" na avaliação, mas pode substituir o pensamento "resumo de relatório" e repeti-lo para si inúmeras vezes enquanto retoma o comando.

Quando Josh teve de se realocar por causa do trabalho no meio da mudança, estava prestes a se sentir sobrecarregado na maioria do tempo. Estava vendendo uma casa e comprando outra, trocando tudo que era dele, ajudando a mulher e filhos a se adaptarem, reorganizando seu novo espaço de trabalho e lidando com politicagens em seu laboratório. Quando começava a se sentir ansioso ou com medo, focava-se no próximo item da lista. Aprendeu a se prevenir e a não se sentir sobrecarregado, substituindo aquela auto-instrução precisa cada vez que sua mente divagava ou congelava. Então, silenciosamente repetindo para si, conseguia retomar a zona de foco.

2. Autodirecionamentos

Josh usava o próximo item na sua lista de afazeres como um autodirecionamento eficaz – a prática de dizer para si, de forma silenciosa, o que fazer no momento. Provavelmente você já usou esse método. Já andou de uma sala a outra para pegar algo e esqueceu-se do que foi pegar? Ao descobrir, se você for como a maioria das pessoas, diz o que foi fazer várias vezes para si até que volte com o que foi pegar nas mãos.

O autodirecionamento o chama de volta para a situação imediata. É um pensamento de substituição confiável, caso esteja se distraindo.

Como Josh, você pode se lembrar da próxima tarefa da sua lista das três coisas a fazer. Repetindo como um autocomando linear – ou uma simples palavra-chave como o nome do item que você precisa da outra sala –, você substitui os pensamentos, como sonhar acordado, vontades incontroláveis e ansiedades que o estão distraindo.

No mundo atual, o autodirecionamento é especialmente útil para estabelecer fronteiras entre trabalho e vida pessoal. Josh usou o autodirecionamento para lembrá-lo de ficar com a "lista do que fazer no trabalho", quando estivesse no laboratório, e trocar para a "lista do que fazer em casa", quando entrasse pela porta de casa. À medida que dirigia pela estrada, repetia um simples lembrete: "Estou em casa, casa, casa, casa, casa, casa".

A autoconversação que ensinei aos meus voluntários na minha tese de doutorado foi a de autodirecionamento. Alguns dos voluntários usavam a sentença "Eu vou fazer meu trabalho", ou repetiam "Trabalhe, trabalhe, trabalhe, trabalhe, trabalhe, trabalhe". Aqueles que silenciosamente diziam "Não, eu não vou ouvir", ou a forma abreviada "Não" estavam usando uma técnica chamada "pensamento-breque", em que o redirecionamento está implícito. No pensamento-breque você se treina a usar a palavra "não" como um sinal para retornar imediatamente para o que estava fazendo. Outra variação é usar um elástico no pulso e esticá-lo enquanto você diz a palavra "não" para o direcionar de volta ao trabalho.

Diga "sim" em vez de "não". Se você diz a si mesmo "Não esmoreça", sua mente subconsciente diz "esmoreça". Em vez disso, diga: "Vamos lá" ou "Mexa-se".

Aqui estão alguns autodirecionamentos para ajudá-lo a focar-se. Veja de quais você gosta mais e adicione alguns próprios:

( ) Foco
( ) Preste atenção
( ) Concentre-se

( ) Continue trabalhando
( ) Fique alerta
( ) _____
( ) _____

Conciliar verbos específicos para suas tarefas são autodirecionamentos importantes, porque nomeando a ação, seu cérebro o encaminha. Por exemplo:

Se você está...	Diga...
"Rascunhando um relatório técnico"	"Pense, escreva, pense, escreva, pense, escreva."
Criando uma planilha	"Mantenha o caminho, reto; seja minucioso."
Chegando ao prazo de entrega	"Mantenha o ritmo; mexa-se."

3. Âncoras

Uma âncora é uma palavra, uma frase ou imagem concisa que firma você, exatamente como uma âncora evita que o navio fique à deriva no mar. As âncoras verbais são curtas, simples e fáceis de lembrar.

Embora a maioria das âncoras seja usada no tempo presente, nos pensamentos do aqui e agora, algumas se conectam com eventos do passado e do futuro para ancorá-lo em seu sentimento, humor ou nível de energia de que precisa no tempo presente. Por exemplo: lembrando-se de um sucesso do passado, você se liga à sua crença pessoal, então, pode prosseguir com sua confiança. Na seção do ensaio mental você vai aprender a incluir âncoras quando ensaiar. Dessa maneira, quando precisar usá-las mais tarde, elas vão conectá-lo às habilidades que praticou durante seu ensaio mental.

Varie seu uso de âncoras. Dessa maneira, elas continuarão funcionais e manterão o bombeamento de dopamina. As âncoras que vou discutir são de objetivos e tarefas, sucessos passados, pessoas que o apóiam, e de humor.

Objetivos e tarefas como âncoras. Você já foi apresentado aos objetivos e às âncoras quando aprendeu a repetir um objetivo pessoal várias vezes para si a fim de vencer os adiamentos. Quando você repete o próximo item da sua lista de afazeres ou quando se lembra mesmo concisamente sobre o que precisa fazer depois, está usando a tarefa como uma âncora. Na verdade, uma tarefa é um objetivo: é o seu objetivo imediato.

Você pode usar o nome de qualquer tipo de objetivo – de longo prazo, intermediário, de curto prazo, imediato – como uma âncora. Por exemplo:

Longo prazo: MBA
Intermediário: bacharelado em economia
Curto prazo: nota A em macroeconomia
Imediato: estudar este capítulo

Vá em frente e faça de seus objetivos âncoras ao dar a eles nomes. Se você preferir, pode voltar e rever os objetivos com significado e as chaves de escadaria para o sucesso no Capítulo 7.

Longo prazo: _____
Intermediário: _____
Curto prazo: _____
Imediato: _____

Sucesso do passado como âncora. A maioria de nós é melhor em lembrar os erros do que os sucessos do passado. Constantemente nos relembramos das frases desmoralizantes da nossa autocrítica. Em vez disso, nós precisaríamos ouvir mensagens encorajadoras, que vêm de dentro – a voz de um treinador interno que nos ancora a nossos pontos fortes e habilidades.

Lembre-se de pelo menos três sucessos que tiveram significado pessoal para você. Se conseguir, lembre-se daqueles que são relevantes de alguma maneira para sua tarefa imediata. Por exemplo: se estiver se preparando para uma apresentação importante, pense na última vez em que falou em público e foi bem-sucedido.

Agora escreva três situações nas quais obteve sucesso para usá-las como âncoras:

Sucesso 1: _____
Sucesso 2: _____
Sucesso 3: _____

Algum desses três sucessos causa em você um sentimento de autoconfiança? Se a resposta for positiva, ache uma foto, uma lembrança ou um souvenir que possa usar como critério para ligá-lo a essa memória e use-o para aumentar sua confiança.

Pessoas que o apóiam como âncoras. Na Universidade de Wisconsin experimentos demonstraram que ao mencionar o nome de alguns amigos e familiares aos voluntários, isso os motivou a trabalhar mais em tarefas de fluência verbal, razão analítica e criatividade funcional. Esses lembretes rápidos de pessoas amadas aumentaram a persistência dos voluntários nessas tarefas, que exigiam concentração e habilidades de resolução de problemas. Os resultados positivos foram mantidos mesmo quando os nomes eram mostrados somente por uma fração de segundo.

Curiosamente, somente nomes de amigos e parentes que compartilharam os objetivos e apoiaram os voluntários em suas metas alcançadas resultaram em melhor pontuação. Os nomes daqueles que consideravam as tarefas dos voluntários sem importância tiveram resultado oposto. Naquele caso, mostrar esses nomes gerou redução da persistência na tarefa.

Esses resultados vão ao encontro do que eu já vi em meu consultório. Todos nós pensamos muito em outras pessoas. Mas nós pensamos nas pessoas certas nas horas certas?

Quem acredita em você? Aqui estão algumas respostas típicas que eu ouvi ao longo dos anos:

- "Minha mãe e meu pai sempre acharam que eu venceria."
- "Tive um professor que fazia eu me sentir inteligente."
- "Meus filhos me fazem sentir como se eu pudesse fazer tudo o que desejo."

Na próxima vez em que você estiver incerto em relação a si mesmo e imaginar seu chefe o demitindo, ou se ver frente a um juiz imaginário julgando suas ações em um tribunal, substitua esses pensamentos ao imaginar pessoas que acreditam em você. Como os voluntários do estudo da Universidade de Wisconsin, você vai ganhar mais concentração e habilidade para a resolução de problemas.

Jeff era um estudante cujo pai morreu de câncer. Ele ficou desolado em sua mágoa e perdeu a habilidade de se concentrar. Estava correndo o risco de ser reprovado naquele ano e decidiu reagir com técnicas cognitivas. Faixa preta no caratê, portanto, com muita experiência em artes marciais, ele sabia como ferramentas psicológicas poderiam ser poderosas.

Jeff começou a usar estratégias cognitivas rapidamente. Com tempo e deliberação, fez uma série de cartões. Em cada cartão escreveu uma ou mais frases para contra-atacar cada pensamento de distração que tinha, principalmente seu medo em relação ao futuro. Escreveu: "Minha mãe é saudável, provavelmente vai viver por muito tempo", "Posso conseguir um bom trabalho e me sustentar", "Eu consigo lidar com o dinheiro".

Apesar de sua própria dor, a mãe de Jeff o apoiava. Ela o encorajou a usar os cartões. Vagarosamente, mas com precisão, Jeff lutou e recuperou seu foco e sucesso na escola.

Jeff mantinha um cartão no bolso o tempo inteiro – era seu "ás da manga" para qualquer ocasião. Ele fez várias cópias do mesmo cartão e plastificou todas, mas não teria importância se ele os perdesse. Jeff tinha todas as frases decoradas, que serviram, inúmeras vezes, quando nada mais conseguia trazê-lo de volta para o momento presente. Nesse cartão, ele tinha escrito:

Minha mãe acredita em mim.
Meu pai acredita em mim.
E eu acredito em mim.
Eu posso fazer.
Eu tenho poder.

Tomar a fé que outra pessoa tem em você é como ficar em frente a uma caixa registradora, pronto para pagar o que comprou e descobrir de repente que não tem dinheiro suficiente. Então, alguém lhe dá a diferença entre o preço que está anunciado e o valor que você tem na sua carteira. E você não terá de devolver o dinheiro para essa pessoa, pois já pagou – pelo esforço de conseguir suprir as expectativas que a pessoa depositou em você.

Tire um tempo agora para escrever os nomes ou iniciais de três pessoas, vivas ou mortas, que estão ao seu lado:

1. _____
2. _____
3. _____

A próxima vez em que você se sentir distraído ou sentir que não tem energia suficiente para continuar, feche os olhos por um momento e pense nas pessoas que listou como âncoras. Imagine-as dizendo: "Você consegue". Ou apenas, silenciosamente, pronuncie o nome delas ou imagine-as mentalmente sorrindo para você.

Palavras de estado de espírito como âncoras. Psicólogos desportistas ensinam atletas a usarem "palavras de estado de espírito" como auto-sugestões para despertar sentimentos desejáveis no momento do jogo. Por exemplo: para se sentirem mais fortes, eles podem repetir para si mesmos palavras como "poder," "músculos", "força", "energia" ou "potência". Para se sentirem confiantes, podem dizer "valente", "ótimo", "no alvo", "sob controle" ou "maravilhoso".

O melhor tipo dessas palavras é uma onomatopéia, uma palavra cujo som é parecido com o que está sendo descrito. Por exemplo: no tênis, o som da palavra "pow" provoca sentimentos de energia e rapidez – exatamente o que um jogador torce para que aconteça quando ataca.

Dê uma olhada nas palavras de estado de espírito a seguir que podem ajudá-lo a ficar em um estado de relaxamento-alerta e adicione algumas você mesmo:

( ) Calmo
( ) Focado
( ) Na minha zona
( ) No plano
( ) Posso fazer
( ) _____
( ) _____

Aqui estão algumas que soam como o próprio estado de espírito em si. Você pode repeti-las seguidamente. Por exemplo: "Agora, agora, agora, agora, agora".

( ) Vá
( ) Fluxo
( ) Ligado
( ) Sim
( ) Agora
( ) _____
( ) _____

4. Afirmações

Toda vez que dirige sua atenção para suas habilidades, desempenhos e boas qualidades, você as afirma. Aquilo em que você presta atenção tende a crescer: a atenção é recompensada e comportamentos recompensados são repetidos.

Para compor uma afirmação, pense nos "três pês" – pessoal, positivo e presente.

- Pessoal – Comece com o pronome "Eu"
- Positivo – Como toda autoconversação, use "sim" em vez de "não"
- Presente – Escolha um verbo no tempo presente

A seguir estão alguns exemplos. Escolha os seus favoritos e adicione outros que desejar:

( ) Sou esperto e perspicaz.
( ) Termino isto hoje.
( ) Eu consigo.
( ) Tenho na mira minha zona de foco.
( ) Estou trabalhando nisto.
( ) _____
( ) _____

5. Pensamento de substituição

Nós já falamos muito de pensamentos de substituição. Vamos praticar com alguns exemplos comuns de pensamentos de distração.

Pensamento inútil: Eu nunca vou terminar isto.
Contra-pensamento útil: Eu sou bom no que faço; se ninguém consegue fazer, eu consigo.

Pensamento inútil: Eu não consigo me concentrar.
Contra-pensamento útil: Eu consigo me concentrar. Tenho ótimas ferramentas para encontrar minha zona de foco e permanecer nela.

Pensamento inútil: Estou cansado de pensar, estou sem idéias.
Contra-pensamento útil: Eu tenho um tanque reserva. Vamos ver o que posso fazer. Então, se estiver muito cansado, faço uma pausa para repor as energias.

Aqui estão alguns pensamentos inúteis. É sua vez de criar contra-pensamentos úteis:

Pensamento perfeccionista inútil: Eu tentei, mas não consigo acertar.
Contra-pensamento útil:

_____

_____

Pensamento inútil de autolimitação: Não consigo aprender isto. Não tenho o que é necessário.

Contra-pensamento útil:

_____

_____

Desta vez, descarregue um de seus pensamentos inúteis mais comuns. Para cada um deles, escreva um contra-pensamento que tenha força suficiente para substituí-lo.

Pensamento inútil:

_____

_____

Contra-pensamento útil:

_____

_____

Pensamento inútil:

_____

_____

Contra-pensamento útil:

_____

_____

Mudança de atitude

Nas palavras de Winston Churchill: "Atitude é uma pequena coisa que faz uma grande diferença". A maneira como pilotos usam a palavra "atitude" me faz lembrar da conexão entre atitude e resultados. A atitude de um avião – o ângulo em que ele voa – determina aonde ele vai. Se a atitude está alta, você pode ir aos céus. Se está no nível, você pode ir longe. E, se está errada quando é hora de pousar, você colide o avião.

Em sua obra *Man's Search for Meaning*, o psicólogo e sobrevivente do holocausto Vicktor Frankl fez uma observação poderosa:

> "Tudo pode ser tirado do homem, menos uma coisa: a última das liberdades humanas – escolher como agir em qualquer circunstância, escolher o próprio caminho a trilhar".

Não mate o mensageiro

É difícil ter uma boa atitude diante do relógio, quando o alarme toca na segunda-feira de manhã. Intelectualmente, a região cerebral responsável pela resolução de problemas sabe que seu relógio é uma ferramenta útil. Mas a região emocional do seu cérebro se sente mais como os antigos generais de Roma, que ordenavam que mensageiros de más notícias fossem mortos. Espatifar aquele relógio soa como uma opção tentadora.

É possível manter tanto pontos de vista negativos quanto positivos ao mesmo tempo – ser ambivalente – e estamos propensos a isso em relação aos relógios, calendários, agendas, Palms e listas de afazeres. Nós gostamos dessas coisas porque elas nos dão estruturas para o que queremos fazer, mas também as odiamos porque parecem nos dizer o que fazer. Ambos, "querer" e "ter de" são intrínsecos.

Faz parte da condição humana o fato de "termos de". Pode ser difícil, mas se "queremos" torna-se fácil. Então, por que somos tão duros conosco e nos agarramos à parte da ambivalência que diz que "temos de"? Se pararmos de culpar os mensageiros e, em vez disso, escolhermos pensamentos que nos ajudem a gostar mais deles, estaremos mais atraídos para usar nossas ferramentas de gerenciamento de tempo.

Um pensamento útil é manter em mente que o tempo é uma medida da duração da vida em si. Nesse contexto, relógios, calendários, agendas, Palms e listas de afazeres são nossos guardiões. Todos nós gostaríamos de ter mais tempo e é exatamente por isso que queremos arrumar tempo de forma sábia, reconhecendo por que essas ferramentas são tão importantes.

Advertido pelo seu relógio?

Nick era aluno do segundo ano da High Tech High, uma prestigiada e inovadora escola de San Diego. Como a maioria dos adolescentes, Nick adorava ficar acordado até tarde usando o computador ou jogando seu *game cube*. Viciado em videogame, tinha seus jogos favoritos, nos quais era muito bom. Ir para a cama em um horário razoável era um problema constante para Nick, e, conseqüentemente, levantar cedo também. Seus pais já tinham tentado usar uma série de despertadores e programas de mudança de comportamento, usando cartazes de aviso e símbolos. Eles tinham regras severas que impunham o momento em que ele podia jogar videogame. Mas levantar na hora certa ainda era uma luta. Nick queria fazer a coisa certa, mas mesmo quando ia para a cama na hora certa não adiantava, pois ao deitar ficava pensando nos jogos de videogame e não conseguia acordar cedo no dia seguinte.

Nick amava tecnologia. Um dia, na sessão de terapia familiar, conversamos sobre uma nova combinação de despertador e CD player que tinha acabado de chegar às lojas, em que era só programar qualquer faixa do CD para tocar como alarme. Nick e seus pais fizeram um acordo: se ele ganhasse o novo despertador se comprometeria a levantar na hora certa. Ele concordou que se não levantasse exatamente na hora em que o alarme tocasse, o aparelho seria devolvido para a loja. Como um incentivo adicional, os pais de Nick concordaram que para cada manhã que ele acordasse com o alarme, poderia ter um bônus de dez minutos para jogar videogame de noite.

Em casa, a irmã mais nova de Nick deu a seguinte idéia: e se eles fizessem um CD com trilha sonora do jogo favorito dele? Assim, quando o alarme disparasse, Nick estaria instantaneamente conectado com a promessa de jogar os dez minutos de bônus, isso se ele se levantasse na hora, é claro. Já que a proposta das músicas de jogos era lhe dar um solavanco de adrenalina, a idéia parecia ser inspiradora. Nick baixou a trilha sonora, que tinha um ritmo rápido e pulsante, e começou a fazer as pazes com a ferramenta que antes temia – seu despertador.

Torne-se amigo das suas ferramentas de gerenciamento de tempo

Aqui estão algumas dicas que você pode tentar:

- Dê ao seu Palm ou à sua agenda um nome que ache engraçado, um traço inconfundível ou uma capa bem radical.
- Presenteie-se com um relógio de mesa ou de pulso de que você realmente goste.
- Tenha um calendário em que as folhas venham com piadas.

Elimine suas más impressões sobre estruturas e horários que possam estar impregnados em você, por lembrarem seu tempo de escola, quando foi forçado "a pintar dentro da linha pontilhada". Substitua essas ferramentas por associações agradáveis, que o conectem com o serviço valioso que elas lhe oferecem. Como Christopher Robin diz em *Winnie the Pooh*, de A. A. Milner, "organizar é o que você faz antes de fazer qualquer coisa. Para que, assim, quando você fizer algo, não esteja tudo bagunçado".

Remodelando

Quando você decide ver suas ferramentas de gerenciamento de tempo como aliadas, em vez de inimigas, está usando uma poderosa estratégia cognitiva chamada remodelagem. Essa prática de mudar seu ponto de vista tem esse nome porque se você remove a moldura do quadro, vê a mesma coisa, mas sob um novo foco e perspectiva. Pense em aproximar e afastar, ou ir de um lado para o outro com uma câmera ou um programa de computador como o Mapquest. O nível de detalhes e o centro mudam conforme o enquadramento da sua foto ou mapa.

Para se manter no percurso, remodele seus pensamentos de distração. Dê a eles novos significados, vendo-os como sinais úteis que lhe dizem que você precisa tomar uma atitude rápida. Se você vive se perdendo quando está lendo, faça disso um lembrete para se perguntar se precisa de uma pausa para repor as energias. Se for a hora da baixa de energia do dia, pense: "Eu preciso de uma atividade de alta estimulação". Quando você começar a se distrair, em vez de permitir de maneira passiva que sua mente comece a divagar, remodele sua perda de foco como uma pista que o ajuda a retomar o foco.

Remodelando falhas e erros

Winston Churchill também disse: "Sucesso é a habilidade de transitar de uma falha a outra sem perder o entusiasmo". Fazer isso ajuda-o a se manter centrado nos seus esforços e desligado de qualquer resultado em particular. A vida é um filme, não um quadro. Se você se definir por uma perda ou vitória em particular, vai ficar preso naquela moldura enquanto a vida segue seu curso.

Se você toma decisões que resultam em uma perda, remodele-as para o que realmente são: uma parte de seus esforços contínuos para seu aprendizado e obtenção de sucesso. Em vez de se punir, diga: "Eu estou orgulhoso de mim por tentar; o que posso aprender com isso?".

É mais fácil falar do que fazer. Todos nós preenchemos nossa cabeça com o que "deveríamos ter feito". Aprendemos a fazer isso quando somos bem jovens. Na escola, fazemos provas que são entregues para mostrar as respostas erradas, não as corretas. Os anúncios de revistas nos mostram jovens modelos com cabelos ao vento, rostos perfeitos e corpos que fazem com que nos sintamos inferiores quando nos olhamos no espelho. Ouça uma conversa sobre investimentos no mercado de ações. As pessoas ficam entusiasmadas em dizer que compraram ações do Google por 89, mas ninguém menciona o fato de tê-las vendido abaixo de 100, antes de irem para +500. A mensagem cultural é: ".Nós esperamos que você seja perfeito; e se você não for, é um perdedor. Sinta-se mal com isso". Mas a verdade é que se você não pode cometer um erro não pode cometer mais nada.

Quando você remodela o fato de cometer erros por ter tido a coragem de tentar, está no caminho certo. Quando bateu o recorde, Babe Ruth fez mais *home runs* do que qualquer outro jogador, mas ele também foi o mais derrubado. A ligação é obvia: ele bateu mais vezes na bola!

Quando você remodela o fato de cometer erros como um feedback do que pode aprender, está se igualando aos gênios. Quando perguntado sobre os resultados em seus experimentos para inventar a lâmpada, a famosa resposta de Edison foi: "Resultados! Porque, homem, eu tive vários resultados. Eu sei inúmeras coisas que não vão funcionar".

Da próxima vez em que você cometer um erro, remodele-o como um passo para o sucesso. Nas palavras do astro do basquete, Michael Jordan:

> "Eu perdi mais de 9 mil cestas durante minha carreira. Perdi quase 300 jogos. Confiaram em mim 26 vezes para fazer a cesta da vitória e eu as perdi. Eu falhei várias vezes durante a minha vida. E é por isso que fui bem-sucedido".

Remodelando "confortavelmente"

Pense na última vez em que você visitou uma cidade nova. No dia que chegou, tudo parecia estranho e fora do comum. Você provavelmente se sentiu meio perdido. Mas se ficasse lá tempo suficiente iria se familiarizar com o local. Na hora de ir embora, saberia para onde ir e se sentiria mais à vontade por lá.

Para aprender coisas novas precisamos tolerar um tempo de desconforto. Isso geralmente é conhecido como "sair da sua zona de conforto". Sua zona de conforto é o meio no qual sente-se familiarizado. Na sua zona de conforto, você se sente bem e relaxado. Quando você sai dela, por exemplo, ao visitar uma cidade nova, quebra o seu ciclo de experiência. A princípio, você pode se sentir hiperalerta e na defensiva. Mas, à medida que aprende sobre tudo o que está a seu redor, se sente mais tranqüilo. Sua zona de conforto se expande para um círculo maior.

Sua zona de conforto não é a sua zona de foco. Na verdade, algumas vezes você precisa sair da sua zona de conforto para encontrar sua zona de foco. Se você está muito confortável, vai ficar entediado e pouco estimulado para se focar. Você tem de se aventurar do lado de fora da sua zona de conforto para conseguir a inovação e a adrenalina de que precisa para se sentir alerta e vivo.

Em terapia, quando eu apresento uma ferramenta psicológica para as pessoas pela primeira vez – reescrevendo o passado ou o ensaio mental, por exemplo – muitas hesitam ou não aceitam. Elas dizem: "Eu não me sinto à vontade com isso". Então, uma semana depois, elas reconhecem que "não se sentir à vontade" era, na verdade, a resistência que elas tinham em mudar. Elas decidem superar suas resistências e tolerar alguns desconfortos temporários. E, quando vêem resultados, ficam felizes por terem tomado tal decisão.

Se você se sente desconfortável em tentar estratégias cognitivas, escute com novos ouvidos o que está dizendo para si. Remodele seu desconforto para um sinal de que você está aprendendo coisas novas.

A próxima vez em que precisar se remodelar para se sentir à vontade, qual tipo de autoconversação vai usar?

( ) Bom. Isto quer dizer que estou aprendendo.

( ) Eu estou feliz por isto ser diferente. Se eu estivesse fazendo a mesma coisa, por que eu teria resultados diferentes?

( ) Quero me sentir vivo. Quero aventura e descobertas.

Remodelando o medo da perda

Quando minhas filhas estavam no ensino médio, nós três fomos convidadas a aparecer em um programa de entrevista, State of Mind, televisionado na tevê a cabo pela Universidade de San Diego. Em um segmento do programa, minhas filhas fizeram parte de uma mesa-redonda com outros adolescentes. Como era de se esperar, a conversa sobre supercomprometimento com tarefas surgiu. Um jovem rapaz disse que ele se sentiu derrotado porque teve de desistir de jogar beisebol naquela primavera. Os outros adolescentes se solidarizaram com a história dele.

Eu sabia que minhas filhas estavam lutando contra o mesmo problema. Escutei cuidadosamente enquanto elas o encorajavam a olhar a situação de maneira diferente. "Você sabe que não é um derrotado por não poder jogar beisebol este ano", minha filha disse de maneira sábia. "Você é um vencedor porque está priorizando. É o que pessoas que sabem tomar decisões fazem".

Dava para notar que o garoto tinha ficado mais feliz (o fato de aquilo ter sido dito por uma menina bonita ajudou). Ele remodelou seu "não" e viu, em vez da negatividade, como se estivesse dizendo sim: era algo necessário para ele ser uma pessoa capaz de organizar a própria vida.

Remodelagem é um antídoto poderoso para o medo da perda, como você leu no Capítulo 6. Em vez de sentir que as pessoas têm vantagem sobre você por estarem fazendo algo que você não pode ou não consegue fazer, mude, para que assim sinta que é você que tem a vantagem, pois é maduro, toma boas decisões e é detentor do controle.

Da próxima vez em que precisar dizer não, embora seja sempre difícil, remodele-se com algo a adicionar e não a subtrair, pratique a autoconversação útil para preparar-se:

( ) Estou orgulhoso de mim por priorizar.
( ) Ainda bem que tenho o necessário para tomar decisões claras.
( ) Se eu continuar dizendo sim, então estarei perdendo – deixando de ser o chefe da minha própria vida.

Ensaio mental

No Capítulo 6, você leu sobre um exemplo de ensaio mental quando Mary se preparou para refazer o exame da Ordem dos Advogados. O ensaio mental é uma técnica de visualização. Quando a visualização é usada em conjunto, com uma preparação e com trabalho adequados, pode ajudar a melhorar os resultados. Mary se imaginou fazendo o exame focada repetidas vezes, e isso a ajudou a quebrar o padrão de autodefesa em relação ao que tinha acontecido com ela da última vez.

O psicólogo esportista sueco, Dr. Lars-Eric Unestahl, fez outra contribuição valiosa para esse campo da psicologia quando observou algo interessante sobre atletas de elite enquanto ensaiavam mentalmente: eles não praticavam somente o lado físico, mas também ensaiavam exatamente como queriam se sentir. Agora é mundialmente reconhecido que o ensaio mental pode ajudá-lo a controlar tanto a emoção quanto seu foco à medida em que está atuando, principalmente quando você precisa se manter calmo sob pressão.

Atletas usam o ensaio mental semanas antes de uma competição importante. Eles continuam a praticar o que querem pensar, sentir e fazer até o momento em que realmente têm de pensar, sentir e fazer. Quando estão visualizando um evento antes de ele ocorrer, chamam isso de "estratégia de pré-competição". Quando estão visualizando-o durante o evento, é chamado de "estratégia de competição".

Você pode fazer a mesma coisa para si quando for importante permanecer em sua zona de foco. Se tiver um evento importante, como por exemplo um exame, uma reunião de diretoria ou uma palestra, então poderá ensaiar mentalmente como quer se sentir, pensar e agir. Ao praticar isso próximo ao momento crucial, torna-se uma "estratégia de pré-concentração". Depois, quando você estiver lá e quiser recapitular o que praticou, visualize como gostaria de se sentir quando estiver sob os holofotes. Essa é sua "estratégia de concentração".

Relaxe quando você fizer um ensaio mental

A visualização funciona melhor quando você está em estado relaxado e receptivo. Muitos atletas usam o relaxamento muscular progressivo antes de ensaiarem mentalmente. Eles tensionam e relaxam cada grupo muscular, como você aprendeu a fazer na "chave de mudança de estado", no Capítulo 5. Alguns atletas preferem a auto-hipnose para se sentirem relaxados e receptivos, já outros gostam de meditar. Antes de você começar a ensaiar mentalmente, decida como vai relaxar – com relaxamento muscular, respiração dos quatro cantos, visualizando uma imagem relaxante. Escolha o método que melhor funcionar para você.

Use âncoras para ensaios mentais

Quando você ensaia mentalmente é eficaz usar uma palavra-chave ou um símbolo para se conectar com seu ensaio. Por exemplo: se está praticando para uma apresentação de vendas, repita a palavra "confiante" à medida que você ensaia. Assim, no dia, quando você disser a palavra "confiante", vai se conectar com a confiança que sentiu quando ensaiou.

Escreva uma carta para seu eu futuro

Quando você estiver antecipando um desafio do futuro, mande mensagens de reforços futuros. Escolha uma hora em que esteja decidido e confiante. Então, escreva um bilhete para si para que possa lê-lo mais tarde, quando precisar da força e da determinação que está sentindo agora.

Ginny estava em um programa de controle de peso, mas, algumas vezes, depois de um dia caótico, quando ia do trabalho para casa, comia compulsivamente. Enquanto se sentia decidida, escreveu para si um bilhete. Deixou-o na mesa da sala para ler logo que passasse pela porta – antes mesmo de chegar à cozinha –, caso tivesse outro dia particularmente estressante no trabalho:

"Querida Ginny

Vá com calma. Respire fundo. Pense no trabalho que teve cozinhando uma alimentação balanceada e indo às aulas de spinning. Mantenha isso em mente. Mantenha-se focada e pense em como você deseja ficar naquela calça jeans. Você consegue. Eu acredito em você.

Ginny"

Essa técnica é particularmente útil para pais que querem parar de ser fiscais da lição de casa dos filhos. Quando você está conversando com seu filho e ele está com um humor cooperativo, explique que gostaria de parar de ter de dizer para ele que é hora de fazer a lição de casa. Parece um pouco chato e nenhum de vocês gosta disso. Peça a ele para escrever um bilhete para "seu futuro eu". Pode ser simples, engraçado, com gírias de mensagens de texto – o que funcionar.

"Ei cara,

Sente-se e comece a fazer. Termine para que vc possa sair e brincar.

Este sou EU falando c/ vc."

Deixe que ele fique com o original e você com a cópia. Da próxima vez em que ele estiver adiando a lição de casa, dê a ele a chance de achar seu próprio papel e lê-lo. Se ele não achar, silenciosamente lhe dê a cópia. Dessa forma, você se mantém fora da situação. Ele está dizendo para si que é hora de começar.

Olhando à frente

Seu estilo de vida ajuda ou prejudica sua habilidade de prestar atenção? No Capítulo 9, você vai aprender as habilidades de comportamento – hábitos saudáveis –, para mantê-lo constantemente na sua zona de foco.

Capítulo 9
Habilidades de comportamento
Chaveiro 8

Um homem entra em um consultório com uma banana em um ouvido, um pepino no outro e um picles no nariz. Ele pergunta: "Doutor, qual é o meu problema?". O médico olha para ele e responde: "Você não está comendo corretamente".

— Uma velha piada de Vaudeville

Habilidades de comportamento são ações que escolhemos todos os dias, as quais se tornam hábitos que nos fazem ser quem somos. Hábitos corretos diários podem sustentar sua habilidade básica de se manter em sua zona de foco. Neste capítulo, você vai aprender o oitavo e último chaveiro, uma nova técnica para manter seu cérebro em forma e focado:

Chaveiro 8 – Hábitos saudáveis

Seja paciente quando decidir fazer uma mudança de estilo de vida. Novos hábitos levam tempo, exigem persistência, muito auto-encorajamento e autoperdão imediato. Isso ajuda a manter em mente que o cérebro é adaptável e muda com novas escolhas, como você leu no Capítulo 4. Quanto mais praticar, mais você fortalecerá suas regiões cerebrais, então, manter novos hábitos fica mais fácil com o tempo.

O chaveiro de hábitos saudáveis inclui três fortes chaves: estilos de vida calmo e focado; amigos que dão apoio; e liberto de bagunça.

Hábitos de autoderrota são difíceis de romper. Independentemente de essas ações o ajudarem ou o prejudicarem, é uma tendência humana natural justificá-las para si mesmo, para que evite discordância cognitiva. Na essência, discordância cognitiva quer dizer que você não pode manter dois pensamentos conflitantes ao mesmo tempo. Então, por exemplo, se acredita em eficiência mas de repente adia algo, seu cérebro instantaneamente assume que há uma razão para esse adiamento. E essa razão, ou uma variação dela, irá justificar um novo adiamento no dia seguinte.

Para prevenir a discordância cognitiva você precisa de objetividade – de sua auto-observação. Precisa colocar uma distância emocional entre você e suas ações para que assim possa ver o que está fazendo e desafie suas justificativas. Uma visão de fora no quadro geral o fará aceitar a necessidade de melhorar em relação à sua autoconsciência da situação em questão.

Imagine-se em um avião, em uma altitude de aproximadamente três mil pés (914 metros). As casas, pessoas e carros parecem miniaturas em um autorama. Do avião, você pode olhar para o chão e se ver com seus hábitos atuais. Agora fique a três mil pés enquanto lê este capítulo. Sua visão pelos olhos de uma ave irá ajudá-lo a fazer escolhas sobre seu estilo de vida, as quais podem favorecer sua atenção.

> Chaveiro 8 – hábitos saudáveis
> - Estilos de vida calmo e focado
> - Amigos que apóiam
> - Vivendo livre de bagunça

Estilos de vida calmo e focado

Estamos todos cientes do que significa ter um estilo de vida saudável, mas a maioria de nós tem espaço para melhorias. Isso ajuda a conhecer aquelas recomendações que está tentando seguir e a entender o impacto de suas escolhas na sua habilidade de se focar. Nesta seção, abordaremos: (1) dormir o suficiente; (2) boa nutrição; (3) a compreensão do uso de estimulantes; e (4) diversão e relaxamento.

1. Dormir o suficiente

A que horas você foi para a cama na noite passada? A que horas você acordou hoje de manhã? Você dormiu a noite inteira sem acordar? Quantas horas? Essa é a sua rotina?

Embora as necessidades individuais variem de pessoa para pessoa, a maioria dos adultos rende melhor se dormir aproximadamente oito horas por dia. A pesquisa afirma que sinais de privação de sono – incluindo uma diminuição da capacidade para a atenção focada – geralmente começam a acontecer em adultos que dormem menos de sete horas por dia. Se você dorme sete horas ou menos, precisa dormir mais – e você não está só. Mais de 60% dos americanos dormem menos de sete horas por noite.

Uma pesquisa atual mostra uma forte conexão entre a falta de sono e o distúrbio de déficit de atenção (DDA). Pessoas que são privadas do sono apresentam sintomas semelhantes ao DDA, e, aproximadamente, de 70% a 80% das pessoas com DDA têm dificuldade para dormir. A dificuldade mais comum é desacelerar o cérebro para dormir.

Outro problema comum em relação ao sono é a cafeína. Se você não dormiu bem na noite passada, vai ingerir mais cafeína hoje, o que novamente acarretará perda de sono.

Dicas para um sono melhor incluem:

- Reduzir a cafeína para somente o período da manhã.
- Deitar-se e levantar-se na mesma hora todos os dias.
- Não praticar atividades muito estimulantes perto da hora de dormir, especialmente assistir a programas de violência e terror.
- Praticar rituais relaxantes antes de ir para a cama, como por exemplo ouvir músicas agradáveis e fazer leitura inspiradora.
- Faça do seu quarto um santuário antiestresse, não deixe lembretes de trabalho ou de coisas que você tem de fazer.

2. Boa nutrição

A química cerebral equilibrada começa com uma dieta balanceada. O alimento é a matéria-prima através do qual as químicas cerebrais são construídas. Para ter resistência e percorrer a distância que precisa quando tem de se focar em algo, você precisa de um combustível que queime lentamente, com durabilidade.

Açúcar. Uma pesquisa atual sobre o distúrbio do déficit de atenção sugere que, para a maioria das crianças com esse diagnóstico, o açúcar não causa os sintomas de DDA. Os Institutos Nacionais de Saúde dos Estados Unidos conduziram estudos semelhantes, porém isolados, em que pais, membros da equipe médica e crianças participaram. As diferenças notadas no comportamento e no aprendizado foram informadas tanto nos dias em que houve ingestão de açúcar como nos dias em que isso não ocorreu. Outros estudos mostram que a "dieta Feingold", que elimina aditivos e açúcar refinado da comida, resulta em queda nos sintomas em apenas 5% das crianças com DDA.

Esses resultados nas pesquisas são informativos, mas não substituem o senso comum das pessoas. Na tradição das festas de aniversário de crianças pequenas, o bolo e os docinhos são servidos por último. O cérebro metaboliza a glicose, uma forma de açúcar contido em certos alimentos, como os doces. Carboidratos complexos são convertidos em glicose vagarosamente; já o açúcar refinado é convertido quase instantaneamente. Dessa maneira, seus padrões de energia são baseados no nível de açúcar do seu corpo.

Em qualquer idade – e tenha ou não DDA –, você pode apresentar afobação devido à quantidade elevada de açúcar, porém, mais tarde, fica esgotado. É melhor desfrutar o açúcar sabiamente e se manter calmo.

A barreira sanguínea cerebral. Ambos, álcool e cafeína, afetam nossa concentração. Para tomar decisões boas, é melhor conhecer e entender a barreira sanguínea cerebral. Composta de aproximadamente 643 quilômetros de capilares altamente especializados, essa fronteira protege o cérebro em um nível microscópico. Ela mantém fora todas as químicas que passam livremente pelo resto do corpo, mas permite que água e nutrientes passem por ali. Por causa de suas simples estruturas moleculares, algumas drogas como o álcool, a nicotina e a cafeína conseguem entrar, produzindo mudanças na maneira de pensar e agir das pessoas. Elas conseguem passar pela barreira para agir diretamente no cérebro.

A barreira sanguínea cerebral é como uma secretária enérgica que controla o acesso à sala do chefe. Ela permite que o cérebro carregue funções vitais e não desperdice a preciosa energia com interrupções desnecessárias e prejudiciais. Então, se você quer diminuir seu consumo de álcool ou cafeína, em vez de desistir de sua taça de vinho à noite ou de seu Red Bull à tarde, reformule sua escolha de outra maneira. Na vida real, todos nós sabemos que quanto mais importante o gerente, mais difícil é passar pela porta. Então, imagine que tem uma secretária ainda mais brava – o seu gerente pré-frontal, a região do seu cérebro que o mantém focado –, que é tão importante quanto.

Álcool. Ingerido com moderação, é relaxante e divertido. É bom como recreação, mas não contribui para a perspicácia mental, pois começa a obscurecer seu pensamento depois do primeiro copo, deixando seus reflexos lentos, enfraquecendo a memória temporária e induzindo à perda de inibição, o que torna difícil resistir à distração. As pessoas metabolizam o álcool de maneiras distintas, mas a maioria delas alcança uma graduação alcoólica no sangue de 0,02% a 0,03% a cada copo, processando isso na taxa de 0,01% a 0,015% por hora.

Como referência, basta saber que, segundo a lei, "dirigir sob o efeito do álcool" equivale a apresentar entre 0,05% e 0,07% e, "estar alcoolizado", a 0,08%. O déficit de atenção é notado em 0,02%, sendo que a atenção normal não é restaurada de maneira rápida. Isso acontece porque o álcool aumenta a transformação da dopamina em norepinefrina. Então, depois que você bebe, precisa de um tempo de recuperação para reordenar essas químicas cerebrais, que são importantes para mantê-lo focado.

Se você ficar muito intoxicado, poderá não recuperar suas funções de foco por um dia ou dois. Isso porque o álcool mexe na "arquitetura" do seu sono. Em outras palavras, quebra o ciclo de ondas cerebrais que o leva ao estado REM ou de sono profundo, aquele de que você precisa para que suas químicas cerebrais voltem aos níveis normais. Em laboratórios do sono, quando é permitido que os pacientes durmam, mas sem entrar no estado REM, eles continuam com sintomas de privação de sono e cansaço. Pela mesma razão, quando você tem problemas com o fuso horário, assunto que vamos abordar no Capítulo 11, leva mais tempo para se adaptar, se beber bebidas alcoólicas.

Cafeína. Mundialmente, a única bebida mais consumida do que o chá é a água – embora o café já esteja bem próximo. De acordo com um artigo publicado na *National Geographic* em janeiro de 2005, todo dia útil a Starbucks abre quatro novas lojas em algum lugar do planeta e contrata mais de 200 novos empregados.

A cafeína estimula o sistema nervoso central. Ingerida moderadamente, aumenta sua percepção de alerta, reduz a fadiga e melhora o desempenho de atividades mentais que requerem atenção, especialmente em condições monótonas. Quando você usa muita cafeína, os efeitos colaterais incluem nervosismo, inquietude e ansiedade. Embora ela prolongue o estado de alerta que o mantém acordado, a cafeína não substitui a necessidade de dormir. Quando os efeitos acabam, o entusiasmo míngua.

A cafeína é rapidamente absorvida pela corrente sanguínea. Sua meia-vida – o tempo necessário para o corpo eliminar metade da quantidade consumida – é de três a sete horas. Em outras palavras, às sete horas da noite você ainda está metabolizando metade da cafeína do café que bebeu às duas horas da tarde; e às 11 horas da noite está metabolizando um quarto dessa mesma cafeína. Ou seja, leva cerca de 15 a 35 horas para eliminar 95% da cafeína.

A meia-vida da cafeína é altamente variável. Fumar a faz cair pela metade e tomar pílulas anticoncepcionais dobra essa meia-vida. Seus efeitos dependem da sua idade e de uma série de outros fatores. É de grande valia manter isso em mente, se todo mundo o persuade pedindo um cafezinho enquanto você está tentando parar. Não se compare com os outros: seu cérebro e sua situação são individuais para você.

É útil saber a quantidade aproximada de cafeína que você está ingerindo. A revista *National Geographic* e um relatório da Universidade de Stanford listam essas quantidades:

350 ml de café fervido ("grande" na Starbucks) – 200 mg
350 ml de café instantâneo (proibido na Starbucks) – 145 mg
350 ml de café descafeinado – 7,6 mg
175 ml de expresso – 240 mg
230 ml de chá preto – 50 mg
230 ml de chá verde – 30 mg
600 ml de refrigerante de cola – 57 mg
240 ml do energético Red Bull – 80 mg
2 comprimidos de analgésico – 130 mg
175 ml de chocolate – 25 mg

3. O uso inteligente de estimulantes

Agora que você entende o que é necessário fazer para se manter focado, consegue enxergar o benefício do uso estratégico de estimulantes. Eles podem aumentar seu nível de atividade por meio da produção de mais adrenalina no cérebro. Mas, como você já sabe, quanto mais você os usa, mais tolerante fica. A mesma quantidade já não lhe dá o mesmo nível de energia, então, você fica mais motivado a usar mais estimulantes para obter a mesma resposta.

Estimulantes são atrativos; mas como hábito é melhor usá-los em quantidades moderadas, apenas o suficiente para lidar com um trabalho entediante muito extenso, sem chegar a extremos. Quantidades moderadas vão mantê-lo alerta. Em estudos realizados durante um mês no Brigham and Women's Hospital, em Boston, 16 voluntários tomaram pílulas para se manterem acordados, sem saber se tratava-se de placebo ou cafeína. Os resultados mostraram que pequenas doses de cafeína freqüentes durante o dia mantiveram o estado de alerta melhor, mais do que quando se toma uma xícara grande de café pela manhã.

Para usar um estimulante sabiamente, considere a quantidade necessária, o tempo de duração e quão perto está da hora de dormir.

Cafeína como uma estratégia. Geralmente, ingerimos mais cafeína do que precisamos – não só porque criamos uma certa tolerância, mas porque a consumimos da maneira que ela vem descrita no cardápio – não é uma boa estratégia de marketing apresentar um produto "pequeno".

Na rede Starbucks, você pode pedir um "Tall", "Grande" ou "Venti". (Em alguns lugares, há uma xícara pequena disponível, mas ela não aparece no cardápio.) Quando seu propósito é vencer o tédio, será instigado a pedir o tamanho maior para que dure por mais tempo. Mas você pode beber um Venti descafeinado ao mesmo tempo em que bebe um com cafeína – assim pode balancear a quantidade de cafeína que consome ao misturá-los. Vamos analisar matematicamente. (Essas estimativas são para misturas de cafés à moda da casa e o café da semana, sem incluir expresso ou mistura com bebidas especiais):

Tamanho	Descafeinado	Com cafeína	Mistura de bebidas com e sem cafeína
Tall (350 ml)	7,6 mg	200 mg	7,6 a 200 mg
Grande (450 ml)	10 mg	267 mg	10 a 267 mg
Venti (600 ml)	12,5 mg	334 mg	12,5 a 334 mg

Quando você solicita metade com cafeína e metade sem cafeína, ou dois terços de descafeinado e um terço de cafeinado, você tem mais opções e mais controle. Na verdade, "desaparecimento gradual" é um método muito útil para você cortar a cafeína de maneira progressiva. Com o tempo, gradualmente você diminui o cafeinado e aumenta a quantidade de descafeinado na mistura que você pede ou no café que prepara em casa. Algumas pessoas preferem cortar o hábito subitamente para recalibrar a ingestão de cafeína até uma dose muito pequena (e seus companheiros preferem sair da cidade quando eles fazem isso!).

Estimulação eletrônica. O crescimento atual do entretenimento eletrônico é inédito. Por um lado, programas de alta qualidade fornecem notícias informativas, narrações complexas e um humor diferenciado. Muitos videogames contribuem para melhorar nossa lógica, a razão abstrata e a coordenação – habilidades que carregamos para muitas áreas da vida. Em um estudo, por exemplo, cirurgiões que jogaram um jogo chamado "Super Monkey Ball" por mais de três horas por dia aprimoraram habilidades para cirurgias via laparoscopia – um procedimento que usa uma câmera minúscula e ferramentas que funcionam por meio de um controle para cortar e suturar – do que aqueles que não jogaram.

Por outro lado, a tevê toma tempo e entorpece a mente, principalmente assisti-la durante o jantar, em vez de conversar e se relacionar com seus familiares depois de um dia duro de trabalho ou de uma aula tensa. A maioria dos centros de reabilitação para viciados já oferece tratamento para abusos no uso da internet e jogos como "EverQuest", cujo apelido é "EverCrack", por ser extremamente viciante. Estamos construindo novas perspectivas com o uso da estimulação eletrônica, descobrindo suas recompensas e riscos.

Lampejos. Nós ainda não sabemos quais são os efeitos causados por esses lampejos eletrônicos sobre nosso cérebro, como o pulsar da luz que é emitida pela tela rapidamente durante o jogo. O reconhecimento de que um lampejo de luz possa causar alteração no nosso subconsciente é tão antigo quanto a descoberta do fogo. Antigos índios xamãs e trovadores usavam a mágica das fogueiras nos acampamentos para aumentar o poder da história que contavam.

Os cientistas desenvolveram um instrumento chamado taquistoscópio para estudar os efeitos desses lampejos. Descobriram que tais lampejos alteram os padrões das ondas cerebrais, mas nem todos são parecidos. A chama de uma fogueira induz um estado padrão de eletroencefalograma relaxado, conhecido como coerência cerebral; mas os lampejos da tevê e dos jogos eletrônicos, além de ter atração hipnótica, causam efeitos de ruptura das ondas cerebrais.

Tevê e atenção. Um estudo publicado no jornal médico *Pediatrics* mostra uma forte conexão entre assistir à tevê nos primeiros anos de vida e ter déficit de atenção mais tarde. Pesquisadores relacionaram as horas de tevê assistidas por 1.300 crianças de um a três anos de idade, com a pontuação verificada em problemas de atenção aos sete anos. Foi mais comum os telespectadores assíduos atingirem a nota máxima de 10% – por terem problemas de concentração. Cada hora adicionada de tevê assistida aumenta o risco em 10% de uma criança vir a ter problemas. A Academia Americana de Pediatria atualmente recomenda que crianças, do nascimento aos dois anos, não assistam à tevê.

Eletrônicos e autoconsciência. Para se manter equilibrado enquanto está ligado aos seus aparelhos eletrônicos, pratique as chaves de autoconsciência que aprendeu no Capítulo 5. Tenha o hábito de se perguntar: "O que eu poderia fazer agora mas não estou fazendo?". A internet não é um livro, portanto, você nunca chegará na última página, então, decida quando parar para ficar um tempo com sua família, amigos ou junto à natureza. No Capítulo 10, você vai aprender mais dicas para continuar produtivo enquanto procura ou pesquisa algo na rede.

Libertando-se do abuso de estimulantes. Ao usar um medicamento, você pode obter benefícios ou malefícios. O custo também deve ser levado em consideração. Alguns estimulantes propiciam uma troca ruim, pois bombeiam a sua adrenalina e aumentam o seu estado de alerta, mas prejudicam seu cérebro e corpo. Você paga um preço muito alto pelo resultado obtido.

Atualmente os estimulantes têm uma grande força sobre nós, e todos temos um limite para o vício. Se você precisar de ajuda profissional, vá buscá-la. Pense em como vai ser bom retomar o controle da sua vida.

4. Bom estado físico

Exercícios regulares diminuem o nível de estresse causado por substâncias químicas. Com menos norepinefrina, seu cérebro mantém uma química balanceada, permitindo que você conserve seu foco.

Na minha prática clínica, vi melhoras notáveis na capacidade das pessoas em se manterem calmas e focadas, uma vez que adotaram uma rotina de exercícios. Como uma senhora observou: "Após me exercitar, minha cabeça fica no lugar".

Alguns esportes como artes marciais, tênis e golfe requerem que você aprenda e pratique continuamente as habilidades de foco. Mas qualquer atividade que o faça mexer-se, vai ajudá-lo a reabastecer as suas químicas cerebrais necessárias para manter a clareza mental e diminuirá a predisposição para se distrair.

Qual o melhor esporte para mantê-lo focado? A resposta é simples. É o esporte que você gosta o suficiente para praticar!

5. Relaxamento e diversão

Meditação, auto-hipnose, ioga, crenças, jantar com a família: qualquer atividade rotineira que diminua a tensão também colabora para aumentar sua atenção.

Estudos de imagens cerebrais sugerem que pessoas que meditam diariamente obtêm benefícios únicos, como foi dito no Capítulo 4. Na minha vivência, trabalhei com pessoas que gostavam de meditação e com pessoas que tentaram a prática, mas descobriram que aquilo não funcionava para elas. A meditação é um ato consagrado e poderoso para aumentar o foco diário. No entanto, você precisa procurar o que funciona melhor para você. Comece com algo simples, que goste, como por exemplo dar uma volta.

No Capítulo 5, você aprendeu métodos de relaxamento para reduzir sua pontuação de adrenalina quando está tenso, sente-se provocado ou encontra-se em um estado de lute-ou-fuja. Se desejar obter uma melhora real no quadro geral de sua capacidade de manter-se calmo sob pressão, tente reservar diariamente um tempo para relaxar.

Relaxamento e fuga. Algumas vezes é difícil relaxar, pois pensamentos e sentimentos não bem-vindos podem aparecer. Na verdade, a maioria das pessoas se mantém extremamente ocupada para evitar emoções desagradáveis, como a culpa, o ressentimento ou a ansiedade.

Distrair-se com qualquer outra coisa é um bom mecanismo para enfrentar algo quando você não pode fazer nada em relação à fonte de seus problemas, como foi dito no Capítulo 6 sobre os pensamentos de substituição. Mas se manter-se ocupado for sua resposta automática para quando algo o incomoda, você bloqueará sua habilidade de resolver problemas.

Ao diminuir o ritmo para relaxar, repare se está triste, agitado ou ansioso, observe o que acontece quando você reserva um tempo para uma pausa. Você está solitário? Bravo com alguém? Nervoso por causa de dinheiro? Então veja o que acontece quando identifica seu problema calmamente e procura uma solução racional.

Gary, um ambicioso corretor, geralmente tinha tempo para sua família apesar de seu horário atribulado. Ultimamente, no entanto, estava ficando até tarde no escritório, levando tarefas para casa e trabalhando até aos domingos. Sua esposa finalmente insistiu para passarem um fim de semana relaxante. No começo, Gary protestou, mas sua esposa fez reservas para eles passarem a noite numa cabana nas montanhas que ele adorava. Na volta do passeio, dirigindo para casa, no domingo, conversaram sobre os bons momentos que passaram juntos. À medida que falavam sobre o passado, Gary pensava no seu aniversário, que estava chegando, e pela primeira vez relacionou seu recente comportamento frenético com o fato de estar prestes a completar 40 anos. Assim, contou em segredo para a esposa que esperava ser um corretor independente quando chegasse nessa idade. A tensão foi abandonando seu corpo à medida que admitia isso, e eles deram início à primeira de muitas conversas que teriam, para fazer um plano em que Gary começaria o seu próprio negócio.

A fuga é como um telhado com goteira. Quando chove, fica ensopado para subir e arrumar o vazamento; mas quando faz sol, quem liga para a goteira? Quando você está em plena crise ou fazendo o controle dos estragos após uma tempestade, não encontra tempo necessário ou apoio psicológico para descobrir como parar de se magoar.

Pessoas com personalidades difíceis de lidar, como a do tipo A, dizem que não podem relaxar. Se isso o descreve, pratique a estratégia da remodelagem. Decida que você vai tolerar o desconforto inicial de aprender algo novo. Então, observe enquanto esses seus novos hábitos adicionam energia a você para se manter focado e equilibrado.

Aprendendo a relaxar. Monges budistas que meditam diariamente podem diminuir seus batimentos cardíacos e controlar outras funções supostamente involuntárias do sistema nervoso autônomo, algo que a maioria das pessoas não pode controlar pela vontade. Você pode levantar seu braço direito, por exemplo, instantânea e diretamente. Mas, se quiser diminuir seus batimentos cardíacos, precisa estar imóvel e aberto ao relaxamento, usando um método mais sutil conhecido como "vontade passiva".

Um método para diminuir o funcionamento do sistema autônomo – e que mostrou eficácia – é a "resposta ao relaxamento", desenvolvido por Herbert Benson, MD. Esse método consiste em quatro passos:

1. Feche os olhos.
2. Relaxe os músculos.
3. Respire devagar e profundamente.
4. Repita uma palavra ou frase simples com efeito calmante. Benton sugere a palavra "um".

Uma visita de alienígenas. Quando ensino voz passiva em workshops de controle de estresse, uso essa história para descrever como funciona:

> Vamos imaginar que um alienígena desceu na Terra e vem de um planeta onde não se dorme. Ele nos vê dormindo, parecemos tão tranqüilos... E ele nos ouve conversando sobre fantasias incríveis que chamamos de sonhos. Ele também quer aprender a dormir. O que você diria a ele?
>
> Geralmente, as pessoas dão respostas como: "Encontre um lugar escuro e silencioso", "Deite e feche os olhos" e "Conte carneirinhos".
>
> Eu respondo: "Exatamente. Coloque todas essas respostas juntas e estará dizendo ao alienígena para que imite uma pessoa dormindo, até que se torne igual a ela. Essa é a melhor definição de vontade passiva que conheço. Você imita uma pessoa em estado relaxado até que se torne como ela".

Gratidão. Nos anos 1970, tive o privilégio de participar de uma das últimas conferências de ensino conduzidas por Hans Selye, o descobridor do estresse biológico. O dr. Selye nos ensinou que os únicos pensamentos fortes o bastante para competir com o estresse são os de gratidão. Guardei aquela idéia dentro de mim porque ia ao encontro do que eu acreditava. Quando me sentia bombardeada por causa das demandas da faculdade – prazo de entrega de trabalhos, testes, ter mais dias do mês sobrando do que dinheiro –, me sentia bem quando repetia frases de gratidão como: "Sou grata por ter esta oportunidade", "Sou grata por tudo que estou aprendendo", "Sou grata pelo dinheiro que tenho".

Anos depois, à medida que os cientistas aprendiam mais sobre as químicas cerebrais, ficou evidente que o dr. Selye estava muito à frente de seu tempo. Quando sentimos gratidão, estimulamos a produção de serotonina, que desacelera a cascata de químicas do estresse. Em outras palavras, pensamentos de gratidão diminuem a química cerebral lute-ou-fuja, a norepinefrina, e nos faz retornar a um estado de relaxamento-alerta.

Você pode já ter descoberto esse efeito em você. Da próxima vez em que estiver na mira das demandas que o cercam, lembre-se de usar a autoconversação de gratidão para vencer seu estresse:

- Sou grato pela minha vida, saúde, família, amigos e lar.
- Sou grato pelo dia de hoje.
- Sou grato por tudo que tenho.
- Sou especialmente agradecido por _____.
- Neste momento, me sinto agradecido por _____.

Humor. Diversão é um estimulante natural, sorrir reduz a tensão. Nós tendemos a pensar que para aumentar nosso foco, temos de ficar sérios. Porém, para sustentar o foco, geralmente temos de relaxar um pouco.

Existe uma antiga piada que diz o seguinte: havia três passageiros em um avião pequeno; um velho padre, um adolescente e o homem mais esperto do mundo. De repente, o motor do avião pára e o piloto é obrigado a ejetar. Mas, antes de pular, diz para os passageiros que só sobraram dois pára-quedas. O homem mais esperto do mundo diz que é responsável pela posteridade, por isso, tem de se salvar, assim salta também. O velho padre olha para o estudante e diz: "Pegue o último pára-quedas, meu filho, eu tive uma vida completa, cheia de realizações, e a sua apenas começou". "Não se preocupe, padre", responde o garoto. "O homem mais esperto do mundo acabou de pular do avião com a minha mochila."

Fé sim, medo não. Quando você acredita em si – em suas habilidades, seu futuro e nas possibilidades da sua vida –, constrói uma poderosa química cerebral que sustenta seu foco e sua motivação. Usar a autoconversação de encorajamento ajuda. Por exemplo, diga: "Eu consigo aprender isto"; ou pronuncie palavras-âncoras como "confiança" ou "sim".

Os atletas dizem "Eu consigo fazer isto" quando estão ultrapassando seus limites, por exemplo, tentando correr mais alguns quilômetros ou tentando levantar mais dez quilos de peso. Diga isso também quando você sentir que não consegue enfrentar uma tarefa tediosa, porém necessária, porque ela é muito maçante ou por estar muito distraído. Dê uma chance a ela. Diga com sinceridade: "Eu consigo fazer isto", da mesma maneira que você apoiaria um amigo.

De certa maneira, a batalha mítica entre fé e medo é travada em um nível molecular. Auto-afirmações persistentes de fé e confiança aumentam o nível de serotonina, regulam a dopamina e mantêm a norepinefrina em níveis ótimos. A fé ganha; o medo perde. Mas quando você deixa o medo e a dúvida tomarem conta de si, a norepinefrina o domina; o medo ganha; a fé perde.

Use todas as estratégias cognitivas que puder – autoconversação, remodelagem, pensamento de substituição – para manter a fé em você mesmo. Quando faz isso, você gera químicas cerebrais que o ajudam a manter seu foco.

Amigos que dão apoio

Se você quiser promover o foco na sua vida, escolha amigos que o valorizem. Neurônios-espelho – o mecanismo cerebral para o aprendizado social – nos deixam mais influenciáveis. Se seus amigos têm estrutura e equilíbrio, você naturalmente vai espelhar essas qualidades.

Um amigo pode ajudá-lo a atingir seus objetivos ou fazer com que se afaste deles intencionalmente. Se seus amigos têm objetivos significativos, vocês vão apoiar o esforço um do outro para se manterem focados. Se eles não têm objetivos ou são obcecados por eles, estão mais dispostos a levá-lo com eles para um dos extremos da curva em "U" invertido.

Todos precisam desabafar, mas amigos que reclamam muito drenam a sua energia. Imponha um limite de dez minutos para reclamações. Bem ou mal, nosso cérebro tende a se sincronizar com o cérebro daqueles com quem passamos a maior parte do tempo. Então faça os neurônios-espelho funcionarem a seu favor.

Um mentor pode ser um amigo

Em tempos de estresse, é especialmente importante ter amigos que o apóiem. Esse amigo pode ser um namorado, um membro da família, ou mesmo um mentor.

Certa vez, quando eu era estagiária no Parkland Memorial Hospital, em Dallas, no Texas, estava fazendo a ronda com um jovem residente brilhante que ali fazia seu intercâmbio. Longe de casa e da família, ele começava a se render devido às demandas do programa. Estava chegando atrasado para fazer a ronda, adiando o preenchimento da papelada e perdendo sua habilidade de concentração. Era o ano de 1975, antes da era dos antidepressivos modernos. Eu me senti inútil, exatamente como os outros estagiários se sentiam no programa. Nós mal conseguíamos fazer nosso próprio trabalho, quanto mais fazer o dele.

O chefe da psiquiatria acolheu aquele jovem debaixo de sua asa. Eles conversaram e concordaram que, por um tempo, o chefe iria ligar pessoalmente para ele todos os dias, e três vezes por semana eles iriam correr. A diferença que essa simples prática fez foi chocante. Em questão de semanas, o estagiário retomou seu nível de desempenho comum.

Parceiros fazem a diferença

Se você tem um objetivo ou um projeto em que vai precisar de um aumento na motivação, ligue para um amigo com um interesse similar ao seu; marque um encontro com ele. Uma pesquisa mostra que estabelecer parceria melhora a persistência de pessoas que estão tentando manter uma rotina, como fazer exercícios físicos, por exemplo. Se você trabalha em casa, ter um compromisso marcado na agenda adiciona estrutura ao seu dia.

Pense em três amigos que o apóiam. Como você mantém essas amizades? Qual foi a última vez que ligou para eles? Inicie um contato, mande uma mensagem para eles.

Escreva o nome desses três amigos que o apóiam, a última vez que você entrou em contato com eles e quando planeja entrar em contato de novo.

Amigo que o apóia	Último contato	Próximo contato
_____	_____	_____
_____	_____	_____
_____	_____	_____
_____	_____	_____

A melhor maneira de ter amigos que o apóiam é apoiá-los também. Tire um tempo para apoiar seus amigos:

- Entre em contato com eles sempre que puder. Coloque um lembrete na sua agenda ou Palm.
- Deixe-os saber que você valoriza a amizade deles.
- Seja um bom ouvinte. Esteja disposto a dar-lhes sua total atenção.

Quando penso em neurônios-espelho, sou lembrada de que somos todos intimamente programados para sermos criaturas sociais. Tenho o mesmo pensamento quando vejo crianças brincando. Algumas vezes, tudo o que elas querem é passar um tempo com um amigo de que gostam. Isso faz com que se sintam mais felizes e fortes.

Robert Louis Stevenson uma vez disse: "Um amigo é um presente que você dá a si mesmo". Seja o melhor presente que seu amigo pode ter e também se dê o melhor presente.

Vivendo livre de bagunça

A bagunça é uma distração. Seus olhos e cérebro têm muitos lugares para divagar. Fotos, obras de arte e decorações agradáveis fornecem um estímulo adicional que o ajuda a permanecer na sua zona de foco. Mas pilhas de papel e amontoados de coisas roubam impiedosamente sua atenção.

A bagunça contrapõe-se ao ato de tomar boas decisões. Pense por um minuto. Qual a razão real que o faz não querer lidar com aquele arquivo, artigo de revista, relatório de finanças, uma carta antiga ou o trabalho de artes de seu filho? É indecisão, não é? Você não quer jogar fora, mas também não quer se comprometer a ficar com eles. Então, uma pilha vai se formando.

Não há problema em excluir e-mails sem importância. E não há problema em manter recibos de que vai precisar para a restituição do Imposto de Renda. Mas o que você faz com todo o resto que está ali no meio? Você não sabe ao certo! Por causa disso, a incerteza causa ansiedade, você protela a decisão simplesmente adiando. "Por agora", você pode colocar isso naquela prateleira ali.

Todos nós sabemos: lide com a papelada somente uma vez. Trabalhe nela, então a arquive ou descarte-a. Mas isso é como dizer: "Coma seus vegetais". O problema não é saber o que fazer; é fazer o que sabemos. Isso vale para limpar qualquer tipo de bagunça – arquivos de computador, itens domésticos e até obrigações sociais. Uma maneira é entender a força psicológica por trás da bagunça e depois vencê-la.

Aversão à perda

Em 2002, Daniel Kahneman, Ph.D., dividiu o prêmio Nobel em economia pelo seu trabalho sobre como tomar decisões sob condições de incerteza. Ele e Amos Tversky, Ph.D., conduziram uma série de experimentos que mostraram como as emoções afetam as decisões e como o modelo afeta as emoções.

Suas descobertas mostraram que seres humanos demonstram aversão à perda. Em outras palavras, as pessoas se arriscam mais em evitar a perda do que em realizar um ganho. Em um estudo, quando dada uma escolha hipotética entre ganhar "com certeza três mil dólares" ou "talvez ganhar quatro mil dólares, embora com grandes probabilidades", cerca de 80% das pessoas responderam que escolheriam o certo, ganhar três mil dólares. Mas quando foi dada a mesma escolha, porém entre "a certeza de perder três mil dólares" e "talvez a possibilidade de perder quatro mil dólares", somente 8% das pessoas optaram pela certeza da perder três mil dólares. A maioria das pessoas – neste caso, 92% delas, não queriam encarar o momento de abrir mão de algo valoroso, por isso, adiavam e esperavam que não precisassem lidar com a situação de forma alguma.

A aversão à perda ajuda a explicar o acúmulo de bagunça. Nós não estamos certos do que tem valor ou não tem. Então, adiamos a decisão, mesmo que estejamos correndo o risco de perder mais. Preferimos desistir do meio em que vivemos do que enfrentar o pânico de jogar algo fora, algo do qual talvez precisemos mais tarde.

O efeito da doação

Outra força que contribui para a bagunça é o efeito doação: a maioria das pessoas que recebe um objeto vai instantaneamente valorizá-lo mais do que fazia antes de recebê-lo e mais do que outros o valorizam.

A demonstração mais conhecida desse efeito é um experimento conduzido na Universidade de Cornell, em que os pesquisadores deram aos alunos uma caneca ou uma barra de chocolate aleatoriamente, com valores de mercado idênticos. A princípio, os pesquisadores concluíram que a metade dos estudantes preferia determinado item. Posteriormente, eles deram aos participantes uma chance de trocá-los. Porém, somente 10% fizeram a troca, diferentemente dos 50% que foram previstos de forma incisiva pela teoria econômica.

Os itens da sua casa têm mais valor para você do que para qualquer outra pessoa – você os escolheu, os usa e eles suprem sua necessidade individual de acordo com o efeito da doação, embora você os valorize por razões que vão além das funções para que servem. Você os valoriza pela simples razão de que são seus.

Reaja remodelando

Uma pesquisa sobre como tomar decisões mostra que a maneira como você elabora uma questão pode mudar o resultado que tem dela. Em uma tarefa, as pessoas estavam dispostas a aceitar a inflação para reduzir o desemprego de 10% para 5%, mas não para aumentar o emprego de 90% para 95%. Nossas ações dependem da maneira como as escolhas são apresentadas a nós.

Para organizar a bagunça, refaça a questão que faz a si mesmo quando está prestes a adiar sua decisão. Pense menos no que pode perder se excluir algo e mais no que certamente vai ganhar: espaço, ordem e um local de trabalho efetivo.

Aqui estão alguns exemplos de autoconversações de reafirmação para ajudá-lo a superar o medo da perda. Adicione os seus:

( ) Estou criando meu espaço – para trabalhar, relaxar, respirar.
( ) Quando minha mesa está limpa, meu pensamento também está.
( ) Sinto-me mais relaxado quando consigo ver espaço aberto na minha frente.
( ) Uma sala em ordem, uma mente em ordem.
( ) Eu tirarei um tempo para procurar e organizar minhas coisas.
( ) Gosto do sentimento de saber que posso encontrar o que preciso quando preciso.
( ) Gosto de me sentir livre. Tenho minhas coisas, elas não me têm.
( ) _____
( ) _____

Outra maneira de eliminar a aversão é mudar o próprio modelo e dar a ele uma conotação positiva. Por exemplo: você pode usar a metáfora da perda de tempo, aquela que a maioria de nós anseia. Tente estas e adicione as suas:

( ) Eu gosto de me sentir em forma – com meu corpo, no escritório e na minha casa.
( ) Eu demoro para ganhar uns quilos extras, mas consigo perdê-los em até uma tarde.
( ) No meu espaço de trabalho, menos é mais.
( ) _____

Por razões sentimentais

Algumas vezes é mais difícil eliminar a bagunça caseira por causa das memórias pessoais que ligamos às nossas coisas. Como podemos lidar com bichos de pelúcia, velhos cartões e souvenirs se eles nos conectam com sentimentos que queremos preservar?

Por um lado, a tecnologia digital ajuda muito. Você pode tirar fotos de lembranças antes de eliminá-las. Isso é especialmente útil quando as crianças têm de dizer adeus a seus brinquedos prediletos, que já não estão mais de acordo com suas idades. Por outro lado, a tecnologia digital é responsável por novas formas de bagunça. Quando as câmeras tinham filme, você guardava cerca de dez fotos de um evento especial. Atualmente, com a tecnologia digital, você tem centenas de fotos de um mesmo evento. À medida que o computador cresce em gigabytes, a bagunça digital cresce também.

Você pode reduzir a bagunça digital sentando, organizando seus arquivos, fazendo o melhor uso do seu software e adicionando um drive externo. O Capítulo 10 lhe dará mais idéias para organizar seu computador. Mas desistir de livros velhos, fitas e bugigangas requer um esforço emocional mais difícil: o desapego. Você precisa dizer adeus à experiência de manter essas memórias em suas mãos.

Uma dica útil para limpar a bagunça em casa é olhar para a frente e não para o passado. O espaço que você cria é seu espaço futuro. Quando você faz caridade doando o que não precisa mais, esses objetos serão mais úteis para outras pessoas do que o são para você agora. Pense mais para aonde você vai do que onde você esteve.

Aqui estão alguns exemplos de autoconversações para se desprender da bagunça caseira:

( ) Estas memórias estão no meu coração, isto é o que realmente importa.
( ) A vida dará a mim o que preciso toda vez que eu desejar me lembrar destes sentimentos.
( ) Alguém poderia usar este objeto muito mais do que eu estou usando.
( ) Sou grato por ter tido isto e estou ansioso para ver o que me aguarda.

Parte III

Estratégias da era digital para o sucesso

Com as novas chaves balançando em seu bolso, você vai querer colocá-las em prática imediatamente. Algumas irão destrancar respostas para os problemas diários que você enfrenta, outras são chaves de ignição para dar a direção e o foco necessários para alcançar seus objetivos pessoais.

Na parte III deste livro, você vai aprender a usar suas novas chaves para driblar o mundo de distrações da atualidade. O Capítulo 10 explica como elas podem ajudá-lo a gerenciar as interrupções e a sobrecarga. O Capítulo 11 revela maneiras de usá-las em casa ou no trabalho, e o Capítulo 12 ensina novas maneiras para entender os distúrbios de déficit de atenção (DDA) e como se beneficiar do uso das chaves, caso alguém apresente o distúrbio.

Colocando os oito chaveiros em prática, todo mundo pode vencer a distração e a sobrecarga.

Capítulo 10
Vencendo a interrupção e a sobrecarga

Você está recebendo esta notificação automática porque não estou no escritório. Se eu estivesse, provavelmente você não receberia nenhuma resposta.

— NÚMERO I NA LISTA DE "MELHOR RESPOSTA QUANDO SE ESTÁ AUSENTE DO ESCRITÓRIO", CIRCULADA NA INTERNET EM 2006.

Este capítulo apresenta estratégias para dois problemas que estão sempre presentes no ambiente de trabalho e no mundo propenso a distrações em que vivemos hoje em dia. Na verdade, se você começasse a ler este capítulo no trabalho, provavelmente já teria sido interrompido.

Lidando com as interrupções

Gloria Mark, Ph.D., é professora de informática. Em 2004, após observar por cerca de uma hora cada funcionário de escritórios de empresas de alta tecnologia, ela e seu grupo de pesquisa da Universidade da Califórnia, Irvine, reportaram que funcionários ficam por volta de onze minutos trabalhando em um projeto até serem interrompidos e mudarem para outra tarefa. Depois, levam cerca de 24 minutos para retomar a tarefa anterior.

O estudo da Dra. Mark mostrou algo mais: nem todas as interrupções são negativas. Geralmente, o telefonema ou o e-mail que interrompeu a concentração do funcionário acabou por trazer exatamente a informação de que ele precisava. Essa constatação estava de acordo com uma pesquisa já realizada e publicada na Academia de Revisão de Gerenciamento. Interrupções são intrínsecas à maneira como trabalhamos; alguns especialistas dizem que somos "direcionados para a interrupção". Não é coerente, portanto, falar sobre eliminação de interrupções. Nosso objetivo real é melhorar a maneira como lidamos com essas interrupções.

Sua zona de foco no espaço sideral

Escrevendo para o *New York Times* em 16 de outubro de 2005, Clive Thompson observou claramente o papel vital da interrupção, bem como a repercussão que ela causa. Sugeriu então "um meio termo ideal" ao descrever o trabalho que a psicóloga cognitiva Mary Czerwinski, Ph.D., fez com a Nasa.

Os astronautas monitoram a segurança de suas naves espaciais enquanto realizam experimentos de milhões de dólares. Eles precisam de avisos que chamem a atenção, mas que não interrompam seu foco. Telas preenchidas com textos podem passar despercebidas, mas o som de uma buzina pode aniquilar a concentração deles. Então, a Dra. Czerwinski propôs uma forma geométrica visual em que os lados mudassem de cor dependendo do tipo de problema que estava sendo sinalizado. Essa solução serve para ilustrar o "meio termo" de Thompson – e a zona de foco de um astronauta.

A zona de foco de um astronauta

Pense na curva em "U" invertido. Uma tela preenchida com um texto não causa estímulos suficientes, fazendo a resposta do astronauta pender para o lado pouco estimulado. Ao contrário, o som de uma buzina desencadearia muita adrenalina, jogando o astronauta em um extremo superestimulado. Mas uma forma geométrica com mudança de cores mantém o astronauta em um estado de relaxamento-alerta. Ele consegue responder aos avisos e ainda assim permanecer focado.

Controle pessoal

Aqui na Terra, nós geralmente não podemos escolher a forma e a cor das nossas interrupções. Mas podemos escolher prestar atenção em nós mesmos e no nosso ambiente, incluindo muitos aspectos das nossas interrupções. Também podemos permanecer em nossa zona de foco.

As chaves que você obteve na Parte II vão ajudá-lo a lidar com a interrupção. Por exemplo: você pode usar sua chave de habilidades de assertividade para impor limites e dizer não, ou sua chave de autoconversação para retomar o trabalho. Hábitos saudáveis também ajudam. Por exemplo: vivendo livre da bagunça, você cria um ambiente de trabalho que facilita muito quando tiver de lidar com o inesperado.

Suas chaves antiansiedade vão ajudá-lo a lidar com a pessoa que mais o interrompe: você mesmo. Imagine que esteja em uma reunião e comece a se preocupar com algo que interrompe sua concentração. Você não está prestando atenção, portanto, mais tarde não se lembrará do que foi dito na reunião. Então vai se preocupar com o que perdeu e se sentir ainda mais ansioso e menos atento. Praticando suas habilidades antiansiedade você pode parar esse ciclo e retomar sua atenção.

Usar suas chaves lhe dá a sensação do controle pessoal de que precisa para que sustente seu foco quando for atingido pelo estresse. Sem elas, pode ser que você consiga combater as interrupções quando elas estiverem acontecendo, mas mais tarde você pagará o preço.

Em 1971, David Glass, Ph.D., e seus colegas demonstraram como isso acontece com alunos de colégio que resolviam problemas em uma sala com barulhos imprevisíveis e intermitentes. Para os alunos de um grupo, foi dito que poderiam parar o barulho com um sinal, mas foi pedido que não usassem esse sinal. O outro grupo não tinha como parar o barulho. Durante os 24 minutos de algazarra, os dois grupos atuaram igualmente bem.

Parecia que ambos haviam se adaptado ao barulho. Mas, então, os voluntários foram levados para outra sala e solicitados a rever os problemas, agora em condições silenciosas. Os voluntários que podiam controlar o barulho no outro experimento tiveram desempenho muito melhor e não demonstraram tensão alguma. Já o desempenho dos que não tinham controle algum foi muito mal e eles mostraram um alto nível de tensão. A diferença crítica estava baseada em um senso de controle pessoal.

Ter pelo menos algum senso de controle é importante. Se você não consegue controlar nada à sua volta, ainda assim pode ter autocontrole. Dessa maneira, você não vai se esgotar rapidamente como os voluntários sem escolha. Você manterá energia suficiente para preservar seu foco, para que possa ir trabalhar e ainda assim estar apto a lidar com sua próxima interrupção.

Planeje seus novos começos

Outra maneira de exercitar o controle pessoal é escolher a hora e o lugar mais estratégicos para começar um projeto. Uma pesquisa mostra que a possibilidade de retomar um projeto é maior quando você o iniciou de maneira eficaz; na linguagem dos físicos, quando acumulou força interior. Ao iniciar um novo projeto, observe seus horários e crie um bloco de tempo com duração razoável, em que não seja interrompido para que, assim, consiga começá-lo de maneira estável. Pode até valer a pena fazer mais uma viagem até seu escritório quando ninguém mais estiver lá.

Como você se recupera de uma interrupção?

De acordo com Thompson, em 40% das vezes os funcionários ficam divagando sem saber o que fazer quando a interrupção acaba. (Isso ajuda a explicar o porquê de se levar 25 minutos para voltar à tarefa que foi interrompida.) Uma das razões é um lapso da memória de curto prazo: você se esquece do que deveria estar fazendo. A outra é a motivação: você não quer se lembrar.

Você se lembra em que estava trabalhando antes de ser interrompido? Mantém sua lista de três itens diretamente no seu campo de visão? Ou usa post-it com lembretes imediatos ao redor de seu computador? Atualmente as interrupções são tão freqüentes que especialistas em organização recomendam usar de maneira rotineira um determinado método para manter visível o trabalho que está sendo realizado.

Adotantes antecipados

Mais tarde, a Dra. Czerwinski trabalhou na Microsoft, onde percebeu que muitas pessoas conectaram dois ou três monitores em seus computadores. Eles podiam colocar diferentes aplicativos em cada tela – por exemplo, sua caixa de e-mail e uma página da internet no monitor ao lado –, mas mantinham o trabalho principal no monitor em frente. Esses funcionários relataram que se sentiam mais calmos e acreditavam que assim conseguiam fazer mais coisas.

Então a Dra. Czerwinski decidiu realizar um experimento com uma tela maior. Pediu para 15 voluntários completarem tarefas que exigiam concentração em um monitor de 15 polegadas e depois em um monitor de 42 polegadas. A produtividade cresceu drasticamente. Os funcionários que trabalhavam com múltiplos monitores acoplados entenderam o valor de terem um espaço visual mais amplo na tela.

Pense como é quando você limpa seu guarda-roupa. Quanto mais coisas tiver, mais espaço livre precisa encontrar. A mente também é assim. Precisa de espaço para organizar e selecionar o que é mais importante em qualquer campo visual – um ambiente, uma página impressa, uma tela de computador. Além disso, um monitor grande mantém todo o seu trabalho diretamente visível, então, você pode retomá-lo logo após uma interrupção.

Funcionários de empresas de tecnologia são "adotantes antecipados" – ou seja, foram os primeiros a ter à sua disposição as novas invenções tecnológicas. Encontrei a idéia de usar dois monitores em um blog de funcionários de empresas de tecnologia, anos antes de ter lido a pesquisa sobre monitores mais amplos. Então, quando sentei-me para escrever este livro, meu marido me deu um monitor de tela plana de 19 polegadas para usar como um segundo monitor. Agora sou uma grande fã desse método. A pesquisa fica mais fácil, e a revisão também, pois consigo ver a fonte dos meus documentos enquanto escrevo. Passo pelo mesmo número de interrupções de antes, mas ter meu trabalho progredindo a apenas um olhar de distância me dá a sensação de controle. Posso atender a uma ligação, usar minha segunda tela para lidar com certas interrupções, e, então, sentar e retomar a ação na minha tela principal – como um filme em que desativei a tecla pausa no controle-remoto.

Simplifique

Na Conferência de Tecnologia Emergente ocorrida em 2004, o escritor de tecnologia Danny O'Brien apresentou o termo "vida de piratas de computador" para descrever o que chamou de "segredos tecnológicos de um alfa nerd superinventivo" – a elite dos adotantes antecipados. Ele observou: "Nerds têm aproximadamente oito meses para encontrar soluções". Por exemplo: eles estavam mandando e-mails e depois lidando com spams aproximadamente um ano e meio antes de nós. Então, O'Brien pediu para que renomados especialistas em tecnologia descrevessem as dicas e truques que usam todos os dias para terminar o que têm de fazer.

O que ele descobriu foi que pessoas produtivas geralmente usam métodos simples. Em vez de deixarem seus lembretes em programas complexos de autogerenciamento, eles escolhem um programa de texto simples como o Word ou o Notepad e digitam tudo o que têm de fazer ou lembrar-se.

Depois da conferência, o interesse pela vida dos piratas de computador continuou. No seu site produtivo, 43folders.com, Michael Mann popularizou o "Palm de cintura" – uma pilha de fichas nas quais você escreve todos os seus lembretes, que têm de ser pequenos o suficiente para caber no seu bolso.

Parece que no futuro, à medida que a tecnologia fica mais complexa, por necessidade nossas estratégias terão de ser simples.

> DICAS
> Para lidar com a interrupção
>
> - Faça períodos sem interrupção para começar tarefas importantes.
> - Esteja ciente sobre quantas interrupções são trabalho e quantas são intervalos.
> - Mantenha um lembrete visual do que você está fazendo.
> - Use suas habilidades de assertividade para limitar interrupções inúteis.
> - Use sua autoconversação para direcionar-se de volta ao trabalho.

ATENÇÃO PARCIAL CONTÍNUA

Em 1998, Linda Stone, ex-executiva da Apple e da Microsoft, cunhou o termo "atenção parcial contínua". Embora as pessoas usem esse termo como sinônimo de múltiplas tarefas, Stone explica que os dois conceitos são distintos. Em múltiplas tarefas, você é motivado por um desejo de ser mais produtivo e eficiente. Na atenção parcial contínua de Stone, você é motivado pelo desejo de ser um "nódulo vivo na rede". Você está constantemente fazendo novas conexões com a melhor oportunidade do momento.

Stone diz que a atenção parcial contínua não é boa nem ruim. Ela é útil em algumas situações e um obstáculo em outras. Observou que Bill Gates tinha três tipos de reuniões: aberta a todos, mista (sentar-se no fundo indicava que estava prestando atenção parcial) e completa (se estiver na mesa, você se foca no que está acontecendo).

Bombear adrenalina pode ajudar ou prejudicar

A maioria das conferências de tecnologia tem um canal de conversação na internet enquanto as apresentações estão sendo realizadas. Silenciosamente, os membros da audiência conversam sobre o orador em seus laptops, discutem a respeito dos tópicos ou outras conferências, ou sobre aonde irão se encontrar para jantar, e donos de blogs atualizam suas observações sobre o orador. Esse estado de atenção parcial contínua bombeia adrenalina para o momento. Com a curva em "U" invertido em mente você verá como isso pode ajudar e também prejudicar, pois pode aumentar sua energia, mas também fazê-lo perder a noção do que estava pensando, dependendo do nível da sua adrenalina e do que precisa para se manter na sua zona de foco.

Em minha prática, já vi alunos dotados que ficam entediados em uma sala de aula tradicional, mas se sobressaem com projetos de aprendizado a distância, no qual assistem a um vídeo do orador e a uma apresentação em PowerPoint, conversam em um canal à parte e constroem uma página de internet de ajuda para outros alunos. Intercalando uma atividade e outra, os alunos ficam alertas e participam de forma efetiva. É creditada a Confúcio esta frase: "Diga-me e eu esquecerei; mostre-me e pode ser que eu me lembre; envolva-me e eu entenderei".

Por outro lado, os alunos que eu atendo no meu consultório e que têm medo da perda não precisam de mais adrenalina. Eles estudam muito, por um tempo muito longo e sem dormir, ficam em um estado de atenção parcial contínua porque simplesmente têm medo de perder uma oportunidade. É compreensível que tenham a sensação de que "algo poderia acontecer a qualquer momento". Com seus canais sempre ligados, podem receber uma mensagem de texto, mensagens instantâneas ou um toque personalizado de telefone em qualquer dia, hora e lugar.

Infelizmente, esses alunos que vigiam tudo excessivamente são pegos pelas mesmas armadilhas que capturam aqueles que deixam o medo tomar a decisão. Não estão mais no comando; sua adrenalina está. Eventualmente, se não pararem, ficarão esgotados. A atenção parcial contínua pode ter continuidade, porém não é sustentável.

Trabalhos não terminados esgotam você

Interrupções devoram sua energia mental e resistência. Você está fazendo uma coisa, mas ocupando seu cérebro com algo que você ainda não terminou de fazer. Em adição à definição original de Stone, o termo "condição parcial contínua" também descreve o estado de preocupação fragmentada que é resultado da sobrecarga de assuntos não terminados na cabeça.

Esse problema é agravado pelo "efeito Zeigarnik": as pessoas se lembram mais facilmente de tarefas interrompidas ou incompletas do que das concluídas. Bluma Zeigarnik era uma psicóloga russa que notou que os garçons se lembravam de um pedido longo e complicado até que terminassem de servir.

Quando você é interrompido ou tem muitas coisas nas mãos, todos os seus "pedidos não terminados" permanecem em um nível ativo no cérebro. Como David Allen, autor de *Getting Things Done*, observa, estamos condicionando nosso cérebro a não esquecer totalmente das coisas e nem a lembrá-las totalmente.

Possivelmente, a maneira mais adequada de restabelecer a perda do senso de controle é terminar algo que você tenha começado. Lembra-se da estratégia de adicionar uma tarefa superfácil à sua lista de três itens a fazer? O aumento de dopamina obtido ao terminar uma tarefa o mantém na sua zona de foco. Se você precisa libertar um pouco da sua energia mental, encontre algo que consiga concluir rapidamente.

Conectado com a vida

No dia 5 de julho de 2006, Thomas Friedman escreveu uma coluna muito interessante no *The New York Times*: "A era da interrupção". Na Floresta Amazônica, sem internet ou celular,

Friedman ficou totalmente isolado por quatro dias. Ele descreveu o Gilbert, seu guia, que "não tinha nenhum aparelho e não sofria de atenção parcial contínua". Na verdade, disse "exatamente o oposto". Gilbert ouvia "cada barulho, canto, uivo ou batida na floresta" e imediatamente indicava de onde vinha. Em suas palavras:

> "Ele... nunca perdeu a imagem de uma teia de aranha ou de uma borboleta, tucano ou árvores exóticas. Ele estava desconectado da rede, mas totalmente em contato com a rede viva ao redor dele".

Fascinação é um antídoto poderoso para o tédio momentâneo que a falta de interrupção pode trazer. Como Henry Miller uma vez observou: "O momento em que uma pessoa dá atenção a alguma coisa, até mesmo um gramado, pode tornar-se um mundo misterioso, incrível, indescritível, magnífico".

Estamos entrando na era do discernimento?

Para ficarmos no comando da nossa vida movida por interrupções, precisamos de maneiras efetivas de traçar prioridades. Em *First Things First*, Stephen Covey oferece uma ótima solução: categorize todas as tarefas como importantes, urgentes, nenhuma das duas, ou ambas, e tire um tempo para agir sobre as tarefas importantes, não só as urgentes.

Linda Stone vê a tendência em direção à priorização como um movimento natural. Ela acredita que o tempo em que estamos vivendo está nos forçando a perguntar: "No que precisamos realmente prestar atenção?". Estamos percebendo que a atenção é o recurso mais escasso e valioso que temos – o que fazemos com nossa atenção é o que nos define.

Stone diz que isso nos coloca na beira de uma era de "oportunidade de discernimento". Em vez de procurar qualquer oportunidade que você possa perder, vamos filtrar e selecionar as que tenham mais significado pessoal. Nesta nova era, Stone conclui: "Manter a atenção focada é como se sentir vivo".

Seja esse ou não o futuro para o qual estamos destinados, trata-se certamente de um futuro que esperamos acontecer. Isso significaria que estaríamos vivendo focados. O relaxamento-alerta substituiria o estado hiper-alerta e a estimulação correta substituiria a infinita procura por mais e mais estímulos. E diferentemente da atenção parcial contínua, a atenção focada é sustentável em tempo integral.

> DICAS
> Para controlar a atenção parcial contínua
>
> - Atente para múltiplas tarefas para manter-se focado.
> - Aja, não reaja, quando artimanhas eletrônicas o chamarem.
> - Resista ao medo da perda.
> - Não deixe tarefas não terminadas se acumularem.
> - Passe um tempo praticando a atenção focada.

Use suas chaves para driblar a sobrecarga

Certos dados da Era Digital permitem que você conduza uma pesquisa extensa. Localize pessoas e empresas e entre em contato com elas imediatamente, faça compras de pijama e se anime com uma série de músicas, fotos, vídeos, jogos e mídia interativa. Mas os incansáveis fluxos de informações não-filtradas pedem que você mude, escolha e selecione continuamente – e isso faz com que sua permanência na zona de foco seja um desafio. De acordo com uma análise feita na Universidade de Berkeley, na Califórnia, desde o armazenamento até o fluxo de mídia o mundo produziu cinco exabytes de informação em 2002. (Um exabyte é igual a um bilhão de gigabytes ou um quilhão de bytes).

Se você está perplexo pela palavra "exabyte", lembre-se de que não muito tempo atrás a palavra "gigabyte" também causava estranhamento. E se a quantidade de informação continuar a crescer na mesma rapidez – dobrou em três anos, entre 1999 e 2002 –, nossos vocabulários vão logo se expandir, como aconteceu com os termos megabyte e gigabyte, em direção ao terabyte, petabyte e o exabyte.

É difícil acostumar sua mente a números como esses. Que referência você tem em seu dia-a-dia para um número como um exabyte? Se só pensar nisso já começa a queimar seus circuitos, você está experimentando um estado de sobrecarga causado por excesso de nomenclaturas.

Ansiedade da informação

Foi Richard Saul Wurman, arquiteto e designer gráfico, quem cunhou essa expressão. Também cunhou o termo "arquitetura da informação" para tentar colocar ordem na paisagem digital, aplicando-lhe princípios de construção e design de prédios.

Síndrome da fadiga causada pela informação

Os sintomas incluem esquecimento, cansaço, irritabilidade, indecisão, espasmos de atenção reduzida e falta de concentração. A síndrome da fadiga causada pela informação faz parte de um trabalho de Reuters, intitulado "Morte por informação". Os resultados do trabalho com 1.300 gerentes seniores e juniores indicaram que metade desses executivos com freqüência não conseguem lidar com o volume de informações que recebem; quase a metade deles disseram que essas informações os distraem de suas principais responsabilidades e 38% disseram que desperdiçam um tempo precioso. Entrevistas e grupos que discutem o foco mostraram que a sobrecarga de informação causa uma condição de hiperexcitação que faz os executivos tomarem "decisões banais e conclusões precipitadas".

Paralisia da análise

O que acontece quando você tem muitas escolhas? Seu cérebro paralisa e você não escolhe nada. No estudo de Reuters, 43% das pessoas que responderam a essa pergunta disseram que suas decisões foram adiadas ou afetadas pelas adversidades da paralisia da análise ou pela existência de muita informação. Na obra *Data Smog*, o jornalista David Shenk descreve como a reação psicológica a uma sobrecarga violenta de informação e de opiniões de especialistas serve simplesmente para evitar uma conclusão. Nas palavras do autor, isso "nos congela em nossos caminhos cerebrais". O psicólogo social Robert Cialdini, Ph.D., explica a fundo: "Você não consegue escolher nenhum estudo, nenhuma voz... Então, o que faz? Você não faz nada. Reserva seu julgamento. Espera para ver o que acontece".

Mania de informação

Em um estudo recente conduzido no Reino Unido, oito trabalhadores britânicos foram testados em suas respectivas habilidades de resolução de problemas, tanto em condições silenciosas como em um escritório bombardeado por e-mails e ligações telefônicas. Eles sofreram um declínio razoável em suas habilidades mentais, embora não fosse de suas responsabilidades atender às ligações. Ainda, como parte do estudo, mil trabalhadores foram testados. Os resultados mostraram que 62% dos adultos checam as mensagens depois do horário de trabalho e nos fins de semana, e a maioria responde a um e-mail imediatamente ou em uma hora. Outro resultado interessante: enquanto 20% deles disseram que ficam felizes em interromper uma reunião social ou da empresa para atender uma ligação ou responder um e-mail, 89% desses adultos consideram isso uma atitude inadequada quando feita por colegas de trabalho. O termo "mania de informação" foi cunhado para descrever a perda de raciocínio e a tendência ao vício que parece acompanhar os extremamente ligados.

Traço de déficit de atenção

Em um artigo da *Harvard Business Review* de 1 de janeiro de 2005, intitulado "Circuitos sobrecarregados: Por que pessoas inteligentes têm atuação diminuída", o psiquiatra Edward Hallowell identificou um fenômeno neurológico que chamou de "traço de déficit de atenção". Em resposta a um ambiente hipercinético, quando um funcionário tenta lidar com mais demandas do que é humanamente possível, o cérebro e o corpo ficam presos em um circuito de impulsos contínuos. Hallowell observou que "os lóbulos frontais do cérebro perdem sua sofisticação, como se fosse adicionado vinagre ao vinho". Os sintomas incluem pensamentos em preto e branco, dificuldades para organizar-se, impor prioridades e controlar o tempo, além de um pequeno nível constante de pânico e culpa. No best-seller *Driven to Distraction*, os doutores Hallowell e Ratey chamaram esse problema emergente de "pseudo-distúrbio de déficit de atenção".

Lendo sobre superestimulação, até agora você compreendeu que todas as reações não saudáveis e não focadas são sinais de que você está na extremidade sobrecarregada da curva em "U" invertido. Esses sinais indicam o tipo de sobrecarga cognitiva que dizimou o pequeno burro do Capítulo 3.

Eles podem ser reelaborados como pistas para se tomar uma atitude. Para lidar com a sobrecarga, use qualquer chave para reduzir sua estimulação e retomar o foco. Aqui estão algumas dicas para começar.

DICAS
Para lidar com a sobrecarga
quando ela está ocorrendo

- Respiração dos quatro cantos (chaveiro de mudança de estado).
- Um intervalo de energia imediato (chaveiro de mudança de estado).
- Imponha limites e diga não (chave de habilidade de assertividade).
- Faça um plano (chaveiro de antiansiedade).
- Seja conciso, repita o autodirecionamento: "O que eu faço a seguir?" (chave de autoconversação).

> DICAS
> Para prevenir a sobrecarga pelo excesso
> antes que ela aconteça
>
> - Imponha limites para suas demandas e estimulações (chave de habilidades de assertividade).
> - Seja decidido, almeje boas decisões e não decisões perfeitas (chave de ferramenta de sustentabilidade.)
> - Mantenha seu ambiente de trabalho limpo e pronto para lidar com o excesso de fluxo (chave viver livre de bagunça).

Filtragem mental é necessária

Se você é como a maioria das pessoas, há duas fontes principais de informação não filtrada que o empurram para fora da sua zona de foco todos os dias: e-mails e internet. A filtragem efetiva o leva de volta ao seu foco. Quando você cria um forte hábito de filtrar à medida que recebe as informações, você freia aquelas que não são necessárias, impondo-se um limite.

É muito útil usar ferramentas eletrônicas – filtros de spam, filtros de pop-up etc. –, mas nem o melhor programa pode fazer a filtragem mental por você. É necessário um filtro mental ativo para mantê-lo focado.

Use suas chaves de auto-reconhecimento e mantenha-se na linha, isso vai ajudá-lo a exercitar seu filtro mental. Sua auto-observação vai torná-lo honesto em relação à quantidade de tempo que está gastando online e ao que está tendo retorno. A autoconversação direcionada o manterá na tarefa, especialmente quando estiver sendo tentado pela diversidade digital.

Para realizar a filtragem mental, comece criando regras para decidir o que vai permitir entrar e o que vai ficar de fora. Decida especificamente o que quer e o que não quer seguir. Nas palavras de um antigo ditado de Okinawa: "Aquele que corre atrás de muitos coelhos acaba com fome".

Domando seu e-mail

De acordo com um estudo de Berkeley, 31 bilhões de e-mails foram enviados em 2002, um número que dobraria em 2006. Um trabalho feito pela Microsoft revelou que, em 2005, um trabalhador comum recebia 56 e-mails por dia contando apenas dois minutos por mensagem, totalizando cerca de 2 horas entre ler e responder. Linda Stone chama isso de "atenção fragmentada e despedaçada".

O e-mail fornece novas oportunidades para nos comunicarmos no ambiente de trabalho – dentro do escritório, de empresa com empresa e da empresa com o consumidor. Além disso, proporciona novas possibilidades para famílias e amigos se comunicarem a distância, com textos e fotos. Permite também sentar sozinho em frente ao computador e sentir como se estivesse compartilhando pensamentos diretamente com outra pessoa. Você facilmente se esquece dos sinais sutis que não está enviando – a expressão do seu rosto, o tom da sua voz. Mantenha em mente que o e-mail é um tipo de conexão diferente do contato cara a cara ou da voz ao vivo; trata-se de uma das escolhas.

Uma das razões para o excesso de e-mails é que essa tecnologia não custa nada – exceto sua atenção –, para ser enviado ou recebido. Mas a maioria dos e-mails é motivada mais pelo imediatismo do que pelo custo-benefício. E esse imediatismo é a razão principal para atentar-se. De vez em quando, cheque sua pasta de enviados datados de até um mês atrás. Quantos desses e-mails foram mais impulsivos do que realmente importantes?

No fim do dia, é mais fácil apagar os recados da sua caixa postal do que excluir todos os seus e-mails. Uma das razões é porque o e-mail é mais duradouro; geralmente somos mais cuidadosos com o que escrevemos para algumas pessoas. Outra é o excesso de transparência; recebemos e-mails que foram enviados para várias pessoas e nossos e-mails são copiados por outras pessoas.

Aprender as dicas e os truques do seu programa de e-mail e adaptá-lo de acordo com suas necessidades pode ajudá-lo. Por exemplo: se você freqüentemente usa uma ou duas frase iguais, salve-as como uma assinatura para que você possa inseri-las com apenas um clique.

Também ajuda lembrar-se que o e-mail é conveniente, mas nem sempre vantajoso. Na verdade, algumas empresas como a Nestlé e a Rowntree, da Inglaterra, fizeram da sexta-feira um dia para não se usar e-mails na tentativa de estimular as discussões cara a cara, visando aumentar a criatividade para a resolução de problemas.

Mantenha seu filtro mental ativo quando estiver usando seu e-mail. Lembre-se de que aquilo que receber sua atenção vai incrementar. Mantenha seus e-mails claros e concisos e recompense aqueles que lhe respondem por fazerem o mesmo.

DICAS
Para domar seu e-mail

- Use um filtro de spam confiável.
- Responda e-mails comuns em horas definidas do dia.
- Seja breve.
- Mantenha-se no assunto principal.
- Depois que você responder, escolha deliberadamente quando mandar.
- Pergunte a si mesmo: "O que eu não estou fazendo agora?" (chaveiro de auto-reconhecimento).

E-mails extremos

Nos últimos anos, aparelhos sem fio portáteis vêm causando um impacto natural. Em um aparelho portátil, você recebe e-mails logo que são enviados, então, tem mais um solavanco estimulante. Usuários extremos desconhecem que isso seja uma compulsão e têm a sensação de perda se param de usar. Tornou-se uma ocorrência comum em reuniões de negócios ver alguém abaixar a cabeça e olhar para baixo, o que hoje é conhecido como "oração ao BlackBerry".

Quando Paul Levy, diretor-executivo de um grande hospital em Boston, revelou em seu blog (em 8 de dezembro de 2006) que ele era viciado no BlackBerry, porém havia abdicado totalmente desse vício naquele dia, ele chegou ao seu limite. Seu blog estava conectado a vários outros, incluindo o Tailrank e o Networkworld. Por toda a internet, outros viciados em BlackBerry admitiram ignorar os membros da família, inventar desculpas para amigos ou simplesmente serem rudes para que pudessem ler e escrever e-mails.

Exatamente uma semana antes da postagem de Levy, o *Wall Street Journal* (de 8 de dezembro de 2006) deu atenção ao mesmo problema, mas de ângulo diferente – pelos olhos das crianças que se frustram, magoam-se e se assustam com seus pais mentindo, espionando e ignorando-as para poderem usar o BlackBerry. Esses "órfãos" gerados pelos BlackBerry sentem ciúmes dos aparelhos que sugam a atenção de seus pais. Uma criança de nove anos sentia medo porque seu pai digitava enquanto dirigia. "Fico preocupado, ele vai bater o carro, pois só olha para cima algumas vezes", disse. Seu pai, um banqueiro, respondeu-lhe que era uma "preocupação legítima", mas que "alguns e-mails são importantes o bastante para serem checados enquanto dirijo".

Após ler no Capítulo 3 como construímos tolerância aos estimulantes, você pode ver como é fácil ser pego nesse ciclo de autoperpetuação: quanto mais dependente tornar-se de seus aparelhos sem fio devido a estimulação do dia-a-dia, mais difícil será agir com objetividade. É da natureza humana justificar a importância dessa situação para evitar o desconforto da perda.

Se você tem a sensação de que isso está acontecendo, considere muito seriamente a hipótese de realizar múltiplas tarefas focadas. Use as chaves que você aprendeu, especialmente a de auto-observação, para começar a vencer isso. Remodele a perda para ser um desafio pessoal, a fim de enfrentá-lo, não evitá-lo. E pratique suas habilidades de assertividade e autoconversação para impor regras a si mesmo, especialmente com sua família e enquanto dirige.

Navegando na Net

Novas informações são postadas na internet constantemente. Após ver tudo que lhe interessa, mais coisas interessantes já estão lá. Conexão de banda larga e e-mail html propiciam que você seja facilmente arrastado para uma busca não-intencional infinita. Um amigo lhe manda um link; aquele site tem muitos outros links interessantes. Sem esperar, por que não clicar nesses links e nos outros links que eles oferecem também?

A síndrome do Doritos

Como Doritos, surfar na internet pode ser irresistível. Você pode gastar muito tempo em uma tarefa que não tem benefícios tangíveis e que o deixam com sentimentos de insatisfação e bloqueio mental. É por isso que usuários da internet chamam o ato de surfar de "síndrome do Doritos". Pense em como se sente quando finalmente se levanta da cadeira e percebe que perdeu a noção da hora e do tempo no ciberespaço. A exemplo do que acontece com o consumo de alimentos calóricos em poucos minutos, você se destrói; e, em vez de se sentir satisfeito com uma refeição completa, sente-se letárgico e culpado por ter comido um saco inteiro de salgadinho.

Para entender por que isso acontece, lembre-se de quando se sentou para surfar na internet: você começou faminto, exatamente como ao abrir um pacote de salgadinho. Você estava na extremidade de baixa estimulação da curva em "U" invertido e queria algum estímulo – as últimas notícias ou vídeos engraçados.

Então, à medida que clica de link em link vai diretamente para o outro extremo do "U" invertido – distraído, indeciso e superestimulado. Nesse estado, fica mais difícil encerrar sua conexão na internet do que parar de comer o pacote de salgadinho. Pelo menos com o salgadinho você eventualmente chega ao fim do pacote. O perigo de surfar na internet é que você pode oscilar de um lado a outro da curva em "U" invertido. Você passa despercebido pela sua zona de foco. Levanta-se sentindo cheio, mas não satisfeito, e com mais sede do que antes. Quando você colocar seu filtro mental para funcionar, faça uma regra para permitir que só informações nutritivas o invadam.

DICAS
Surfando na internet sensatamente

- Imponha um limite de tempo.
- Mantenha um relógio à vista.
- Pergunte-se: "O que eu não estou fazendo agora?" (chaveiro de auto-reconhecimento).

Busca na internet

Em *The World is Flat*, Thomas Friedman observou que o Google está processando cerca de um bilhão de procuras por dia, o que antes, há três anos, correspondia a apenas 150 milhões. A busca na internet nos conecta a um fluxo imenso de informações úteis, das quais cerca de 1 milhão é imprestável. Como Richard Saul Wurman observou: "A oportunidade é que há inúmeras informações; a catástrofe é que 99% delas não são úteis".

Geralmente, o que começa como uma busca na internet com determinado propósito termina em uma procura por coisas banais. É como ir à padaria comprar pão e leite e se sentir atraído por outros itens que estão no seu alcance de visão expostos nas gôndolas, e voltar para casa com produtos supérfluos – e um saco de Doritos –, mas sem pão e leite. Algumas pessoas têm lembretes escritos em um programa, como, por exemplo, o Webolodean, que aparecem na tela de 15 em 15 minutos para forçá-lo a procurar o assunto de que precisa e fazê-lo manter-se em sua tarefa.

Conhecer as ferramentas do seu browser ajuda, por isso, mantenha seus lembretes e marcações de páginas da internet organizadas. Dê novos nomes aos arquivos genéricos, marque as páginas para que elas supram suas necessidades. Em vez de nomes de arquivos como "canais" ou "notícias", crie arquivos específicos como "novas compras de carro" ou "receitas de baixa caloria".

Também é importante aprender a pesquisar de forma mais eficiente. Limite suas pesquisas com palavras-chave precisas, colocando aspas em frases específicas. Use comandos como "e", "ou" e "não". Leia o tópico de ajuda em sites de busca como o Google.

Para criar boas regras para a filtragem mental enquanto realiza uma busca na internet, use o bom senso e depois aprenda com sua experiência. Aqui estão algumas idéias que podem ajudar.

Emite zunido ou toca?

Como você pode identificar informações de alta qualidade? Comece fazendo uma triagem de suas fontes. Sites de credenciados, universidades e outras organizações não-comerciais têm menos razões para emitir uma opinião que promova um produto ou um serviço. Mas mesmo informações de fontes com reputação podem ser confusas e algumas vezes contraditórias.

Por exemplo: considere o estudo britânico sobre mania de informação que descrevi anteriormente neste capítulo. Um número imenso de importantes meios de comunicação cobriram a divulgação desses achados. Aqui está uma amostra.

Cobertura das notícias sobre a história da mania de informação.			
Fonte	Manchete	Ligação	História
London Times	"Por que mensagens de texto prejudicam seu QI"	"O uso regular de mensagens de texto e e-mails podem diminuir o número de QI duas vezes mais do que usar maconha"	"Oitenta voluntários fizeram parte de um estudo de deterioração de QI"
CNN.com	"E-mails ferem o QI mais do que a maconha"	"Trabalhadores distraídos por ligações, e-mails e mensagens de texto sofrem uma perda maior de QI do que uma pessoa que usa maconha"	"80 testes clínicos"...

Enquanto eu lia os artigos, ficava confusa. Os resultados adicionavam informações úteis ao campo, mas a comparação parecia exagerada e sensacionalista. As conclusões estavam colocadas de uma maneira mais indiferente do que um cientista behaviorista faria. Cinco meses depois, o dono de um blog forneceu uma forma mais centrada do estudo.

Aparentemente, Mark Liberman, Ph.D., o foneticista da Universidade da Pensilvânia que comanda o registro de linguagem, tinha a mesma dúvida que eu sobre o estudo. Ele escreveu uma série de postagens que chegou aos olhos do psicólogo que tinha conduzido esse estudo, Glenn Wilson, Ph.D. Wilson explicou que seu estudo era composto de duas partes: um trabalho com mil funcionários e um experimento com oito voluntários que tentaram resolver problemas de matrizes com constante recebimento de e-mails e ligações.

O Dr. Wilson disse ao Dr. Liberman:

"Isso, como você disse, é um efeito de distração temporário – não uma perda permanente de QI. As equivalências com o fato de fumar maconha e perda de sono foram feitas por outras pessoas, contra a minha vontade, e oito voluntários de alguma forma se transformaram em "80 testes clínicos".

Publicidade faz barulho; fatos fazem zunido

Na história da mania de informação, quando li que os testes usados eram de problemas de matrizes, entendi como o zunido se transformou em barulho, provavelmente por jornalistas bem-intencionados. "Queda temporária na resolução de problemas de matrizes" faz zunido. "Perda de QI duas vezes mais do que quando se fuma maconha" faz barulho. Os jornalistas escolheram o barulho.

Nem tudo que faz barulho é publicidade e nem tudo que faz zunido é fato; mas se você escutar um barulho enquanto estiver procurando uma resposta, continue procurando e ouça um bom e linear zunido.

São onze horas de um sábado à noite

O que você faz quando descobre um zunido contra outro zunido – quando você encontra fatos dignos de crédito pendendo para os dois lados de um argumento? Por exemplo: quando eu estava pesquisando problemas de fuso horário (a seguir, no Capítulo 11), encontrei um site governamental de boa reputação que recomendava melatonina; mas em outro site, encontrei republicado um artigo de um médico que discordava desse uso. Então, recorri aos jornais médicos. Pesquisei por mais ou menos duas horas antes de encerrar minha procura. Um estudo de campo mostrou que a melatonina não ajudou nos efeitos de diferença de fuso em 257 médicos noruegueses que estavam visitando Nova York por cinco dias. Mas uma série de estudos realizados em um centro médico sobre o caso diz que talvez a melatonina possa ajudar. Eu decidi anotar "resultados conflitantes" e partir para outra.

Quando eu conseguir terminar uma pesquisa na internet como essa, acabarei lembrando de como Lorne Michael descreveu o programa de tevê Saturday Night Live. No ensaio, ninguém diz "O programa não pode ficar melhor do que isso; não há nada mais que possamos fazer". É um trabalho em progresso até que esteja na hora de ir ao ar, ao vivo. Não está terminado porque está perfeito. Está terminado porque é sábado à noite.

A internet não vai nos dizer quando é hora de pararmos de pesquisar. Nós é que precisamos parar. É nossa escolha dizer quando terminaremos, porque está na hora de entrarmos "ao vivo" para o mundo real.

DICAS
Para pesquisar na internet

- Nomeie o que você está procurando.
- Use a autoconversação direcionada.
- Esteja alerta para as distrações que possam surgir.
- Descubra se faz zunido ou barulho.
- Pare. (Não existe uma última página na internet.)

Capítulo 11
Vencendo a distração do século XXI

O destino conduz aqueles que se permitem.
Os outros serão arrastados.
— Joseph Campbell, parafraseando o filósofo romano Sêneca

Vivemos em tempos que desafiam nossa habilidade de nos focarmos. As gerações que nos precederam não poderiam prever que nos comunicaríamos por monitor no trabalho, conduziríamos um comércio eletrônico de um escritório montado em nossas casas, ou rotineiramente voaríamos milhares de quilômetros em viagens de negócios. O Capítulo 11 vai cobrir duas realidades de alta tecnologia da vida no século XXI: trabalhar em casa e no trânsito.

Escritório em casa

À medida que a tecnologia facilita o envio de dados, a comunicação eletrônica e as fontes baratas de compartilhamentos, cada vez mais trabalhadores se comunicam de suas casas ou iniciam um negócio caseiro. Hoje, aproximadamente 27 milhões trabalham em escritórios domésticos, de acordo com pesquisa divulgada pela corporação internacional de dados.

Em casa, os vizinhos podem ligar; as crianças podem precisar de você; o sistema de irrigação do jardim pode quebrar; e quando você está tendo um momento de preguiça, ninguém está lá para ver você ligar a tevê em uma comédia e tomar sorvete direto do pote. Você está em uma ilha cercada por um mar de distrações.

Em um escritório montado em casa, seu ambiente de trabalho o faz ficar mais propenso a desvios de atenção. É fácil ficar entediado e pouco estimulado, pois está sozinho, sem a presença física de seus colegas de trabalho. E é fácil você pular para a extremidade superativa da curva em "U" invertido, com todas as interrupções e constantes desvios disponíveis – família, amigos, filhotes, tarefas de casa e entretenimento instantâneo.

Se você está pensando em trabalhar em casa, primeiro pergunte-se:

( ) Sou uma pessoa bem organizada ou dependo da organização à minha volta?
( ) É mais difícil ou mais fácil cumprir os prazos de entrega sem um colega ou um chefe?
( ) Quando estou sozinho o dia todo, aprecio a solidão ou me sinto solitário?
( ) Posso evitar a distração durante as horas de trabalho?
( ) Consigo parar de trabalhar quando o expediente acaba?

Se possível, faça um teste antes de assumir esse compromisso. Converse com outras pessoas que trabalham em casa. Tente achar alguém que esteja satisfeito e bem-sucedido e também alguém que tenha decidido voltar para o escritório. Quais dessas pessoas lembram mais você?

Se estiver trabalhando em casa, pratique as chaves que aprendeu a usar para se manter focado, especialmente a lista de três itens a fazer, intervalos energéticos e múltiplas tarefas focadas. Adapte essas chaves para os desafios que você enfrenta para ficar focado no seu escritório ou em casa:

- Pergunte-se: "O que não estou fazendo agora?", para impedi-lo de ficar atrasado com seus afazeres devido aos confortos e tarefas de casa.
- Faça uma lista com os benefícios do trabalho em casa para quando ficar para baixo, sem motivação e tentado a distrair-se. Então, leia sua lista e conecte-se de novo com as razões que o fizeram trabalhar em casa.
- Mantenha-se livre da bagunça. Organize seus arquivos e imponha limites para determinadas quantidades.
- Quando você tiver encerrado o trabalho do dia, dê uma olhada, fria, mas minuciosa, em sua mesa. Mantenha a mesa convidativa para você começar a trabalhar no dia seguinte.

- Use "outros lugares" do escritório estrategicamente, como cafeterias e livrarias; o primeiro, caso precise de mais estímulo; a livraria, caso não precise de tanto.

DICAS
Para impor limites entre a casa e o trabalho

- Tenha um espaço separado, dedicado ao trabalho, com uma porta bem fechada (não somente para efeito de declaração de Imposto de Renda, mas também para evitar distrações).
- Considere contas de e-mail separadas, uma para negócios e outra para uso pessoal.
- Não atenda o telefone quando estiver pronto para sair.
- Levante-se, arrume-se e esteja na sua mesa na mesma hora todas as manhãs.
- Não trabalhe na sua folga, especialmente nos fins de semana.

Trabalho em casa

Sheila, uma mãe ambiciosa, de comportamento difícil, tinha um bom cargo no departamento de marketing de uma grande empresa. Quando outra colega de trabalho, também mãe, começou a trabalhar em casa, Sheila pensou que ela deveria fazer isso também. Seu marido a encorajou e ela submeteu um plano a seu supervisor, que foi aprovado. Mas quase que imediatamente ficou evidente que Sheila não conseguia se manter focada em casa.

Quando falei com Sheila, a razão ficou clara. Sozinha o dia inteiro, ficou preocupada com o fato de que se surgisse uma promoção, ela não seria indicada, pois não estava mais presente no ambiente de trabalho. Ela já fazia parte da cultura corporativa tempo o suficiente para saber que seu medo não era infundado.

Sheila estava cheia de culpa porque sentia que, como mãe, não deveria dispensar a oportunidade de ficar em casa. O trabalho em casa ou telecomutação estava funcionando bem para a sua colega de trabalho. Por que ela não podia fazer o mesmo?

Depois de algumas semanas, Sheila retornou ao escritório. Ela me disse que sempre ensinara seus filhos a fazer o que eles achassem certo, não importando o que as outras pessoas dissessem. Sheila decidiu seguir seu próprio conselho.

A telecomutação é a coisa certa para você? Pese todos os fatores relevantes – pessoal, prático, emocional e financeiro. Você precisa de um nível certo e profundo de compromisso com sua escolha para que resista à distração que acontece em casa?

Empreendimentos em casa

Ter o seu negócio lhe dá a liberdade de perseguir seus próprios objetivos e tomar suas próprias decisões. Em virtude disso, não é surpresa que pessoas com DDA (que você vai ler no Capítulo 12) estejam destinadas a se tornar empresárias. O desafio, claro, é que uma atração pela novidade – o mesmo traço que pode dar-lhe uma vantagem – cria problemas com tarefas de manutenção, como orçamentos, contas, invenções, agendamentos e alocação de fontes.

Se você está considerando ter um empreendimento em casa, seja honesto consigo mesmo sobre suas habilidades para estruturar tempo, dinheiro, objetivos, planos e espaço de trabalho. Você é um visionário que está propenso a prestar atenção aos detalhes? Então use suas forças para localizar e corrigir problemas que possam surgir: una forças com um parceiro altamente organizado; contrate um assistente virtual; fique responsável pelo seu companheiro ou parceiro. Não há necessidade de negar suas vulnerabilidades. Você é o tipo desembaraçado, então, é provável que enfrente seus problemas, contanto que os encare.

Mude para seu empreendimento caseiro gradualmente. Dê-se a chance de utilizar as ferramentas de que precisa para se manter focado. Recorra ao seu chaveiro, mantenha-se na linha:

- Coloque prazos e comparações para você mesmo.
- Mantenha seus horários.
- Mantenha um relógio à vista e use um timer, se necessário.

Use rotinas, calendários, planejamentos e a lista de três itens a fazer. Isso também se aplica se você está ensinando seu filho em casa. Ter estrutura sem pressão é necessário para cada um de vocês se manter focado.

DICAS
Para pessoas que trabalham em casa

- Tenha certeza de que seu ambiente é eficiente e ergonomicamente correto.
- Escreva e-mails curtos sobre tópicos em questão.
- Coloque seus horários onde você possa ver.
- Revise todos os objetivos do dia antes de começar a trabalhar.
- Liste os objetivos do dia seguinte antes de você sair.
- Use seu chaveiro "mantenha-se na linha".

Guerreiros da estrada

Atualmente, nós, guerreiros das estradas celestes, temos de lidar com filas imensas e problemas com a segurança. É um desafio continuar produtivo quando estamos esperando no portão ou presos no assento do avião. Há pouca luz; a qualidade do ar é ruim; as pessoas estão conversando; bebês choram e, se seu avião está atrasado, você fica preocupado se o vôo de conexão partiu sem você e quando verá sua bagagem de novo.

Quando você está em uma viagem de negócios, funciona em um nível de estresse e estimulação maior do que o normal. Perceba ou não, fora do seu ambiente comum de trabalho você bombeia mais adrenalina. Imagine a curva em "U" invertido. No começo da sua viagem, você está na parte superior da sua zona de foco. Conforme sua adrenalina vai sendo queimada, você vai para a parte inferior. Seu desafio é se regular e trabalhar com o fato de que quando está em trânsito, apresenta constantemente um nível diminuído de tolerância para a distração.

Planeje com antecedência

A melhor maneira de permanecer produtivo na estrada é planejar cuidadosamente, com antecedência. Além de considerar materiais de escritório e itens para seu conforto pessoal, pergunte-se sobre o que mais vai precisar para ficar focado quando estiver em hotéis, aeroportos e aviões. Aqui está uma amostra:

( ) Plugues de ouvido
( ) Fones de ouvido (com isolamento acústico, se possível)
( ) Uma lista de músicas para trabalhar
( ) Uma lista do que fazer especialmente preparada para quando você ficar preso no trânsito
( ) Prêmios para intervalos, como balas, chicletes e lanches saudáveis

Eduque-se nos hardwares e softwares específicos para quando você viaja. Se estiver usando novos equipamentos e programas, tire um tempo para testá-los antes de sair.

"Redução de frustração" é a crença de sucesso do guerreiro da estrada. Faça outra lista do que fazer antes de sair do aeroporto. Por exemplo:

( ) Faça um download dos seus e-mails para que possa trabalhar *offline*.
( ) Mantenha suas baterias carregadas e leve baterias reserva.
( ) Tenha mídias para fazer uma segunda cópia dos seus trabalhos.
( ) Informe-se sobre quais coisas que são permitidas carregar com você.

Mantenha sua lista de afazeres com você. Dessa maneira, quando precisar de algo que não tem, poderá adicionar à sua lista imediatamente para que tenha o que fazer da próxima vez.

Crie uma rotina que inclua suas coisas da bagagem, o que fica com você no seu assento, no bagageiro acima da cadeira, veja em que bolsos estão suas canetas, quais deles contêm seus óculos e em qual está seu cartão de vôo para a próxima conexão. Use a mesma mala e procure colocar as coisas nos mesmos lugares toda vez que viajar.

Quando as coisas derem errado, desenvolva uma autoconversação que o acalme e o mantenha equilibrado:

( ) Coisas assim acontecem durante o percurso.
( ) Espere o inesperado; faz parte da aventura.
( ) Atrasos acontecem com todo mundo. Estou seguro e tranqüilo, somente atrasado.
( ) Que coisas positivas posso fazer agora?

Problemas com fuso horário

Nosso corpo têm um relógio biológico que reinicia os hormônios a cada 24 horas mais ou menos. O problema com o fuso horário ocorre quando o relógio biológico do corpo não corresponde ao tempo local. Pode acontecer quando você viaja por várias latitudes ou como resultado da troca de horário de trabalho. Sintomas de problemas com fuso horário incluem:

- Dificuldade de concentração
- Sensação de estar "grogue" e com pouca velocidade mental
- Exaustão, mau humor e sentimentos de desorientação
- Sono durante o dia e insônia durante a noite
- Ansiedade, dores de cabeça e indigestão

Muitas pessoas usam o termo para descrever a sensação de cansaço pela viagem, mas tecnicamente o problema com o fuso horário é uma doença do sono, que altera a fisiologia do corpo de maneira muito específica, jogando-o para fora de seu foco. Infelizmente, a razão de sua viagem pode exigir que esteja em seu ápice – uma competição de nível mundial, um chamado global, uma convocação militar, um fechamento de negócios muito importante, ou a viagem ao exterior para a qual você vem economizando a vida inteira.

De acordo com a NASA, quanto mais zonas temporais você cruzar, mais tempo levará para se recuperar, pois isso depende de muitos fatores, incluindo idade, personalidade, forma física, horas de sono antes do vôo e o destino da viagem. Diversos estudos realizados com tripulações mostram que voar para o oeste é mais fácil do que voar para o leste.

A evidência sobre o que fazer a respeito do problema com o fuso horário é complexa. A maioria dos especialistas concorda que o mais sábio é utilizar métodos que não utilizem drogas. Pílulas para dormir são um problema, pois o retardo da circulação pode contribuir para o risco de uma trombose em vôos longos, e porque até mesmo efeitos suaves de ressaca vão ser adicionados à tontura, quando você acordar. Estudos oferecem resultados conflitantes sobre a efetividade da melatonina e suplementos de triptofano, vendidos em lojas de alimentos naturais. Tanto o triptofano como a melatonina são produzidos naturalmente pelo corpo para regular o ciclo circadiano. O álcool piora o problema com o fuso horário, porque rompe a fase REM ou o sonho durante o sono, que é necessário para que o sono seja restaurador. A cafeína é útil depois que o avião pousa e você pode beber muita água, mas não durante o vôo, quando você está propenso à desidratação.

Alguns enfoques behavioristas são sustentados por pesquisas. Eles são muito complicados, mas se você está muito motivado, pode tentá-los.

A dieta antiproblemas com fuso horário de Argonne. Desenvolvida pelo Departamento de Energia do Laboratório Nacional de Argonne, essa dieta envolve dias alternativos – desde dias de "festividade" com cafés da manhã recheados de proteína e jantares com alto teor de carboidrato, até dias "rápidos", com alimentação extremamente light. Um estudo publicado em *Medicina Militar* mostrou que a dieta foi eficiente com 186 tropas da guarda nacional, que voaram sobre nove regiões com distintos fusos.

Horários de exposição à luz. Você pode sistematicamente "mudar de fase" por meio do aumento da sua exposição à claridade e ao escuro, gradualmente mais cedo ou mais tarde (dependendo da direção em que está viajando). Uma pesquisa do Centro Médico Rush da Universidade de Chicago mostrou que luzes brilhantes intermitentes durante o período da manhã e melatonina durante o período da tarde fazem o ritmo circadiano avançar uma hora a mais por dia. Isso poderia ser vantajoso quando se está viajando para o leste.

É possível pegar emprestado as idéias principais dessas técnicas sem segui-las ao pé da letra. Por exemplo: se você acabou de vir de Nova York para Londres, pão e batatas no seu jantar podem ajudá-lo mais tarde, quando estiver tentando pegar no sono. E quando o alarme do seu despertador disparar logo cedo, você poderia abrir as cortinas logo de cara e tomar seu café sentado em frente à janela. Se quiser tentar tomar a melatonina quando for viajar para o leste, os Institutos Nacionais de Saúde aconselham de um a três miligramas, muitas horas antes da hora de dormir e por muitas noites, uma vez que você tenha chegado ao seu destino.

Uma prática behaviorista livre de medicamentos diz respeito a começar a se adaptar com o seu novo fuso dias antes de chegar ao seu destino. Gradualmente, mude a hora em que vai para a cama e a hora em que acorda. Ajuste também sua exposição à luz usando óculos escuros e cortinas, escolhendo ficar dentro ou fora de certos ambientes.

Muitos dias antes de você viajar		
Se você está prestes a voar...	Vá para a cama e acorde...	E escolha...
Leste	Mais cedo	Procure a luz do dia Evite a luz da noite
Oeste	Mais tarde	Evite a luz do dia Procure a luz da noite

Se você pode gastar tempo e dinheiro, chegue ao seu destino cedo o suficiente para se ajustar, pelo menos um dia antes, se possível. Atletas de elite geralmente têm menos problemas com fuso horário do que a maioria das pessoas, por causa de seu desenvolvimento físico. No entanto, eles decompõem em fatores o problema do fuso em suas agendas, pois as apostas são muito altas em competições mundiais. Nas Olimpíadas, vários competidores chegam uma semana antes do agendamento de suas provas.

DICAS
Para guerreiros das estradas do céu

- Ajuste seu relógio de pulso para seu novo fuso no momento em que colocar o cinto de segurança do avião.
- Leve fones de ouvido e uma máscara para os olhos para ajudá-lo a dormir melhor.
- Beba água; evite bebidas alcoólicas; use a cafeína estrategicamente.
- Mude sua hora de dormir e de acordar, mas não deixe de dormir.
- Dê-se um tempo para se recuperar da viagem antes de eventos importantes e use seu chaveiro de auto-reconhecimento para se preparar.
- Pratique suas chaves de mudança de estado para reduzir frustrações, especialmente para inconveniências ocasionais.

Capítulo 12
E se você (ou seus filhos) tem distúrbio de déficit de atenção?

Adaptar-se a si mesmo é mais importante,
e não a adaptação à maioria.
— OTTO RANK

As ferramentas fornecidas nesta obra são para todos, mas se você (ou seus filhos) tem distúrbio do déficit de atenção (DDA), vai se beneficiar ainda mais com essas ferramentas. Aprender a usá-las é um desafio, pois a prática requer paciência, que não é sua característica mais forte. Mas você tem outras características fortes – é desembaraçado e extremamente determinado quando você acredita no que está fazendo. Nesse ponto, no entanto, é compreensível que você não saiba em que acreditar a respeito de seu DDA.

O distúrbio do déficit de atenção é um diagnóstico relativamente novo, que ainda tem muitas controvérsias, dados conflitantes e uma indústria milionária como apoio. Os significados literais da palavra não são eficientes, na verdade são detestáveis e irreais: DDA não é um "déficit" de atenção. Pessoas com esse problema podem se concentrar tão intensamente de tempos em tempos que ficam ausentes para o resto do mundo. Elas têm dificuldade em regular sua atenção – priorizar, entrar em sincronia com os outros e proporcionar a si mesmas uma jornada tranqüila.

Brian, de nove anos, e sua mãe chegaram ao meu consultório pela primeira vez. Notei as palavras "distúrbio de déficit de atenção" em letras grandes na capa de um livro que a mãe dele estava lendo e me apresentei para Brian. A primeira coisa que ele disse foi: "Se você me disser que eu tenho uma doença cerebral, não converso com você".

As palavras "distúrbio de déficit de atenção" parecem depreciativas e ofensivas para adultos e crianças. Ao mesmo tempo, se você tem esse tipo de química cerebral, é importante entender que seu cérebro funciona de forma diferente em algumas situações específicas. Quando você entende, sente-se sossegado. Você está livre para parar de se comparar com outros desfavoravelmente e começar a descobrir como ser o melhor que pode. Eu uso a técnica cognitiva de remodelar o DDA – vendo-o como útil às suas perspectivas exatas – e encorajo adultos e crianças com DDA e seus pais, professores e conselheiros a fazerem o mesmo. Neste capítulo, você vai aprender várias maneiras de como fazer isso.

No que você acredita?

Se você tem DDA, pode estar esbarrando no problema de suas habilidades para fortalecer seu foco serem atingidas. Talvez seja uma corrida árdua. Você vem sendo mal-entendido porque não presta atenção da mesma maneira como outras pessoas prestam. Apenas presta atenção do jeito que sabe – você procura e segue – e isso tem seus pontos positivos e negativos.

Como você deve saber bem, quando realiza uma procura, não necessariamente filtra detalhes irrelevantes. Isso o faz ser mais propenso a ver as coisas de novas maneiras, mas também a ficar mais propenso à distração. E quando você persegue algo, está propenso a se sentir intenso, inflexível e extremado. Isso o faz persistir tenazmente contra probabilidades desfavoráveis, mas também o faz sentir-se mais vulnerável para idéias irreais.

A parte ruim do DDA é que os adultos com esse distúrbio têm de carregar sentimentos ruins de seus dias de infância na escola. Infelizmente, salas de aula tradicionais estão fora do padrão para crianças que apresentam DDA. As salas de aula são montadas para recompensar alunos que se sentam quietos e filtram a bagunça que vem de outras crianças e de sua própria imaginação e pensamento. Elas punem alunos que não colocam de lado suas próprias buscas para terminar tarefas que consideram como muito arbitrárias e imediatistas para suas idéias.

Se você foi uma criança com DDA, já tentou fazer as coisas da maneira como os outros fazem, mas terminou desencorajado e frustrado? Já lhe deram uma nota ruim e já o compararam desfavoravelmente com seus colegas de classe e irmãos? Você construiu paredes rígidas de autoproteção? Cresceu com raiva e assustado por pensar que não era bom o suficiente? Criou maneiras de esconder seus medos de você mesmo e das pessoas à sua volta? Então, você não está sozinho e não foi culpa sua.

Frank gostou da idéia da lista de três itens a fazer, mas, quando tentou, descobriu que não podia escolher apenas três itens e deixar outros de lado. Seus trabalhos não concluídos chamavam por ele enquanto corria de um lado para o outro. Quando se forçava a parar e ser emocionalmente honesto, percebeu que seu constante senso de urgência era uma cobertura para o sentimento depressivo de que ele era um impostor.

Frank é altamente habilidoso em programação de computadores, mas, lá no fundo, sentia medo e vergonha de ser uma pessoa que promete mais do que pode oferecer e fazer. Ocupando-se com muitos projetos de uma só vez, desviou a atenção de seu medo e vergonha. Se parasse um pouco, esses sentimentos apareceriam; ele se sentia extremamente culpado devido a erros do passado. Brilhante como era, agarrou-se a essas táticas de desvios, perpetuando esse ciclo. Para se esconder do sentimento como alguém que não termina o que começou, mantinha-se ocupado fazendo tudo ao mesmo tempo; então, esse estado de extrema ocupação o fez começar mais coisas do que terminar.

Se você, como o Frank, começa mais coisas do que termina, livre-se de suas culpas e auto-acusações. Em vez disso, entenda-se e se valorize. Considere as muitas razões para esse padrão de vida:

- Pessoas com DDA têm uma excepcional e poderosa resposta de orientação (conforme você leu no Capítulo 3). Seu cérebro é um ímã para novidades, sua química cerebral anseia vorazmente pela adrenalina que a novidade proporciona a você.
- Terminar um projeto quer dizer que é hora de ser avaliado por ele. A maioria das pessoas com DDA cresce com um constante medo de receber suas avaliações de volta, com um monte de "x" vermelhos por erros de gramática, escrita ou qualquer outro detalhe que tenha passado despercebido. Se você não entregou seu trabalho, sentiu-se aliviado por não tirar "nota D". Isso o condicionou a interromper um trabalho quando está prestes a entregá-lo.
- O DDA lhe deixa propenso a subestimar o quanto você é capaz de fazer algo em um período de tempo. Quando você não consegue cumprir suas promessas, sente-se culpado e se esconde, mergulhando em uma nova tarefa.

Fique centrado na energia

Depois que Frank desmascarou a constante sensação de urgência que tanto o protegia quanto o prendia, decidiu aplicar uma ferramenta imaginária que inventou para quando ficasse muito intenso ou hiperfocado:

"Imagino como é dirigir no deserto durante o verão e vejo uma miragem causada pelo calor. A estrada realmente parece ondulada, mas sei que não é. Então, lembro-me de que o que estou fazendo não é tão urgente assim. É uma miragem causada pelo excesso de calor no meu cérebro".

O que você acha dessa metáfora útil para livrar-se das algemas de um estado de lute-ou-fuja? Essa ferramenta mental é perfeita para o trabalho. O uso de imagens ajuda a repassar para o gerente cerebral a necessidade de ele estar no comando (que não é quando o processo de lute-ou-fuja está acontecendo). O uso de imagem requer lógica, análise ou atenção aos detalhes. Como Frank, uma vez que você reconheceu que suas defesas foram abandonadas, pode usar sua força para pensar em suas próprias imagens mentais, a fim de retomar seu equilíbrio.

Novas estratégias para velhos problemas

Ninguém quer rever memórias amargas. Remoer dores do passado traz mais sentimentos ruins para as partes mais íntimas de seu cérebro. Mas quando você traça uma defesa para uma memória do passado ruim e a encara, pode se livrar do seu domínio e seguir em frente.

Impotência aprendida

Nos anos 1970, os psicólogos Martin Seligman, Ph.D., e Don Hiroto, também Ph.D., conduziram uma série de estudos que mostraram como uma falha precoce fez pessoas capacitadas desistirem muito cedo de tentar, fez até mesmo com que perdessem a habilidade de aprender com os próprios erros. Desde então, muitos outros pesquisadores reaplicaram esses estudos usando variações do modelo básico de Seligman e Hiroto.

No paradigma original da impotência aprendida, os voluntários tinham que ouvir um barulho alto a partir de um botão que emitia o som. Para o grupo "escapável", apertar o botão fazia o barulho parar. Para o grupo "sem escapatória", apertar os seus próprios botões não fazia o barulho parar – eles estavam reunidos ao grupo escapável. Em outras palavras, para os voluntários que escapavam, o barulho só parava quando os voluntários do grupo escapável apertavam os botões. Então, foi dada uma nova tarefa a cada voluntário. Para escapar do barulho, desta vez, tudo que um voluntário tinha de fazer era mexer a mão em direção à "caixa de transferência a dedo". O grupo escapável parou facilmente o barulho, exatamente como os voluntários que serviram de controle e não ouviram barulho nenhum. Mas o grupo sem escapatória não parou o barulho. Em vez disso, eles ficaram sentados e aceitaram passivamente o barulho, embora a possibilidade de pará-lo estivesse próxima de suas mãos. Eles tinham aprendido a ser impotentes.

Em outros estudos, quando três grupos de voluntários receberam uma possível fuga similar, sem fuga ou sem condicionamento por barulho, os voluntários do grupo de barulho escapável foram muito piores do que os outros. Os voluntários de barulhos inescapáveis não conseguiram resolver problemas de anagramas ou encontrar padrões de anagramas quando as letras eram rearranjadas na mesma ordem errada repetidamente. E eles não se beneficiavam de seus erros em tarefas como escolha de cartas para aumentar a acuidade de prever seus próprios sucessos e falhas.

As respostas do grupo de barulho escapável mostraram que eles acreditavam que os resultados dependiam de suas ações. As respostas dos voluntários do barulho inescapável mostravam que eles tinham dificuldade em acreditar que suas atitudes poderiam afetar os respectivos sucessos e falhas.

Quando encontro adultos com DDA e eles me contam histórias de como foi crescer na escola, sempre me lembro dos voluntários do barulho inescapável no paradigma da impotência aprendida. Eu os imagino sentados na sala de aula, muito parecidos com os voluntários que estavam sentados em frente a um botão que não desativava um barulho estridente. Eles tentaram expressar suas opiniões, pensar por conta própria e buscar questões que importavam para eles, mas foram mal entendidos, reprimidos e receberam notas baixas.

Agora, como adultos, eles ainda se sentem constantemente presos e incertos de que podem obter sucesso. Como os voluntários do barulho inescapável, eles não percebem o retorno de seus novos sucessos e duvidam que suas atitudes possam influenciar seu próprio sucesso e falha. Quando crescem, a única maneira que têm de desligar a dor da falha é se esconder atrás de seus muros de defesas. Eles não acreditam que agora vivem outra situação.

Remodelando o DDA

O DDA é uma categoria heterogênea que pode ser vista de muitas perspectivas diferentes, então, por que não escolher a mais útil? Faça um tratamento, busque acomodações e utilize recursos que o ajudem com o DDA, mas, em vez de se centrar na sua fraqueza, enfatize seus pontos fortes. Remodele o DDA para você mesmo e seu filho de maneira que se apóiem em uma auto-imagem positiva. Algumas evidências intrigantes foram descobertas, as quais apóiam a visão de que, historicamente, o DDA ofereceu uma específica vantagem biológica.

Caçadores em um mundo de fazendeiros

Em 1993, Thom Hartmann, especialista em DDA, escreveu o livro *Attention Deficit Disorder: A Different Perception*. Ele propôs uma nova visão do DDA como traço adaptativo natural: o DDA lhe dá uma vantagem biológica para caçar, mas uma desvantagem para cultivar. Os problemas ocorrem quando, metaforicamente, caçadores são forçados a cultivar.

Procede, não é mesmo? Se você tem DDA, possui as mesmas qualidades que os melhores caçadores. Você monitora seu ambiente constantemente; pode cair em uma perseguição em um piscar de olhos e é capaz de manter a atenção quando está "com o sangue quente". Por outro lado, a maioria dos professores, bibliotecários e outras pessoas que fazem parte do mundo da educação assemelham-se a "fazendeiros". Eles sustentam esforços equilibrados que dependem de suas tarefas no dia-a-dia. Assim, acalmam-se.

Na visão do DDA como um distúrbio, somente os fazendeiros são normais; caçadores não. Na visão do DDA como um traço de adaptação biológica, tanto os caçadores como os fazendeiros são normais. Os problemas acontecem quando os caçadores entram em desacordo com as demandas do ambiente, que, na maioria das situações, favorecem primeiro os fazendeiros. Aqui estão mais algumas comparações feitas entre as duas visões.

DDA como um distúrbio versus DDA como um traço adaptativo			
DDA como um distúrbio		DDA como um traço adaptivo	
Sintomas	Normal	Caçador	Fazendeiro
Desatento	Atento	Procurando diversão	Focado em tarefas
Extremamente intenso e urgente	Relaxado	Não perde aquele alvo de vista	Descansa ao pôr-do-sol; retoma no outro dia
Planejamento pobre	Planeja bem	O que está na sua frente agora é o que conta	Antecipa as estações, planta em fileiras
Impaciente	Paciente	Vai direto ao ponto; boas coisas se vão e não esperam por você	Espera a plantação crescer; coisas boas levam tempo

Nas palavras de Thom Hartmann: "Tomar decisões momentâneas, que chamamos de impulsividade, é uma habilidade de sobrevivência, se você é um caçador". Por outro lado, as tarefas de um fazendeiro têm de ser feitas. "Se este é um dia perfeito para plantar, você não pode repentinamente decidir caminhar pela floresta".

Diversidade na natureza é bom

Em janeiro de 2002, um grupo de pesquisadores em genética da Universidade da Califórnia, em Irvine, divulgou uma experiência notável em apoio à teoria do traço como adaptação. Eles conseguiram mapear a primeira aparição da variação do gene associado com o DDA, em um ponto temporal localizado há 10.000 e 40.000 anos – e demonstraram uma posição para isso ao longo do tempo. Em outras palavras, representava uma vantagem constante entre os humanos.

Essa variação genética é o alelo 7R, do gene DRD4, que produz receptores para a substância química cerebral dopamina (um alelo é uma unidade genética que permite variação). Esse gene "buscador de novidades" tem sido ligado ao DDA e à aparente produção desequilibrada de dopamina. Os novos achados revelam que essa variação apareceu pela primeira vez na era em que os humanos estavam explorando a terra rapidamente. Na base de sua significante seleção positiva, essa variação pode ter ajudado o ser humano a travar batalhas e a sobreviver. De acordo com Robert Moyzis, Ph.D., professor de biologia química:

> "Nossos dados mostram que a criação do alelo 7R foi uma mutação fora do comum, espontânea, que se tornou uma vantagem para os humanos. Por ter representado uma vantagem, o gene se tornou prevalente. Esse é um gene diferente dos outros que são predispostos a distúrbios genéticos, onde as mutações são prejudiciais".

Essa variação genética continua a ser uma vantagem nos dias de hoje? Estamos vivendo a resposta desta pergunta agora. Caçadores bem-sucedidos são bem representados entre empresários, pilotos de guerra, paramédicos e pilotos de Nascar. Mas caçadores menos afortunados lutam para obter sucesso em salas de aula tradicionais, escritórios-cubículos e em relacionamentos nos quais não são compreendidos.

Ben era um aluno de faculdade com DDA que tirava notas baixas. Embora seus professores gostassem dele, eles o consideravam um aluno abaixo da média.

Em um verão, Ben foi para a China por meio de um programa de intercâmbio para estudos no exterior. Durante sua estadia, colocou seu coração e alma para vivenciar a China como um chinês. Trabalhou no campo e em fábricas, fez amigos, tentou falar chinês e usou pauzinhos para comer nas ocasiões em que as famílias ofereciam a ele pratos feitos com tartaruga, sapo ou cabeça de peixe; ele experimentava tudo. Os outros estudantes comiam em algum McDonald´s.

Fora da sala de aula, Ben na realidade é um aprendiz muito melhor do que a maioria das pessoas. Ele não memorizou fatos sobre a China que estavam nos livros, mas era um verdadeiro estudante da China, respirando-a e fazendo parte dela.

Viver com a variação 7R do gene da dopamina é o que faremos. É sua escolha entender e apreciar suas qualidades. A diversidade biológica é um dos maiores presentes da mãe natureza para nós. Caçadores e fazendeiros podem se beneficiar igualmente se lembrados de que qualquer força levada aos extremos é uma fraqueza.

Convidada por uma amiga, fui certa vez a uma reunião de um clube de investimentos inspirada pelas famosas "Senhoras de Beardstown". Esse grupo em particular de mulheres era cuidadoso, meticuloso e metódico. Elas pesquisavam com inteligência e discutiam avaliação de analistas, taxas de gastos, ganhos divididos, medidas de taxa de crescimento, valores de bens da internet, alfa, beta, volume e volatilidade de várias ações. Mas, horas depois, quando a reunião já estava suspensa, elas ainda não tinham feito nenhuma compra. A frase que ficou habitando meus pensamentos foi: "fazendeiras em um mundo de caçadoras".

Genes da suscetibilidade

É também de grande ajuda saber outro aspecto importante sobre os genes que estão ligados ao DDA. Genes que influenciam a atenção não são os mesmos que determinam a cor dos olhos. Os geneticistas chamam genes receptores de dopamina, como o DRD4, de genes de "suscetibilidade". Em outras palavras, eles interagem com outros genes e o ambiente para criar um "potencial" para DDA.

De acordo com os geneticistas, centenas de genes influenciam nossa personalidade individual e pontos de evidência para continuação dos traços. Em outras palavras, distúrbios de atenção são os extremos de um limite normal de aptidões e qualidades. Seus outros genes, as habilidades que você aprendeu e seu ambiente atual de trabalho contribuem para que você tenha ou não DDA e quão severo seja, se você o tiver.

Vamos dizer que você realmente tenha o alelo 7R do gene DRD4 e produza dopamina descontroladamente. Você pode ter outros genes que mitigam esses efeitos, como aqueles que influenciam a produção de serotonina. Ou seu pai pode ter o mesmo gene e ter lhe ensinado logo cedo como lidar com isso, talvez pelo seu bom exemplo. Talvez você trabalhe em um cenário que não exija tantas tarefas de "plantações". Você poderia ter os traços que vêm com esses genes, mas não com a severidade de problemas que faz deles um "distúrbio".

O traço Edison

No meu primeiro livro, descrevi o perfil da personalidade de pessoas brilhantes e imaginativas que são "pensadoras divergentes". Em outras palavras, suas mentes se clareiam com muitas idéias de uma vez só em ritmo não linear. Diferentemente dos "pensadores convergentes", com mentes seqüenciais e ordenadas, adultos e crianças que apresentam o traço de Edison geralmente colidem com o mundo exterior.

> Sophie, agora no seu segundo ano de faculdade, veio ao meu consultório sorrindo. Quando perguntei-lhe por que sorria, disse que tinha acabado de passar pela escola onde tinha feito o ensino médio, justamente na hora da saída, e viu muitas crianças com suas mochilas de rodinha. Ela explicou que, quando estava na sétima série, comprou uma para levar para a escola. Como em muitas escolas atuais, os alunos não podiam ter armários (para não esconderem contrabandos). Como conseqüência, eles têm de carregar livros pesados da escola para casa e vice-versa.

Quando Sophie levava sua mochila de rodinha para a escola, ela era isolada por ser considerada "estranha". Porém, o que realmente aconteceu é que ela estava à frente de seu tempo.

Sophie viu uma solução original e eficiente que ninguém mais viu; essa é uma característica definitiva do traço de Edison, que ficou muito inconformado quando foi expulso da escola duas vezes. Quando Edison foi ensinado de uma maneira que enfatizasse seus pontos fortes – encorajado a construir seu próprio laboratório de ciências para que sua mente inquiridora pudesse aflorar –, ele se tornou o inventor mais prolífico na história dos Estados Unidos.

Se você tem características de traços de Edison, você está mais propenso a ter DDA. É mais importante para você praticar habilidades e estratégias para permanecer focado. Lembre-se do Capítulo 4: seus hábitos ao longo do tempo fortalecem ou enfraquecem regiões de seu cérebro.

Seja como Thomas Edison e use seus pontos fortes para encarar seus desafios. Os hábitos que você pratica influenciam o seu sucesso. Os genes não determinam o comportamento humano; já as escolhas que você faz, sim.

Sua zona de foco é rodeada por despenhadeiros

Pessoas que desenvolveram boas estratégias para cooperar com os desafios do DDA geralmente as utilizam bastante.

- "Você não entende. Eu preciso limpar a minha mesa antes de ir para a cama. Não sou como todo mundo. Se eu deixar tudo bagunçado, não vou conseguir sentar nela durante dias."
- "Para algumas pessoas, exercício é exercício. Se erram, corrigem. Para mim, exercício é tudo. Se eu errar, meu dia está acabado."
- "Quando trabalho, coloco meu celular em outra sala. Desligar não é o suficiente para mim. Sou como um chocólatra que tem de manter todo e qualquer chocolate fora do alcance da vista."

Se você tem DDA, quando ficar distraído tem de lutar para se concentrar novamente, para reencontrar o foco. Então, quando achar uma rotina que funcione, esteja certo de se manter nela, mesmo que outras pessoas discordem.

Pense na curva em "U" invertido. Imagine o arco que vai do entediado ao focado e para baixo, em direção ao hiper. Para a maioria das pessoas, isso é uma ladeira suave e gradual. Para você, é um despenhadeiro imenso. Se você cair, terá uma longa escalada para retornar à sua zona de foco.

Reconhecer e bolar estratégias

Se você tem DDA, pode se ajudar engajando-se em hábitos saudáveis: sono regular, nutrição balanceada, exercício físico, uso coerente de estimulantes – todas as habilidades de comportamento que aprendeu no Capítulo 8. Essas rotinas irão ajudá-lo a ficar longe da beira do despenhadeiro.

Além disso, a autoconversação útil permite que você trabalhe favoravelmente seu DDA, e não contra ele.

Reconheça: "Eu quase consigo terminar as coisas a tempo".
Crie uma estratégia: "Vou reservar um pouco mais de tempo".
Reconheça: "Preciso de estimulação".
Crie uma estratégia: "Vou para uma livraria".

Reconheça: "Eu preciso de silêncio".
Crie uma estratégia: "Vou estudar na biblioteca".

Quando você remodela seu DDA em termos positivos, tem menos necessidade de se proteger. Você está mais livre para reconhecer os problemas para os quais precisa de estratégias e pode admitir sua dificuldade em controlar o tempo e passar a administrá-lo melhor quando tiver uma data de entrega ou um compromisso.

Reconheça que você tem um relacionamento com a estimulação diferente da maioria das pessoas. Alguns dias, você terá de ir a um café para estudar; você precisa de novos lugares e sons e da infusão de energia que recebe da presença de outras pessoas. Alguns dias, você terá de ir a bibliotecas. O som da sua própria respiração o distrai.

Aprenda o máximo que puder sobre seu DDA. Reconheça que ele se manifesta em muitos níveis diferentes. Como Carl Jung certa vez disse: "Todos os cadáveres do mundo são quimicamente idênticos, mas indivíduos vivos não são". O que importa são as atitudes que precisa tomar para se manter na sua zona de foco.

Medicação: uma decisão pessoal

Todas as medicações para tratar o DDA de alguma maneira ajudam a regular a adrenalina. Algumas drogas usadas mais amplamente são estimulantes que agem nos receptores de dopamina.

A decisão de usar medicamentos para tratar seu DDA ou de seu filho é extremamente individual. Eduque-se a respeito e pese suas preocupações. Quais são os riscos? Quais os benefícios? Converse com seu médico. Explore todas as suas escolhas, com ou sem medicação.

Esteja aberto a diferentes possibilidades. Algumas vezes, duas pessoas podem ter sintomas muito parecidos, mas a medicação é boa para uma pessoa e não para outra. Um remédio pode funcionar bem em uma fase da sua vida, mas talvez menos depois de um ou dois anos, portanto, trata-se de uma escolha que você faz várias vezes, conforme as mudanças de sua vida.

Estimulantes são eficazes depois de mais ou menos uma hora da ingestão e seus efeitos podem durar várias horas ou o dia inteiro, se você tomar uma fórmula de sustentação prolongada. Por causa disso, você pode escolher como deseja usá-los, como se fossem uma ferramenta. Por anos, aconselhei um escritor com DDA que faz uso de medicação regularmente. Quando ele tem de prestar atenção a detalhes como notas de pesquisas e finanças, ele toma, mas quando deseja pensar livremente, fazer novas conexões, não toma.

Uma ferramenta, não uma muleta

Se você realmente optar pela medicação, o modo como a encara é de extrema importância. Tomar remédio não quer dizer que não precise mais praticar suas estratégias e habilidades e sim que tem uma ferramenta poderosa para melhorar ainda mais seus resultados.

Se você decidir dar medicação ao seu filho, a maneira como vai apresentá-la a ele pode ser crucial. Alguns pais descobrem isso nos primeiro dia em que se esquecem de dar a medicação para seus filhos. A criança falha em um teste que nem ao menos tentou passar, pois se lembrou de que se esqueceu de tomar o remédio. Ou os pais são chamados na escola porque o filho bateu em um colega de classe e explicam que isso aconteceu "porque ele não tomou o remédio".

Portanto, faça seu filho saber que a medicação não substitui o autocontrole. O propósito é apenas aumentar os esforços de uma pessoa, não ser um substituto. Explique que o remédio não toma o lugar das habilidades de construção e aplicação de estratégias. É um meio de ajudá-lo.

Pesquisas mostraram que 30% das crianças que tomam medicação para DDA param de tomar após dois anos, e 60% param após três anos. De acordo com o Manual do Educador de Crianças e Adultos com Distúrbio de Déficit de Atenção, "as implicações por autoconfiança estão claras. Talvez o uso de medicação seja mais adequado visto como uma janela de oportunidades, em que os educadores focam o ensino organizacional e as estratégias de aprendizados".

Os adultos, assim como as crianças, podem usar a experiência da medicação como uma janela para oportunidades de aprender. Quando você vive a experiência de ser mais organizado, tem mais dicas de como tentar sentir aquilo de novo.

Se você tem pressão alta, tomar remédios para pressão não significa que possa comer alimentos salgados ou se tornar uma pessoa sedentária. Se você tem colesterol alto, tomar estatina não permite que coma alimentos gordurosos, molhos cremosos e sobremesas soberbas. Tomar um estimulante para melhorar a atenção não é diferente. Para melhores resultados, você precisa usá-lo em combinação com um programa mental e dieta, corretamente. Continue a praticar as habilidades, estratégias e hábitos saudáveis que o mantêm na sua zona de foco.

O efeito Bannister

Quanto da limitação humana é mental, quanto é física? Exceto por extremos óbvios – pular do topo de um prédio –, a resposta mais correta é: "Não sabemos". Uma vez que todos estamos em um estado contínuo de mudança, a resposta mais motivadora é: "Dê o seu melhor e veja o que acontece".

Antes de 1954, ninguém tinha corrido um quilômetro e meio em menos de quatro minutos. As pessoas achavam que era impossível, que o coração estouraria devido à pressão. Foi quando Roger Bannister se tornou o primeiro maratonista a ultrapassar esse limite. Em um ano, muitos outros quebraram o recorde de um quilômetro e meio em quatro minutos. Vendo que isso poderia ser feito, esses corredores mudaram seu estado de crenças autolimitantes.

Hoje, muitas pessoas com DDA aprenderam a se focar e ter sucesso, algumas com resultados espetaculares. David Neeleman, descobridor e presidente da JetBlue, inventor do bilhete eletrônico, capitalizou em cima de seus pontos fortes do DDA. Ele diz que excedeu de longe os problemas que o DDA lhe causou. Paul Orfalea, fundador do Kinko's, também usou o DDA como uma vantagem a seu favor. Ele é criteriosamente contra a palavra "déficit", pois não acha que corresponde à verdade. Um amigo próximo a ele chama-o de "DAA" – Distúrbio da Atenção Acelerada.

Se você chegou a acreditar que é fisicamente impossível ultrapassar suas barreiras – se tem um senso de impotência em relação a elas –, talvez esteja na hora de questionar seus limites. Como Roger Bannister e todos os outros corredores que venceram obstáculos de um quilômetro e meio em quatro minutos, é preciso estar aberto a uma nova crença. Na minha prática, trabalhei com pessoas que tinham suas próprias "revelações Bannister" – sentados em uma sala de aula, decididos a dar tudo de si para tirar uma nota mais alta, assumir novas responsabilidades no trabalho ou se comprometer novamente em um relacionamento, com a boa vontade de entregar-se totalmente ao momento presente.

Está na hora de se dar um novo começo? Como Norman Cousins uma vez observou: "O progresso começa com a crença de que o que é necessário é possível".

Parte IV

Sua zona de foco como um modo de vida

Quanto mais você usar suas novas chaves, mais fácil será permanecer na sua zona de foco e também ensinar seus filhos a fazerem o mesmo. Os capítulos conclusivos desta Parte IV vão ajudá-lo a guiar seus filhos, assim como encorajá-lo a apreciar o poder de sua atenção diária.

Capítulo 13
Ensinando as crianças a prestar atenção

Se o desafio da paternidade e da maternidade pudesse ser reduzido para uma única tarefa, seria a de ajudar crianças a desenvolverem seus próprios talentos, habilidades e recursos, para assim, conseguirem viver sem os pais.
— LEE SALK, Ph.D.

Em uma palestra para pais, em que explico como ajudar as crianças a fazerem boas escolhas quando se trata de videogame e de tevê, uma mãe na platéia comentou: "Não entendo o grande problema colocado quando a criança decide fazer algo. Eu decido quando ligar a tevê e quando desligá-la, e isso é tudo. Outros pais não têm esse mesmo controle". Perguntei a ela quantos anos tinham seus filhos. Ela disse que estavam com nove e 11 anos. Percebi que ela não fazia idéia do problema que estava prestes a ter em um ano ou dois.

Aconselhei várias crianças, adolescentes e jovens adultos, pois suas desenvolturas não conhecem limites. Se eles querem assistir a um DVD proibido para a idade deles, assistirão, pois têm amigos que assistem a tevê sem nenhuma supervisão. Se desejam jogar videogames que têm limite de idade, irão jogar, pois conhecem outros lugares onde podem jogar fliperama. Eles podem ter dificuldades para procurar um trabalho de história, mas conseguem facilmente achar sites onde podem burlar as senhas de controle de acesso inseridas pelos pais e apagar os endereços dos sites que visitaram. E quando vão para faculdade, aqueles que viveram sob regras rígidas em casa ficam bêbados com tamanha liberdade – e muitas cervejas – a cada chance que têm.

Adolescentes e jovens adultos precisam testar os limites deles. Está no script a tarefa de desenvolvimento para cada idade. Pense em quando você era adolescente ou tinha seus 20 anos. Você tomou decisões que não precisaria tomar se seus pais estivessem presentes?

Não podemos controlar nossos filhos. Eles começam a exercitar o livre arbítrio quando ainda são pequenos e estão sentados na cadeira, recusando-se a comer os vegetais que tentamos lhes dar na boca. Nós podemos ensinar-lhes a ter autocontrole. E, então, eles podem tomar boas decisões, mesmo se nós não estivermos por perto.

Ensinando o autocontrole

Não se deixe ser pego em batalhas para obter controle e não deixe que seu filho o irrite. Você é adulto, recuse-se a ficar do lado oposto daquele de seu filho.

Isso não quer dizer que você esteja se "rendendo". Quer dizer que está remodelando sua relação entre pais e filhos para algo mais importante – ainda que você discorde, ambos estão do mesmo lado. Você pode manter o bom humor, ser assertivo, impor limites, reforçar regras e acalmar o ânimo de seu filho, tudo isso sem dramas, gritarias ou comoções.

Pense na maneira como um policial pede para você encostar seu carro quando está correndo demais. Ele não grita com você ou pergunta como pôde fazer aquilo com ele de novo. De uma maneira respeitosa e assertiva, ele lhe aplica uma multa e o deixa ciente de suas ações.

Assim, também o pai e a mãe são os primeiros professores de uma criança. Você está em uma posição excelente para guiar seus filhos a construir habilidades de atenção, mas somente se seus filhos confiarem em você e sentirem seu apoio quando cometem os inevitáveis erros de que precisam para aprender e amadurecer.

Maturidade importa

A maneira como você ensina o autocontrole vai depender da idade da criança. Crianças pequenas precisam de regras simples e diretas para seguir. Até por volta dos sete anos, tenha mais atitude com seu filho; explique menos. Liste três ou quatro atividades rotineiras mais importantes dele, preferivelmente com figuras, caixas para uma estrela ou um adesivo para cada dia da semana. Lembre-se de reservar um tempo para manter-se calado.

Por volta dos sete anos, comece uma aproximação educacional para ensinar autodisciplina. Pergunte-se sobre o que seu filho está aprendendo, sobre a maneira como impõe limites e veja os resultados. Sua filha está escondendo a verdade para não levar um castigo? Ou está aprendendo a corrigir os próprios erros para que ela possa melhorar?

Proteja seus filhos com normas até que eles sejam maduros o suficiente para lidar com os problemas por conta própria. À medida que eles forem ficando mais velhos, permita gradualmente que tenham mais voz ativa nas regras que vão criar para si mesmos.

Cinco passos para ensinar as crianças a prestar atenção

Este capítulo descreve cinco passos para ensinar as crianças a permanecerem focadas:

Passos para ensinar as crianças a prestar atenção

Passo 1: Seja um bom exemplo.

Passo 2: Recompense a atenção, não a interrupção.

Passo 3: Dê ferramentas para seus filhos.

Passo 4: Imponha limites.

Passo 5: Acredite em seu filho.

Remodelar as atitudes pode ajudar você a manter uma perspectiva saudável. Se ficar enfurecido ou desencorajado, use seus sentimentos como dicas para se lembrar de que a infância de seu filho ou filha vai passar muito rapidamente. Olhe além de suas frustrações e lembre-se de aproveitar esse tempo precioso.

Dê-se crédito por tudo o que faz e pelos desafios que aparecem na sua vida e que tem de enfrentar como pai ou mãe. As demandas são grandes, mas as recompensas são ainda maiores.

Passo 1: Seja um bom exemplo

Sarah era uma criança imaginativa, que sonhava acordada e tinha problemas em permanecer focada em sua lição de casa. Testes psicológicos e educativos mostraram que ela era brilhante, mas imatura e no limite do DDA. Jackie, sua mãe, leu meu livro *Dreamers, Discovers, and Dynamos* e veio me ver para aprender o que podia fazer para ajudar sua filha em casa.

Pedi a Jackie para descrever como se encontrava a casa quando Sarah fazia a lição. Ela disse que ficava na cozinha cozinhando e Sarah por perto, na mesa da cozinha, para que pudesse pedir ajuda. Seu filho mais novo, Sam, brincava na sala ao lado, onde ela podia vê-lo da cozinha. Seu marido não chegava em casa antes das sete horas da noite.

Quando me encontrei com Sarah, conversamos e fizemos desenhos juntas. Ao transferir sua atenção totalmente para o livro, disse: "Está tudo bem, eu ainda estou ouvindo", embora não estivesse. Após a sessão, quando sua mãe e irmão retornaram, o comportamento de Sarah mudou, à medida que ela competia pela atenção da mãe.

No meu encontro seguinte com Jackie, eu compreendia melhor o ponto de vista de Sarah sobre a hora da lição de casa. Começou com o seu modelo: a mãe trabalhadora, bem-intencionada, realizando tarefas múltiplas, ou seja, Sarah não via nela uma mulher concentrada no que fazia. Do contrário, enxergava uma mãe frenética, que interrompia uma leitura de um livro de receita para dar atenção a uma filha que perguntava algo sobre a lição de casa. Se Jackie estivesse adicionando temperos na panela, marcando o tempo para o molho ficar pronto, ou prestando atenção na panela de pressão, e Sarah tentasse chamar a atenção da mãe, ela ouviria um pouco, mas reafirmaria para a filha: "Tudo bem. Eu ainda estou ouvindo". E se Sarah fizesse uma pergunta enquanto Sam estivesse fazendo algo de errado, a atenção da mãe voltava-se para ele, que era mais imaturo, com atitudes infantis. Então, como o irmão, ela chorava e resmungava para também ganhar a atenção da mãe.

Resolvendo o problema
Jackie criou um novo plano para a hora da lição de casa. Mudou o cardápio do jantar, de maneira que o preparo exigisse pouca atenção e ainda impediu Sam de fazer interrupções constantes. Sam gostava de montar Lego, então Jackie estabeleceu uma rotina em que ela sentava com ele e dava-lhe dez minutos de atenção total até que ele ficasse envolvido no que estivesse construindo. Depois, a cada dez minutos em que Sam brincava quieto, sozinho, ela colocava um Lego dentro de uma jarra transparente no balcão. Quando a jarra estivesse cheia, Sam teria as novas peças de Lego que ele queria. Se Sam interrompesse para perguntar se estava na hora de colocar mais um Lego na jarra, demoraria mais dez minutos para ele ter mais um. Se Sam não interrompesse por pelo menos meia hora, ele podia escolher um DVD para assistir quando tivesse terminado.

Um modelo exemplar focado
Finalmente, Jackie estava livre para se sentar com Sarah, enquanto ela fazia sua lição de casa. Eu incentivei Jackie a saber mais sobre neurônios-espelho, o que ela fez por meio da leitura do livro *Inteligência social*, de Daniel Goleman. Com seu novo aprendizado sobre o poder da modelagem, quando Jackie se sentava com a filha, ela escolhia trabalhos que precisassem de concentração – pagamento de contas, supervisão do talão de cheques, atualização das correspondências. Silenciosamente, elas se sentavam juntas à mesa e focadas – Sarah na sua lição e Jackie no seu trabalho.

Jack se forçou a não pular para atender o telefone quando este tocava ou quando ela se lembrava de uma tarefa que precisava ser feita. O objetivo dela era ficar em sua zona de foco. Com os neurônios-espelho no trabalho, Sarah seria levada para sua zona de foco também.

Quando Sarah fazia uma pergunta, Jackie dava a ela sua atenção total, mas não fazia o trabalho por ela. Em vez disso, ela voltava para seu trabalho, com a não pronunciada expectativa de que Sarah faria o mesmo. O ambiente estava completamente diferente de antes. Em vez de um estado de barulho e movimentos constantes e sem resultados, o tom estava calmo e quieto e uma sensação de trabalho concluído pairava no ar.

Logo Sarah começou a fazer toda sua lição de casa todas as noites e a se sentir orgulhosa de si mesma. Ela ainda sonhava acordada – essa era sua personalidade. Mas, agora, quando Sarah sentava para fazer a lição de casa, ficava lá até terminar. Gradualmente, Jackie deixava Sarah sozinha na mesa da cozinha, cada vez por períodos mais longos. Ela continuou mantendo um cenário livre de bagunça e um sentimento de trabalho no ar. E continuou a ficar atenta ao efeito que isso tinha sobre Sarah – para melhor ou pior.

Ficando atento

Intelectualmente, Jackie sabia que sua própria atenção dividida na hora do jantar era prejudicial para Sarah, mas ela primeiro teve de desenvolver o auto-reconhecimento suficiente, enquanto fazia isso. Eu já vi famílias em aconselhamentos, onde todo mundo interrompe todo mundo e todos sabem o que estão fazendo, mas ninguém está ciente da interrupção no momento em que ela acontece. Quão ciente você está daquilo que suas ações estão ensinando a seus filhos?

Uma hora especialmente importante para dar um exemplo de como se manter focado sob pressão é quando você sofre um pequeno acidente com seus filhos no carro. Nessa situação, sua adrenalina é bombeada fortemente e em excesso, logo, é um grande desafio manter a cabeça fria. É também uma oportunidade rara para que eles vejam o que você faz quando enfrenta uma batalha contra o perigo. Ensaie mentalmente como você quer reagir. Veja-se ficando calmo e na sua zona de foco. Lembre-se de que você está plantando as sementes de como eles vão reagir daqui a alguns anos, quando estiverem dirigindo e de repente sofrerem um pequeno acidente ou quando tiverem de encarar uma situação de perigo.

Sua auto-observação vai lhe dizer o nível de maturidade que seu filho vê em você. Ou seu filho que está crescendo pode lhe dizer isso por si mesmo. Outro pai do workshop me disse o que o filho dele lhe falou: "Pai, seu BlackBerry é como meu Game Boy. Quando é hora de você parar de usar?".

Não há nada de errado em cometer erros. Ninguém é um pai ou uma mãe perfeita. Na verdade, um erro é uma chance de dar um bom exemplo para o que fazer quando se cometer outro erro. Um bom modelo é atento, não perfeito.

Passo 2: Recompense a atenção, não a interrupção

Quando Sarah tinha uma tarefa longa ou difícil, Jackie ficava por perto. Ela queria recompensar Sarah imediatamente pelo trabalho feito de maneira independente. Ela não queria voltar a recompensar Sarah somente quando ela estivesse presa em algum ponto da lição, para assim interrompê-la e começar a pedir ajuda.

À medida que Jackie lavava as frutas e esvaziava a máquina de lavar louças, ela silenciosamente observava sua filha. Quando ela via que Sarah tinha acabado de terminar uma página de problemas ou trocava de livros para sua próxima matéria, Jackie a chamava. "Bom trabalho, Sarah. Você está realmente fazendo tudo." Sem causar distração, ela elogiava Sarah periodicamente, enquanto esta estava focada em suas tarefas.

Quando Sarah foi para a quinta série, ela começou a fazer sua lição de casa sozinha. Jackie estava preocupada porque agora não conseguia mais ter aqueles momentos oportunos para recompensar a perseverança de Sarah. Então, ela inventou maneiras de olhar silenciosamente para sua filha e recompensá-la por ficar focada na tarefa sem causar uma distração.

Na maioria das tardes, quando Sarah tinha estudado por cerca de meia hora, Jackie fazia-lhe um agrado simples – uma limonada ou um lanche saudável – com um bilhete curto: "Estou tão orgulhosa de você", "Você consegue", "É assim que se faz!", ou só uma flor ou um rostinho feliz desenhado. Sarah esperava ansiosa que sua mãe aparecesse e não deixava que isso interrompesse seu trabalho. Isso fazia com que ela tentasse ainda mais. Ela sabia que isso agradaria sua mãe e conseguia ver o quanto sua mãe estava tentando agradá-la.

Ela aprendeu a completar sua lição de casa sozinha em seu quarto. Quando precisava de um intervalo, ela o fazia, para que pudesse continuar na sua zona de foco. Mas ela já não mais procurava pela atenção de sua mãe a toda hora, toda vez que começasse a desviar sua própria atenção. Ela aprendeu a continuar estudando e a guardar suas perguntas para depois. Era particularmente satisfatório para Sarah, quando ela fazia isso e descobria a resposta por si mesma, exatamente porque ela continuou trabalhando.

Procurando confusão

Parece estranho recompensar uma criança por prestar atenção, enquanto ela está prestando atenção. Você não quer se arriscar a distraí-la. Você sabe quão difícil foi fazer com que ela se acalmasse. É algo como acordar um bebê que estava dormindo. Você está procurando confusão.

O fato é que você está procurando confusão se recompensar uma criança por não prestar atenção. "As máquinas que rangem precisam de graxa." É verdade para carros; mas quando falamos de crianças, você vai ouvir rangidos mais altos e mais freqüentes.

Se você prestar atenção na sua filha só quando ela estiver presa em algo, ela ficará presa mais vezes só para ter sua atenção. Se você parar o que está fazendo e andar na direção dela só quando ela estiver distraída, você estará inadvertidamente treinando-a para se distrair de novo.

Professores efetivos usam o método "preste atenção quando eles forem bem". Quando é hora de a sala ficar quieta e prestar atenção, eles dizem: "Eu vejo que o Johnny está pronto para ouvir", "a Mary está pronta agora, também", "e agora o Paul, e a Linda". Esses professores sabem que o comportamento que eles recompensam irão ocorrer mais freqüentemente no futuro.

A mãe gosta mais de mim

Você já notou como uma criança pode estar focada no que está fazendo, mas, no momento em que você atende o telefone, ela coloca o que está fazendo de lado e se foca em você? A atenção de um pai e de uma mãe é um prêmio atrativo, e é ainda mais atrativo quando outra pessoa quer essa atenção.

Você pode ajudar crianças praticando situações da vida real antes mesmo que elas aconteçam. Peça a seu filho para lhe dizer "a melhor escolha" que ele pode fazer quando você estiver ao telefone com alguém ou conversando com uma pessoa em casa. Ele pode dizer: "Ficar quieto", "Achar algo para fazer" ou "Ficar sobre um pé só para que você saiba que eu estou esperando você". Então peça a ele que mostre como seria se ele fizesse essa escolha, para que ele ensaie como fazer. Finja que o telefone está tocando, você atende e ele faz uma boa escolha. Pratique quantas vezes forem necessárias e sorria, abrace-o e diga: "Bom trabalho". Isso dá a você muitas chances de recompensar sua atenção e não a interrupção.

Da próxima vez em que o telefone realmente tocar, ajude-o a obter sucesso fazendo com que ele não espere por muito tempo. Então mostre a ele a boa escolha que fez dando-lhe sua total atenção.

Passo 3: Dê ferramentas a seu filho
Construa o vocabulário de seu filho para a atenção

Converse com seu filho sobre atenção, ajude-o a nomear seus humores, estados mentais e comportamentos. Um rótulo descritivo pode ajudar a compreensão dele em relação ao que ele tem de fazer. Use palavras como:

"Na tarefa" ou "fora da tarefa"
"Focado" ou "distraído"
"Na sua zona" ou "voando" ou "hiper"
"Na sua zona de foco"
"Mudança de estado"
"Enfrentando" ou "evitando"

Em minha prática, trabalhei com muitos pais que perceberam que resmungar com as crianças para que elas continuassem fazendo a lição de casa não era efetivo. Na verdade, geralmente desencadeava a resposta contrária. Mas não fazer nada em relação a isso também não é efetivo.

Quando os pais usam esse problema como uma oportunidade de aprendizado, eles logo vêem bons resultados. É um desafio deixar de julgar e usar uma aproximação educacional. No Passo 3, você vai aprender muitos métodos de como fazer isso. Um bom lugar para começar é ensinando seu filho a desenvolver a auto-observação e como se tornar mais atento.

- Eu vejo que você está na tarefa. Bom para você.
- Você está na tarefa ou fora da tarefa agora?
- O que você pode fazer para voltar à tarefa?

A maioria das crianças diz "eu estou entediado" muito facilmente. Eles acham que tudo o que podem fazer é reagir ao que é excitante ou maçante. Não fique tentado a se sentir responsável pelo tédio deles. Isso reforça a mensagem de que não há nada que eles possam fazer a respeito.

Assuma, sim, a responsabilidade de fazer parte de uma cultura que apóia os falsos pensamentos deles, dando-lhes um mundo de entretenimento instantâneo. Como adultos, cabe a nós ensinar nossas crianças que seus poderes estão centrados dentro deles e não em um controle remoto.

Faça com que seus filhos saibam que eles podem dar a volta por cima quando estiverem se sentindo entediados. Lembre-os de momentos em que estavam mais envolvidos, engajados ou fascinados e se divertiram muito. Pergunte a eles: "O que você pode fazer para tornar isso mais interessante?", ou, "O que a sua imaginação tem a dizer sobre isto?". Quando eles responderem "eu não sei", transforme isso em um jogo divertido. Uma vez que suas mentes estiverem aquecidas, eles farão o resto.

Adiamentos versus intervalos

Greg e seus pais travavam uma batalha sem fim por causa da lição de casa. Quase todas as noites, Greg parava em um ponto da lição, causando uma discussão interminável ou uma briga tensa e nervosa. De ambas as maneiras, sem ninguém perceber, Greg conseguia fazer com que seus pais ajudassem-no a adiar sua lição.

Durante o aconselhamento, quando eu entrei no assunto sobre as notas baixas de Greg, ele me disse: "Eu não quero falar sobre isso". Eu validei seus sentimentos de vergonha e culpa, e disse-lhe que poderíamos fazer um intervalo a qualquer momento, caso ele se sentisse sobrecarregado. Nós iríamos fazer uma caminhada de dez minutos e, então, discutiríamos sobre os trabalhos da escola quando voltássemos, se ele estivesse se sentindo melhor. "Nós precisamos enfrentar problemas, não adiá-los", essa era minha mensagem positiva persistente – uma mensagem que eventualmente ganhou a confiança de Greg.

Quando Greg estava disposto a ficar no tópico por pelo menos alguns minutos, eu fazia com que ele soubesse que era corajoso por falar de seus problemas. Em casa, seus pais aprenderam a neutralizar as discussões sobre as lições de casa e a reconhecerem que as brigas de Greg serviam como um adiamento. Eles podiam ver como a adição de culpa só fazia com que Greg as adiasse ainda mais. Logo Greg estava reconhecendo seus próprios adiamentos.

Crianças não conseguem agüentar a dor de desapontar seus pais ou de se sentirem como perdedores diante de seus superiores, então, criam todo tipo de táticas de adiamentos para evitar o risco de não tirarem a nota esperada. Os adiamentos dão a eles o alívio de que precisam, mas os deixam em um buraco. Fazer um intervalo também lhes dá esse alívio, mas faz com que enfrentem algo do que estavam fugindo, quando se sentem um pouco melhor. Uma vez que Greg, como muitas outras crianças, compreendeu essa diferença, logo começou a fazer progressos efetivos.

Conforme você leu no Capítulo 5, sobre intervalos de energia, a diferença entre o adiamento e um intervalo é a seguinte: quando você faz um intervalo, você retorna ao trabalho. Entender isso ajuda as crianças a respeitar a idéia. Você não foge de si mesmo, como deixar uma pessoa em dificuldades no shopping. Você volta para enfrentar seus problemas, porque sua vida importa e você vale a pena.

A zona de foco do seu filho

Crianças são propensas a desvios de atenção, então, elas geralmente se relacionam ao conceito da curva do "U" invertido. Desenhe para elas uma figura dessa curva. Peça a elas que apontem em que parte da curva estão agora. Desenhe um "Z" na curva, para que elas vejam sua zona de foco. Ajude-as a entender que podem adicionar estímulos quando se sentirem entediadas e reduzir estimulação quando estiverem excitadas. Pergunte a elas suas idéias e planos de como fazer isso.

Faça juntamente com que seu filho três coisas que ele pode fazer para se acalmar e se focar. Faça isso quando ele estiver em sua zona, para que ele tenha a lista em mãos assim que não estiver nela. Faça uma cópia, para que ele esteja próximo na hora da lição de casa. Quando algo der certo, faça com que seu filho saiba que ele inventou uma boa idéia. Quando algo parar de funcionar, reafirme para ele que isso já era esperado, e quer dizer que é hora para novas idéias.

Pratique a chave de mudança de estado com seu filho. Faça disso um jogo. Aprender a prestar atenção não precisa ser um processo doloroso. Ele pode transcorrer por meio de brincadeiras e diversão.

Boa escolha, má escolha

Se seu filho não é atento, mas impulsivo, ensine a ele o autocontrole, fazendo com que reescreva seus erros. Isso dá a ele a chance de aprender e se sentir motivado a fazer melhor da próxima vez. Vamos dizer que ele esteve completamente distraído na escola hoje e se esqueceu de entregar a tarefa.

Se tudo o que você fizer for repreendê-lo e castigá-lo, o que ele aprendeu? Provavelmente, tentará mais da próxima vez, para que você não descubra.

Se você lhe perguntar o que ele podia ter feito de diferente, ele provavelmente vai começar dizendo: "Eu não sei". Mas com um pouco de treinamento, você pode ajudá-lo a criar um plano para que termine a tarefa quando se encontrar novamente na mesma situação. Algumas crianças precisam mais de ajuda do que outras; mas tenha cuidado – precisa ser um plano dela, não seu. Uma criança um pouco mais velha pode estar pronta para usar mais a autoconversação: "Eu já fiz coisas mais difíceis antes. Eu consigo fazer isso agora". Uma criança mais nova pode precisar saber que ela pode pedir ajuda ao professor.

Além da criação de um plano para a próxima vez, faça com que seu filho termine a tarefa e entregue-a, mesmo que esteja atrasada.

Agora você pode dizer "muito bem" e recompensar seus esforços por ter feito uma escolha melhor e ter tido sucesso.

O bom do método da má escolha e da boa escolha é que você dá atenção para as coisas que seus filhos estão fazendo certo, não para as que fizeram de errado. Para usar esse método:

1. Identifique a má escolha.
2. Pergunte a seu filho como teria sido se ele tivesse feito a boa escolha.
3. Pratique e recompense a boa escolha.

Autoconversação para crianças

Quando você ensina crianças a usar a autoconversação positiva, você dá a elas um presente que vai durar o resto da vida. O cérebro de um criança absorve a linguagem como um esponja.

Quando uma criança não está prestando atenção e se critica, ela está formando um hábito que limita o seu sucesso. Quanto mais cedo você tirar esse hábito dela, melhor. Pergunte a ela o que é mais útil dizer: "Eu sou estúpida" ou "Eu aprendo com meus erros".

Mantenha em mente que as coisas que você diz para seu filho se tornam as coisas que ele dirá para si mesmo. O que você quer que ele escute?: "Você é tão esquecido" ou "Você consegue se lembrar. Apenas se acalme e você vai conseguir".

Com a autoconversação, crianças de todas as idades podem ser treinadas para o sucesso. Aqui está a autoconversação de um menino de oito anos, que fez um progresso enorme mantendo-se na sua zona, tanto na escola quanto nos esportes, baseado no entendimento de sua própria zona de foco. (Ele gosta de se chamar pelo nome quando ele usa autoconversação.)

"Nick, sua adrenalina está alta. Você é mais maduro que isso e pode fazer melhor".

Passo 4: Imponha limites
Sono

Por volta de 1925, uma pesquisa relacionou o sono e o desenvolvimento da inteligência em crianças. Lewis Terman, Ph.D., que deu origem ao Teste de Inteligência Stanford-Binet descobriu que, em cada grupo de idade que estudou, quanto mais a criança dormia, melhor era sua atuação na escola.

Embora cada criança tenha diferentes necessidades de sono, a Fundação Nacional do Sono recomenda esses valores:

- Alunos que estão na pré-escola (de 3 a 5 anos) – de 11 a 13 horas de sono, incluindo cochilos
- Idade escolar (de 5 a 12 anos) – de 9 a 11 horas de sono
- Adolescentes – de 8 a 10 horas de sono

Um estudo da Escola Médica Brown, de crianças de seis a 12 anos, mostrou que os alunos que dormiam oito horas ou menos por noite tinham mais problemas em prestar atenção às aulas. Um estudo da Universidade de Michigan relacionou a falta de uma boa noite de sono com sintomas de distúrbio de déficit de atenção (DDA), especialmente em garotos de oito anos ou menos. Isso fez o psicólogo Gahan Fallone, Ph.D., comentar: "Fazer com que eles durmam na hora certa é tão importante quanto fazer com que eles cheguem a tempo na escola".

As crianças podem ficar agitadas na hora de dormir – justamente a hora em que seus pais estão exaustos. Mas a hora de dormir não precisa ser a hora da guerra. Lide com esse problema mais cedo, quando você e seu filho estiverem menos cansados e mais racionais.

Decida qual a quantidade de sono correta para seu filho. Escolha uma hora do dia e converse com seu filho sobre isso. Pode ser preciso um pouco de inventividade. Dependendo da idade do seu filho, apele para seu senso de razão. Pense em um incentivo para fazer com que ele crie esse novo hábito. Se seu filho foi para a cama na hora correta cinco noites seguidas, por exemplo, ele pode convidar um amigo para comer uma pizza e assistir um filme. Depois de três semanas, você pode parar com os incentivos. O novo hábito já vai começar a ser repetido.

Trabalhe junto com ele para criar uma rotina de horário para ir para cama e que apóie o sucesso de seu filho. Comece cedo a desligar os aparelhos eletrônicos e a diminuir a correria e a gritaria dentro de casa. Tenha um ritual para o horário de dormir – músicas relaxantes, lâmpadas com regulação de intensidade, leitura relaxante, além do tradicional "boa noite". Se o seu ritual funcionar, mantenha-o, trabalhe junto com seu filho durante o dia para fazerem juntos um novo plano.

Dicas para ajudar seu filho a dormir a quantidade de sono de que precisa:

- Estabeleça um horário regular para dormir em dias de aula e nos fins de semana.
- Tenha um horário específico para estar pronto e outro para apagar a luz.
- Limite a quantidade que seu filho ingere de açúcar e cafeína depois das duas horas da tarde.
- Mantenha a tevê e o videogame fora do quarto.
- Faça do fato de dormir a quantidade necessária uma prioridade familiar, não um problema de controle.
- Mantenha os rituais da hora de dormir agradáveis, tranqüilos e amáveis.

Tevê e videogame

No Capítulo 9, você leu sobre o lampejo e a recomendação da Academia Americana de Pediatria, para que crianças de até dois anos de idade não assistam nem um pouco de tevê. Para crianças mais velhas, a academia recomenda não mais do que duas horas de programação não-violenta e educativa. Ela também recomenda que os aparelhos de tevê sejam tirados dos quartos das crianças.

As crianças nos Estados Unidos assistem hoje, em média, de três a quatro horas de tevê por dia, sem contar os filmes em DVD e os videogames. Um estudo mostrou que crianças assistem, em média, seis horas e 32 minutos de mídia combinada. Outro achado é que 32 por cento das crianças de dois a sete anos e 65 por cento das de oito a 18 anos têm tevê em seus quartos.

Com esse tipo de abismo existente entre as recomendações de especialistas e a realidade do mundo de hoje, o que acontece quando você impõe limites a seus filhos? Eles dizem para você que o Johnny pode assistir, a Mary pode, e o Tim tem uma tevê no quarto dele. Eles gostam de assistir e querem se encaixar na sociedade. A Academia Americana de Pediatria – altamente reconhecida, baseada em fatos científicos, e dedicada à saúde e ao crescimento dos cérebros das crianças – não faz uma lista do que é mais importante para eles. Então, o que você pode fazer?

Para alunos da pré-escola e crianças das primeiras séries do ensino fundamental, você decide quando a tevê deve ficar ligada ou desligada. Diga simplesmente: "Porque é hora de ficar quieto agora", "Porque está na hora de o nosso cérebro pensar" ou "Vamos lá fora brincar".

Para crianças mais velhas, ensine-os a ter autocontrole:

- Assista a um comercial com seu filho e o desconstrua com ele. Questione-o sobre os argumentos utilizados pela propaganda para tentar fazer com que ele não possa viver sem o último brinquedo lançado.
- Seja um bom modelo e diga o que está pensando sem dar sermão. Quando você desligar a tevê, faça com que seu filho saiba que, como ele, você também queria assistir mais.
- Diga a seu filho que você está orgulhoso da escolha dele quando ele desligar a tevê sozinho.

- Pergunte a seu filho quanto de tevê ele acha que é bom para ele. Converse sobre horas e minutos específicos, para que ele aprenda a ter noção do tempo.
- Escute a opinião de seus filhos e faça "perguntas socráticas", direcionadas ao interesse dele: "Eu fico pensando quanto tempo de tevê um astronauta tem para assistir. O que você acha?".
- Tenha outras opções de entretenimentos não-eletrônicas disponíveis – um instrumento musical, jogos legais e quebra-cabeças, livros de piada e gibis.
- Convide especialistas de que seu filho goste – discuta esses assuntos com o pediatra na próxima consulta.

Continue a ter regras, como, por exemplo, "sem tevê até acabar a lição de casa". Mas deixe que as crianças tenham um pouco de folga das regras durante o tempo de lazer, mas com a condição de que ajam responsavelmente. Muitos jogos desenvolvem habilidades intelectuais, como a ação de tomar decisões complexas e resolver problemas. Ele vai conseguir mostrar a você um mundo que ele conhece bem mais do que você, e você vai aprender a valorizar as capacidades dele. Quando for hora de impor limites, ele tende a respeitar sua opinião porque você é compreensível em relação aos jogos e também mostrou que se importa.

A geração Orkut

Adolescentes estão crescendo com uma grande influência em suas vidas, que dá a eles mais poder social e exposição pública do que qualquer criança da sua idade já teve: as comunidades de relacionamento on-line como o Orkut, MySpace, Friendster e Facebook.

Se sua filha adolescente se mostra muito preocupada em fazer sua lição de casa pode ser porque, na verdade, ela quer atualizar seu perfil ou responder um pedido de compartilhamento de um amigo em um desses sites. Se ela está em prantos, é possível que uma garota "popular" tenha acabado de substituir sua filha no "Top 8" ou bloqueou-a como amiga, de maneira que o mundo todo possa ver (literalmente).

Depois de todas essas emoções, você realmente acha que ela ainda tem de se concentrar em álgebra ou história mundial?

Por gerações, as crianças sobreviveram à crueldade social dos colegas de escola, ficando fora do radar. Essa escolha já não está mais disponível para seu adolescente. No ciberespaço, não há lugar para se esconder e não há professores, ajudantes ou conselheiros para proteger os jovens.

De novo, a estratégia para os pais é se manter envolvidos; mas isso pode ser difícil. Adolescentes gostam de privacidade quando o assunto são seus amigos. O psicólogo e autor Larry Rosen, Ph.D., é um especialista em "estresse da tecnologia". Em 2006, ele afirmou que:

- Somente um terço dos pais já viram a página de seus filhos no MySpace.
- Aproximadamente metade desses pais disseram ter controle sobre o uso da página no MySpace, mas somente 25 por cento dos adolescentes disseram que esses limites eram seguidos.
- Metade dos pais disseram que seus filhos adolescentes usam a internet de um lugar que não podem ser supervisionados.

O desafio é construir confiança e encontrar maneiras de incentivar o adolescente a compartilhar as experiências dele com você. Uma página do Orkut pode ser uma fonte de orgulho e uma ferramenta para a criatividade de seu filho. Não use um tom que dê uma sensação de interrogatório. Se sua filha adolescente sente que ela está em uma sala pequena, sentada numa cadeira de madeira sob uma lâmpada, ela vai se esconder e não vai se abrir. Ajude-a a se sentir emocionalmente segura – mais como a imagem de vocês dois andando juntos, lado a lado.

Outros hábitos saudáveis

Nutrição, exercício, amigos que apóiam, liberdade de bagunça. As mesmas habilidades de comportamento que ajudam você a manter a química para a atenção equilibrada são ainda mais essenciais para seu filho e seu cérebro em crescimento. Impor limites pode ser um desafio. Ninguém quer ser "aquele pai ou aquela mãe" – aquele com cenouras e talos de aipo quando é sua vez de servir o lanche do time. A chave é o equilíbrio.

Aqui estão algumas dicas para ajudá-lo a decidir quais limites impor:

- Se você sentir que está sendo pressionado a dizer sim, ganhe tempo. Diga ao seu filho: "Nós vamos voltar a falar sobre isto".
- Chame sua auto-observação para um pouco de objetividade.
- Consiga mais informações – pergunte a um professor, um técnico, uma nutricionista, um médico, ou outro pai ou mãe cuja opinião você respeite.

Uma vez que você tenha tomado uma decisão sólida e bem pensada, mantenha-a. Crianças precisam de consistência.

Faça com que seu filho assuma um compromisso

Uma vez recebi uma ligação de um pai que queria saber como poderia fazer com que seu filho, Doug, assistisse menos tevê. Depois que eu ouvi a longa lista de coisas que ele já havia tentado fazer, sugeri que nós três nos encontrássemos e criássemos um plano.

Primeiro, Doug e seu pai tinham de quebrar aquele padrão de batalhar pelo controle da tevê. O pai de Doug disse que ele era desafiador. Doug disse: "Meu pai não é meu dono".

No aconselhamento, eu pedi a eles que se alternassem entre escutar e ouvir um ao outro. Eu pedia a quem estivesse falando para que fosse breve e falasse do fundo do coração. E eu pedi para quem estivesse ouvindo para ficar quieto e realmente ouvir, não só esperar por sua vez de falar de novo. Eu também pedi para a pessoa que estivesse ouvindo para resumir o que a outra pessoa tinha dito e refletir antes que começasse sua própria resposta. Eu os estimulei a continuarem essa prática de escuta ativa em casa.

Eventualmente, quando ele não estava mais preso em provar a seu pai que tinha razão, Doug não teve problema em assumir que a tevê "o sugava". O pai de Doug estava abismado com a revelação de seu filho. Depois de um tempo, Doug inventou a seguinte idéia: antes que ligasse a tevê, ele pegaria um post-it e anotaria a hora em que ele iria desligá-la. Ele colocaria o post-it colado próximo à tela para que se lembrasse, mesmo em pleno transe televisivo. O método funcionou. Em nossa última sessão, Doug me contou, orgulhosamente: "A tevê não é minha dona".

O método do post-it teria funcionado se eu tivesse contado ao pai de Doug como fazê-lo da primeira vez que ele me ligou? Claro que não. Não havia mágica nesse método, exceto o fato de que era uma idéia do próprio Doug, então, ele estava comprometido com ela. Qualquer método razoável que ele escolhesse seria o que iria funcionar.

Nada pode substituir o fato de você tirar um tempo para ouvir as crianças e ajudá-las a desenvolver suas próprias ferramentas de autocontrole. Quanto mais envolvidas elas estiverem no planejamento do próprio sucesso, maior é a probabilidade de que obtenham sucesso. Aqui estão algumas dicas para ajudá-las a manter seus compromissos:

- Pergunte a seu filho o que ele faria se fosse o pai da casa.
- Faça a pergunta que dá o poder: "A que horas você vai _____?"
- Dê uma "escolha estruturada" que leve seu filho a seguir as regras. Em vez de dizer "Faça sua lição de casa", diga "Você gostaria de começar pela sua lição de matemática ou de história?".

Passo 5: Acredite em seu filho

Nos dias competitivos de hoje, cada pai ou mãe quer que seu filho tenha alguma vantagem. Escolas particulares privilegiadas – mesmo as pré-escolas – têm uma longa lista de espera. Na escola, depois de um dia cheio de atividades que exigem ficar sentado e focado, uma criança não consegue correr por um parque fingindo ser um cavalo galopante ou uma águia dando um vôo rasante. As crianças fazem filas para aulas de línguas, computação e balé.

No colegial, construir um currículo forte equivale a ter um trabalho de tempo integral. Alunos têm aulas de preparação para o vestibular com provas diárias. Eles participam de aulas avançadas, escrevem belas redações para o vestibular e fazem atividades extracurriculares para se distinguirem da maioria.

Se você é um pai ou uma mãe, você pensa o tempo inteiro: "Eu estou fazendo o suficiente? Meu filho está fazendo o suficiente? As outras crianças estão fazendo mais? Meu filho está ficando atrasado? O que mais eu posso fazer? Meu filho vai entrar em uma boa faculdade?".

Se seu filho sonha acordado ou se distrai, você se preocupa. Enquanto os avanços em diagnósticos trouxeram ajuda e esperança para todos, os pais de hoje encaram uma nova série de questões: "Meu filho está só sendo criança ou ele tem um distúrbio? Isso é uma fase? Meu filho vai crescer sem isso? Será que é distúrbio de déficit de atenção? Talvez seja um problema de aprendizado não-verbal? Eu deveria levar meu filho para ser testado? Ele precisa de ajuda especial? Isto vai para o arquivo escolar dele?".

É mais fácil falar do que fazer; mas, pelo bem de seu filho, substitua sua preocupação por confiança. Se seu filho precisar de ajuda, consiga ajuda, mas não se aborreça ou fique obcecado por isso. Mantenha em mente que enquanto você está lidando com suas questões, seus filhos estão lidando com as deles: "Sou esperto o suficiente? Como os outros conseguem e eu não? Há algo errado comigo? Eu tenho o que é necessário? Eu vou entrar na faculdade?".

A crença de seu filho nele mesmo começa com sua própria crença em seu filho. Saber que você piamente acredita nele acaba por proteger seu filho contra seus próprios gritos interiores, sendo que ele precisa de coragem para prosseguir.

Enfatize pontos fortes

Se seu filho não é atento, se ele foi diagnosticado com déficit de atenção, não deixe que os problemas dele se tornem parte da sua identidade. Isso pode acontecer inadvertidamente, porque buscar a melhor ajuda para seu filho é um trabalho que leva tempo integral e pode consumir você sem ninguém perceber.

Reconheça de quais habilidades seu filho precisa para que ele se esqueça de sua fraqueza; mas tenha certeza de que ele se identifica com essas habilidades, talentos e esforços. Fique atento ao que você diz a ele e ao que você diz dele para os outros. E imponha limites ao que você diz a si mesmo sobre ele, principalmente quando você estiver com suas forças esgotadas – uma boa hora para usar a chave de mudança de estado.

A razão número um para o sucesso

Eu escolhi "acreditar na criança" como o Passo 5, porque os pais podem continuar praticando esse passo bem depois que seus filhos tiverem crescido e se tornado independentes. Mas, em ordem de importância, esse passo é o número 1. É a base para todos os outros passos.

Em um estudo, adultos bem-sucedidos que lutaram com problemas de atenção quando crianças foram indagados sobre o que mais os ajudaram naquela época. Você consegue adivinhar as respostas? Foi ter um adulto que acreditasse neles.

Capítulo 14
O poder da atenção

Se algum dia eu fiz alguma descoberta valiosa, foi dar mais importância à atenção e à paciência do que a qualquer outro talento.
— SIR ISAAC NEWTON

Eu espero que você já tenha escolhido suas chaves favoritas e as tenha colocado no seu chaveiro pessoal. Joe, Meg e Todd, cujas histórias você leu no Capítulo 2, escolheram suas chaves favoritas. Aqui está como eles as usaram para resolver seus problemas e como eles continuaram usando-as no dia-a-dia para obter sucesso:

A lenha está pegando fogo. Sendo engenheiro, Joe gostou da idéia de aprender mais sobre o mecanismo químico de seu próprio cérebro. Ele imediatamente entendeu a conexão entre a adrenalina e sua zona de foco e quis saber mais sobre isso. Uma vez que ele entendeu que bombearia mais adrenalina quando terminasse uma tarefa, ele colocou essa informação em uso. Ele diria: "Eu preciso da minha energia de "término". Joe continuou a usar a autoconversação e a imagem mental para formar novos hábitos.

Joe comparou seus novos começos a gravetos, e seu humor em se manter em alguma tarefa relacionada à lenha. Ele imaginava a lenha queimando em uma fogueira de acampamento e a sensação boa de estar sentado lá, cozinhando seu jantar e sabendo que o fogo iria durar o quanto fosse necessário. Ele criou o humor correto para realizar seus projetos. Ele também gostou da analogia de usar uma esguichada de fluido de isqueiro para manter o fogo aceso. Isso ajudou-o a se lembrar de esguichar o "novo" e continuar com o "fazer" – palavras-chave que o mantinham em sua zona.

Essas imagens ajudaram a fortalecer a auto-observação de Joe, tanto que ele começou a se permitir ver como as rosquinhas e videogame eram, na verdade, gravetos e não lenha. Uma vez que percebeu isso, ele cortou esses hábitos de sua vida. Não ficava mais ligado ao videogame a noite toda. Joe tentava ir para a cama mais cedo, embora isso tenha sido um grande desafio. Sua corrida a todo o vapor estava preenchida com preocupações e culpas, por causa dos projetos que ele já deveria ter terminado. Joe percebeu que ele vinha jogando videogame até que estivesse tão cansado e dormisse rapidamente, porque, inconscientemente, ele temia deitar na cama e ter de lidar com sentimentos desagradáveis. Levou algum tempo, mas Joe praticou o uso das chaves da antiansiedade para se acalmar e dormir.

Uma noite inteira de sono, todas as noites na mesma hora, foi um ponto de virada para Joe. Ele se descobriu mais no comando de sua atenção no trabalho. Nas manhãs e em reuniões, ele praticou-a usando perguntas como: "O que eu não estou fazendo agora?". E, em casa, nos fins de semana, ele mantinha sua lenha metafórica flamejante, enquanto organizava a mesa de seu computador e suas fotos digitais. Ele aumentou a rede de alimentação de seu sistema de entretenimento caseiro. Sem ter mais grandes desvios de atenção, Joe ganhou nova confiança em si mesmo, suficiente para tomar decisões como essas.

Devagar, média ou rápida. Meg, a artista gráfica, adotou uma simples versão para manter o controle da sua pontuação de adrenalina: ela se classificava como devagar, média ou rápida. Ela usou sua criatividade para pensar em novas maneiras de adicionar estimulação a seus dias, com intervalos de energia e a mente focada em múltiplas tarefas. Meg se tornou uma profunda conhecedora de chás e passou a fazer suas próprias misturas de chá preto, chá de ervas e chá verde. Ela fez uma lista de músicas clássicas, jazz e ritmos dançantes do mundo inteiro. E descobriu que ouvir músicas novas enquanto cuidava de suas finanças ajudava sua pontuação de adrenalina a ficar no nível "médio" por longos períodos de tempo.

Meg gostava de ter opções para animá-la quando estava "devagar". Em alguns dias, ela tocava salsa e bebia chá preto apimentado. Em outros dias, eram batidas de tambor com chá verde e mel. O que fez a diferença para Meg foi perceber que tinha algum controle sobre seu humor. Sua autoconfiança foi sendo construída à medida que via que, na maioria das vezes, com esforço e estratégia, conseguia voltar à sua zona.

Meg usou as chaves do chaveiro dos destruidores de procrastinação para aprender a cumprir os prazos. Ela usou as chaves de sustentabilidade para aprender como fazer uma planilha para seu livro de tarefas. Ela armazenou suas lições no computador em pequenos passos e construiu em cima disso intervalos de recompensa. Para cada 20 minutos de lições de Excel que ela completasse, permitia-se assistir dez minutos de vídeos no YouTube.

Um dia, Meg procurou durante horas em seu apartamento um trabalho de arte original, para mostrar a um cliente em potencial. Ela sabia que estava lá; só não sabia onde. Naquele fim de semana, Meg decidiu que estava na hora de eliminar a bagunça. No começo, ela mal conseguia pensar nessa hipótese. Ela percebeu que precisava estar no seu nível mais excitado para encarar a bagunça, então, fez um plano. Para começar, esperaria até estar na sua pontuação "alta" de adrenalina, e, então, limpava o item 1 da lista de três itens a fazer.

Meg ainda decidiu pedir a ajuda de amigos. Até agora, Meg só poderia telefonar para seus amigos e realizar múltiplas tarefas ao mesmo tempo se estivesse fazendo um trabalho que não necessitasse de energia mental, como dobrar as roupas lavadas. Mas limpar a sua pilha de bagunça não era um trabalho que verdadeiramente não exigisse energia mental. Ela tinha de tomar decisões que precisavam de sua atenção. Meg já tinha feito muitos favores a seus amigos no passado e sabia que eles queriam apoiá-la.

Então, ela escolheu alguns para confidenciar sobre o que estava passando e eles então se tornaram seus amigos "de telefone", enquanto ela arrumava pilhas de cartões, bilhetes, revistas e lembranças. Ela se deu um aparelho de Bluetooth auditivo, para ficar ainda mais fácil falar ao telefone enquanto estivesse arrumando suas coisas. Seus amigos transformaram a tarefa em uma aventura natural, em suas palavras, "em nome do feng shui".

Meses depois, quando o apartamento de Meg estava livre da bagunça, ela notou que passou mais tempo nos índices "médio" e "alto" de sua pontuação de adrenalina. Com mais espaço em volta dela, Meg se sentiu menos perdida sobre si mesma.

Eu não sou meu pai. Todd começou usando as chaves do chaveiro de controle de intensidade. Embora nenhum de seus funcionários tenha chamado a atenção dele em relação a isso, a própria auto-observação de Todd deixou-o ciente de que tinha um temperamento forte no serviço.

A auto-observação de Todd também o fez encarar sua própria responsabilidade para o problema de sua filha na escola. Todd percebeu que estava reprimindo sua memória de como ele era quando tinha a idade de Becky. Foi doloroso para Todd lembrar o quanto desejava que seu pai estivesse com ele. "A sigla DDA, de disturbio de déficit de atenção", ele pensou, "na verdade deveria ser adaptada para significar 'distúrbio de pai ausente'."

Todd usou a chave reescrever o passado para se curar da tristeza de sua infância solitária. Ele também foi a um aconselhamento semanal para se livrar de seus sentimentos em relação ao passado. Todd usou o chaveiro de objetivos com significado para passar mais tempo com sua família à noite e nos finais de semana. Quando ele estava tentado a ir ao escritório ou continuar trabalhando em seu laptop, a chave que ele usava era o teste do leito de morte, para voltar ao seu desejo de estar perto de sua esposa e filha. Ele mantinha uma cópia do discurso de formatura de Steve Jobs na gaveta de sua mesa. Todd usou a autoconversação para se lembrar: "Eu não sou meu pai".

Em vez de levar seu laptop quando ia tomar café com sua família, Todd ficava no escritório e terminava seu trabalho. No começo, ele sentiu falta de ver os filhos indo para a escola. Mas ficando focado e eficiente, ele terminava mais coisas e podia então ter tempo mais tarde para dar total atenção à sua família.

Todd prometeu fazer algo por Becky que ele gostaria que seu pai tivesse feito com ele: ter um tempo especial só para os dois. A questão era: "O que ele e ela poderiam fazer?". Todd não tinha vontade alguma de ir ao shopping e Becky não era fã de esportes. Foi Becky que inventou uma idéia – ele poderia ensinar a ela sobre o mercado de ações? Online, eles encontraram um site onde cada um deles criava um portifólio imaginário. Eles gostavam de competir para ver quem ganhava mais dinheiro e construíram um elo muito forte. O tempo deles juntos deu a Todd a chance de ajudar Becky a acalmar sua mania de ser mandona. Além disso, Todd e sua esposa começaram a dar menos atenção a Becky quando ela exigia, e mais atenção quando ela estava agindo de maneira mais amigável e cooperativa.

O pai de Todd morreu por volta de seus 50 anos, devido a um ataque cardíaco, e Todd disse que essa era mais uma razão para ele não ser como seu pai. No seu check-up anual, o médico de Todd falou com ele sobre exercícios físicos. Todd estava fazendo um pouco de exercício aqui e ali, mas decidiu se comprometer com uma rotina. Três vezes por semana, Todd corria três quilômetros. Ele estava surpreso de ver como isso o equilibrou e ajudou em sua concentração no trabalho. Todd já não se sentia mais tão hiperativo ou impaciente o tempo todo. Ele manteve sua alta competitividade, mas substituiu seu medo da perda por uma visão de alcance de seus objetivos. Motivado pelo desejo, e não pelo medo, Todd agora fica em sua zona de foco quase o tempo inteiro e sustenta sua motivação para obter sucesso.

Nós somos humanos ou focas treinadas?

Joe, Megan e Todd usaram suas novas habilidades de atenção para tirar deles próprios o melhor que tinham a oferecer. Além disso, Todd e sua esposa usaram suas atenções para recompensar o comportamento cooperativo de Becky. Quando nós usamos a atenção para influenciar o comportamento de outra pessoa, nós estamos sendo manipulativos?

Algumas pessoas não gostam da idéia de usar a atenção como recompensa. Eles dizem que parece algo muito calculista – como se eles estivessem tratando a pessoa como um rato de laboratório em vez de um ser humano. O fato é que nós influenciamos o comportamento de cada um com nossa atenção, quer percebamos isso ou não. Quando você tem intenção e está ciente dela, pelo menos pode escolher deliberadamente quais comportamentos apoiar e quais desencorajar.

Por várias semanas, "O que Shamu me ensinou sobre um casamento feliz" (de 25 de junho de 2005), de Amy Sutherland, permaneceu como o artigo do *New York Times* mais enviado por e-mail. Em casa, Sutherland veio a reconhecer que importunar o marido sobre problemas pequenos só fez com que os problemas piorassem. Enquanto ela estava escrevendo um livro sobre uma escola de treinadores de animais exóticos, uma idéia surgiu em sua cabeça. Ela decidiu usar as mesmas técnicas de treinadores de animais com seu marido, para então descobrir que conseguiu resultados. Ela usou sua atenção para recompensar o comportamento que gostasse e ignorava o comportamento de que não gostasse.

Se seu marido jogasse uma camiseta suja no cesto de roupas, ela lhe agradecia. Ao mesmo tempo, ela ignorava as roupas no chão, que, para surpresa dela, começaram a desaparecer. Sutherland explicou que treinadores chamam essa técnica de "aproximações" e que eles recompensam cada pequeno passo do aprendizado de um novo comportamento.

Quando o marido de Sutherland corria bravo procurando a chave de seu carro, ela não dizia nada, uma técnica chamada de "síndrome do reforço mínimo". Ele se acalmava e dizia para ela: "Encontrei".

Finalmente, Sutherland disse que ela estava reclamando da dor que seu novo aparelho de dente causava e seu marido não dizia nada. Ela percebeu que ele agora estava dando a ela a "síndrome do reforço mínimo" – e ela disse que funcionou.

A atenção é uma força como qualquer outra. Pode ser usada para o bem ou para o mal. Você pode ter sua atenção para promover comportamentos desejáveis ou comportamentos indesejáveis em você ou nos outros. Saber o que você está fazendo enquanto estiver fazendo lhe dá a chance de usar seu poder de forma sábia.

A economia da atenção

Em 1971, o Dr. Herbert Simon, que ganhou o prêmio Nobel de economia, foi o primeiro a observar: "Uma riqueza de informações cria uma pobreza de atenção". No mundo atual, a informação é muita e a atenção, escassa. Como resultado, nós vivemos em uma nova "economia de atenção", onde a atenção é uma moeda rara e valiosa.

Em *A economia da atenção: compreendendo o novo diferencial de valor nos negócios*, os especialistas em negócios Thomas Davenport e John Beck concluíram que "entender e gerenciar a atenção é agora o fator determinante mais importante para o sucesso dos negócios". No século XXI, nós enfrentamos um caso invertido de compra e demanda. O problema que mais nos pressiona é o de "atenção insuficiente para suprir a demanda de informações da sociedade e dos negócios".

No livro *Economics of Attention*, o professor Richard Lanham, da Universidade da Califórnia, observa que nós estamos nos movendo da economia de coisas para a economia de atenção. No nosso mundo baseado em informação, o que temos de escasso é a atenção para dar sentido às nossas informações.

Pode ser útil pensar em atenção como uma moeda. Isso quando temos consciência de seu valor como um investimento que nos traz retorno – dependendo das escolhas que fazemos no dia-a-dia.

Se você estivesse lidando com ouro, você usaria uma balança para pesar cada grama. Quando você completa uma transação monetária, você conta o dinheiro que tem em suas mãos. Com a atenção é quase a mesma coisa. Cada grama de concentração conta. Aprender a ficar focado o fortalece, sua atenção tem valor.

Quando pratica as habilidades de que precisa para se manter na sua zona de foco, você se torna rico se considerarmos a moeda da economia de atenção. Você segura as alças da bolsa, e, então, pode comprar o que quiser, inclusive um tesouro perdido e desconhecido de uma geração atrás. A vasta riqueza da era da informação se torna a sua própria riqueza, para aprender, crescer, descobrir, aproveitar e alcançar seus objetivos de vida.

A atenção é como a criamos

Quando você terminar de ler este livro, qual será a próxima coisa na qual você irá se focar? Trabalho? Jogo? Amigos? Família? Finanças? Lembre-se de que aquilo em que você coloca sua atenção, acaba por se desenvolver.

Nós nunca poderemos ficar livres da distração, nem quando gostaríamos. Se você se esforçar para ignorar uma criança que está sorrindo, uma flor cheirosa, uma simples gentileza, um arco-íris maravilhoso ou um pôr-do-sol brilhante, você vai ter menos desse tipo de alegria, até não ter mais. Séculos atrás, Sócrates nos avisou: "Esteja atento às barreiras de uma vida ocupada".

Mary Lou Retton, a primeira ginasta da parte leste da Europa a ganhar todos os títulos olímpicos, disse o seguinte sobre os Jogos Olímpicos do verão de 1984: "Pode haver distrações, mas se você estiver isolado do coração dos jogos, as Olimpíadas se tornam somente mais uma competição". O mesmo acontece com a vida.

Tenho esperança de que você pegue as chaves que aprendeu neste livro para deliberadamente prestar atenção ao que mais lhe importa. Quanto mais você fizer, mais vai poder criar a vida que quer para si mesmo e para as pessoas que ama.

Apêndice

Os oitos chaveiros – Um guia rápido

Chaveiro 1 – Auto-reconhecimento
- Sua auto-observação
- Sua pontuação de adrenalina
- A questão "O que eu não estou fazendo?"

Chaveiro 2 – Mudança de estado
- Respiração dos quatro cantos
- Intervalo de energia
- Mente focada em múltiplas tarefas

Chaveiro 3 – Aniquiladores de procrastinação
- Construtores de confiança
- Acendendo o fogo
- Reescrevendo o passado

Chaveiro 4 – Antiansiedade
- Checagem da realidade
- Faça um plano
- Pensamento de substituição

Chaveiro 5 – Controle de intensidade
- Acalmando-se
- Desmascarando o medo
- Habilidades de assertividade

Chaveiro 6 – Motive-se
- Objetivos com significado
- Ferramentas de sustentabilidade
- Teste do leito de morte

Chaveiro 7 – Mantenha-se no foco
- Autoconversação
- Mudança de atitude
- Ensaio mental

Chaveiro 8 – Hábitos saudáveis
- Estilo de vida do calmo e focado
- Amigos que dão apoio
- Vivendo livre de bagunça

REFERÊNCIAS

Introdução
"How Much Information 2003?" foi produzido pela Escola de Sistemas de Gerenciamento de Informação, da Universidade da Califórnia, em Berkeley, e está disponível no www2.sims.berkeley.edu/research/projects/how-much-info-2003.

1: Qual a sua zona de foco?
A lei de Yerkes-Dodson foi primeiramente publicada em R. M. Yerkes e J. D. Dodson, "The Realtion of Strength of Stimulus to Rapidity of Habit-Formation," *Journal of Comparative Neurology and Psychology*, 18 (1909): 459 -482.

No estado de fluência, veja Mihalyi Csikszentmihaly: *Flow: The Psychology of Optimal Experience* (Nova York: Harper Perennial, 1991).

Instruções passo-a-passo para técnica de relaxamento muscular de Jacbson estão em en.wikipedia.org/wiki/progressive_relaxation.

2: Entediado, hiper ou os dois
No jogo interior, veja *The Inner Game of Tennis* (Nova York: Random House, 1997).

3: Atenção na era digital
Malcolm Gladwell explica a cognição rápida e a divisão tênue em *Blink* (Nova York: Little, Brown and Company, 2005).

A análise do crescimento da tevê feita pelo Conselho de Televisão dos Pais está no www.parentstv.org/PTC/publications/reports/stateindustryviolence/main.asp.

4: O que somos e o que estamos fazendo com nossos cérebros?
Para uma revisão dos estudos de neuroplasticidade, veja Jeffrey

M. Schwarts, MD, e Sharon Begley, *The Mind and the Brain* (Nova York: Harper Collins, 2002).

Sobre a pesquisa de Richard Davidson sobre a meditação dos monges tibetanos, veja "Buddha on the Brain", de John Geirland, *Wired*, 14.02 (2006): www.wired.com/wired/archive/14.02/dalai.html. O estudo sobre voluntários do Ocidente, "Meditation Experience Is Associated with Increased Cortical Thickness", por Sara Lazar e seus associados, estão em *Neuroreport*, 16, no. 17, 28 de novembro, 2005, www.neuroreport.com.

A ciência cerebral de realizar múltiplas tarefas está explicada na "GenM", de Claudia Wallis, revista *Time*, 27 de março, 2006: 48-50

5: Habilidades emocionais

Sobre habilidades emocionais, veja Daniel Goleman, *Emotional Intelligence: 10th Anniversary Edition* (Nova York: Bantam, 2005).

Sua pontuação de adrenalina é baseada em unidades subjetivas da escala de distúrbio, introduzida por Joseph Wolpe em *Psycotherapy by Reciprocal Inhibition* (Stanford, CA: Stanford University Press, 1958).

O estudo de crianças que jogavam Game Boy enquanto esperavam por uma cirurgia foi conduzido por Anuradha Patel, na Universidade de Medicina e Odontologia de Nova Jersey. Veja www.umdnj.edu/about/news_events/releases/04/r041210_gameboy.htm.

6: Confrontando o medo e todos os seus primos

Sobre procrastinação, veja Piers Steel, "The Nature of Procrastination", *Psychological Bulletin*, 133, nº 1 (2007): 65-94; e Jane Burka, *Procrastination: Why Do You Do It, What to Do About It* (Nova York: Da Capo Press, 2004).

7: Habilidades mentais

Para os estágios de desenvolvimento durante o período de vida, por Erik Erikson, veja em wikipedia.org/wiki/erik_erikson.

Um vídeo de 2005 do discurso de formatura da Universidade de Stanford, por Steve Jobs, está disponível no www.youtube.com; uma transcrição pode ser vista no www.stanford.edu. Cada site tem um modo de procura: entre com "Steve Jobs Commencement."

8: Estrutura sem pressão

Pesquisas sobre lembrar o nome de amigos que dão apoio, por James Shah, foi divulgada em "Automatic for the People: How Representations of Significant Others Implicitly Affect Goal Pursuit", *Journal of Personality and Social Psychology*, 84, nº 4 (2003): 661-681.

9: Habilidades de comportamento

O estudo relacionando o fato de crianças novas assistirem tevê e os problemas de atenção na escola, "Early Television Exposure and Subsequent Attentional Problems in Children", foi conduzido por Dimitri Christakis e publicado na revista *Pediatrics*, 113 (2004): 708-713. A recomendação da Academia Americana de Pediatria pode ser encontrada em aappolicy.aapublications.org/cgi/content/full/pediatrics;107/2/423.

O estudo de James Rosser demonstrando os efeitos do videogame para treinar cirurgiões laparoscópicos é descrito em "We Have to Operate, but Let's Play First", de Michel Marriot, *New York Times*, 24 de fevereiro, 2005.

Para mais informações sobre as técnicas de relaxamento de Benson, veja Herbert Benson e Miriam Kliper, *The Relaxation Response* (Nova York: Harper-Torch, 1976).

Sobre as atitudes das pessoas para o risco, incluindo uma quantidade de informações razoáveis sobre a teoria do prospecto, aversão à perda, doação e efeitos de queda dos custos, por Kahneman e Tversky, veja Against the Gods: *The Remarkable Story of Risk*, de Peter Bernstein (Nova York: Wiley, 1998).

10: Vencendo a interrupção e a sobrecarga
O estudo clássico sobre o controle pessoal de Bruce Reim, David C. Glass, e Jerome E. Singer, "Behavioral Consequences of Exposure to Uncontrollable and Unpredictable Noise", foi publicado na revista *Journal of Applied Social Psychology*, 1, 1 (1971): 44-56.
Sobre atenção parcial contínua, veja www.lindastone.net.
Para os links sobre estudos de sobrecarga cognitiva, veja www.yourfocuszone.com.

11: Vencendo distrações no século XXI
Sobre problemas com fuso horário, veja o site da Medlineplus, mantido pela Livraria Nacional de Medicina dos Estados Unidos e pelos Institutos Nacionais de Saúde, www.nlm.gov/medlineplus/ency/article/002110.htm.

12: E se você (ou seu filho) tem distúrbio de déficit de atenção?
Uma lista de livros e artigos sobre impotência aprendida está no www.ppc.sas.upenn.edu/lh.htm.
"Hunter in a Farmer's World pertence a Thom Hartmann, Attention Deficit Disorder: A Different Perception (Nova York: Underwood Books, 1997). Yuan-Chun Ding e associados publicaram "Evidence of Positive Selection Acting at the Human Dopamine Receptor D4 Gene Locus" em *Proceedings of the National Academy of Science*, 99, nº 1 (2002): 309-314.
Edward M. Hallowell e John J. Ratey escreveram *Driven to Distraction: Recognizing and Coping with Attention Deficit Disorder from Childhood Through Adulthood* (Nova York: Touchstone, 1995).

13: Ensinando crianças a prestarem atenção
Neurônios-espelho e aprendizado por meio de modelo são explicados por Daniel Goleman em *Social Inteligence: The New Science of Human Relantionships* (Nova York: Bantam, 2006).

Para pais e professores de crianças que lutam contra as salas de aula tradicionais, vejam meu primeiro livro, *Dreamers, Discoverers, and Dynamos: How to Help the Child Who Is Bright, Bored, and Having Problems in School*, anteriormente chamado *The Edison trait* (Nova York: Ballantine Books, 1999).

14: O poder da atenção

Sobre economia da atenção, veja Thomas H. Davenport e John C. Beck, *The Attention Economy* (Boston: Harvard Business School Press, 2001); e Richard Lanham, *The Economics of Attention* (Chicago, University of Chicago Press, 2006).

Para uma lista de fontes atualizadas, incluindo os Web sites listados aqui como links ativos, visite www.yourfocuszone.com

Agradecimentos

A criação deste livro foi possível graças aos pacientes que eu atendi em meu consultório. Obrigado por sua coragem, confiança, habilidades. Todos vocês são parte deste livro; vocês me ensinaram o que funciona e o que não funciona.

Eu sou grata ao meu agente, Robert Shepard, por sua confiança e apoio para a realização deste projeto. Agradeço seus sábios conselhos, força e imenso conhecimento. Eu agradeço à minha editora, Leslie Meredith, por acreditar na importância deste livro, por suas muitas idéias e sugestões, por sua inteligência e orientação. Meu obrigado a todos da Free Press. Andrew Paulson, sua atitude é uma dádiva.

Minha gratidão se estende aos meus colegas e amigos pelas discussões honestas e estimulantes que contribuíram para este livro. Agradecimentos sinceros para Dave deBronkart, por sua originalidade, percepção e boa vontade em solucionar qualquer problema. Dr. Mark Cooper, obrigado por me ajudar a simplificar minhas explicações científicas sem sacrificar a veracidade dos fatos. Eu sou agradecida pelas sugestões e apoio tão calorosos dados por Marjorie Camp, Aline Christiansen, Lynn McBrien, Dr. Joel Oxman, Lori Oxman, Marcy Rogers, meus pais John e Lucy Palladino, e minha irmã Maria Gill.

Três pessoas trabalharam comigo incansavelmente desde a primeira folha em branco até o trabalho terminado. Meus neurônios-espelho e eu somos abençoados muito mais do que as palavras possam aqui descrever, porque eles são membros da minha própria família. Com todo meu coração, eu agradeço a meu marido, Arthur Cormano, por sua fé em mim desde o começo. Agradeço seu incentivo, companheirismo e trabalho duro, por me ajudar em tudo, sempre com muito entusiasmo, oferecendo-me desde sugestões relacionadas aos manuscritos até com equipamentos de escritório.

Muito obrigada, Arthur, por cuidar das nossas necessidades diárias para que eu ficasse na minha zona de foco e escrevesse. Sou agradecida à minha filha, Jeniffer Cormano, por seu apoio incondicional, sugestões incisivas e espírito de criatividade. Obrigada, Jen, por ser uma excelente ouvinte e por me ajudar a ver pontos de vista que poderiam ter passado despercebidos.

Finalmente, eu agradeço a minha filha, Julia Cormano, que generosamente me deu seu tempo, atenção e habilidade considerável para este projeto, desde a proposta até o rascunho final. Sou grata por sua leitura minuciosa do manuscrito, capítulo por capítulo, enquanto eu escrevia. A versatilidade dela – dos conselhos às ilustrações – maravilhou-me. Obrigada, Julia, por entender o valor deste livro e por melhorá-lo e fortalecê-lo ao longo do caminho.

ÍNDICE

A Virtude do Medo (de Becker), 124
A procura do homem por algum significado (Frankl), 188
a razão do autor para o estudo, 13
abhidhamma (filosofia budista), 81
Academia Americana de Pediatria, 294
acalmando-se, 135
    aplicando gelo, 137
    dicas para, 138
    e controle de intensidade, 134
    gerenciamento de stress, 136
acendendo o fogo, 116-119
    como aniquiladores de procrastinação, 113, 116
    dominando seu trabalho, 116
    e adiamento planejado, 117
    e adiamentos justificáveis, 116
    frases inspiradoras, 118-119
    uma injeção de medo, 118
açúcar, 202
adiamento:
    auto-sabotagem em, 116
    custo do, 117
    e a pergunta "O que eu não estou fazendo agora?", 115
    e medo, 38-39
    justificável, 116
    planejado, 117
adolescentes, *veja* crianças
adrenalina:
    ansiando por, 61-3

        construindo uma tolerância para, 61-2
        e a curva em "U" invertido, 28-30
        e atenção parcial contínua, 131
        e excitação, 26-8
        e medo, 32, 111
        e pouco estímulo, 27
        e resposta lute-ou-fuja, 32, 210
        em resposta de orientação, 53-54
        em tipos hiperativos, 49-50
        habituação à, 61-3
        na sua zona, 33-4
        sua pontuação, *veja* sua pontuação de adrenalina
        veja também dopamina, norepinefrina
afirmações pessoais, 186
afirmações positivas, 186
afirmações presentes, 186
afirmações, 186
álcool:
        e barreira sanguínea cerebral, 202-3
        e fuso horário, 224-255
        e sono, 204
alelos, 267-268
alerta vermelho, 136-37
alienígena, visita de, 212
Allen, David, 233
Allen, Mark, 159
âncoras, 180-186
        em ensaio mental, 196
        objetivos e tarefas, 180-181
        palavras de humor, 185-186
        pessoas que apóiam, 182-184
        sucesso passado, 182
aniquiladores de adiamentos, 75, 113-119

       acendendo o fogo, 113,114-19
       construtores de confiança, 113,115-19
       reescrevendo o passado, 113,119-22
ansiando por, 61-4
ansiedade da informação, 236
ansiedade racional, 127
ansiedade:
       e tédio, 89
       e perda de foco, 123
       em adiamento, 88-91
       estratégias contra, *veja* antiansiedade
       irracional, 129-130
       pensamentos de gatilho, 129-130
       racional, 127-130
antiansiedade, 75,122-134
       checagem da realidade, 122-126
       planejamento, 122, 126-130
       sua auto-observação em, 124-125
       substituição de pensamento, 122,130-34
anúncio, resposta de orientação em, 54-5
ápice de atuação, 30
aprendizado social, 215
aprendizado, como habilidade mental, 149
aproximação, 213
Argonne e dieta de antiproblemas de fuso horário, 257
arquitetura da informação, 235-36
árvore que enverga, metáfora da, 167
As primeiras coisas antes (Covey), 234
assumindo compromissos, 298-99
ataques de pânico, 126
atenção:
       a razão do autor para o estudo, 13
       caçadores em um mundo de fazendeiros, 266

como um traço natural adaptativo, 266-69
  distração vs., 9-12
  e autoconversação, 272
  e sono, 201, 272
  escolha, 72, 241,308
  escolhas para o sucesso, 271
  impotência aprendida, 264-65
  medicação para, 273-74
  pensadores divergentes com, 270-271
  cérebro modelado por, 67
  como moeda, 309
  compra e demanda da, 308
  e atuação, 28, 44, 45
  e criatividade, 21, 309
  e DDA, *veja* distúrbio de déficit de atenção
  e discernimento, 120, 234-239
  e estimulação, 26-28
  e múltiplas tarefas, 70-72
  engajado, 234
  ensinando crianças, *veja* crianças
  força da, 301-302
  mantida, 51, 52-53, 66, 67, 69, 70, 71
  na sua zona, 31
  os dois passos do processo de retomada, 34-35
  parcial contínua, 231
  pouca expectativa de, 16
  recompensa, 285-87, 306-07
  seletiva, 30, 51-52
  suspensão, 83
  valor da, 308
  vocabulário dos filhos para, 287-88
atenção curta, 51-53
atenção mantida, 51, 52-53, 66, 67, 69-71

atenção parcial contínua, 232-34
    bombeando adrenalina para, 232
    conexão e, 233-34
    dicas para gerenciamento da, 235
    discernimento, 234-35
    trabalho não terminado, 232-34
atenção seletiva, 30, 51
atitude, escolha, 188
atitude, mudança, 188-195
    adiamento, 78, 88-91, 176, 210
    e relaxamento, 210
    gerenciamento de tempo, 189-90
    intervalo vs., 289
    não mate o mensageiro, 189
    para ficar na linha, 174
    perguntando, "O que eu não estou fazendo agora?", 88, 90-91, 115
    remodelando, reelaborando 191
ativação de regra, 71
atuação dirigida para resultados, 162
atuação mental, 30
atuação:
    ápice , 30-31, 44-46
    dirigida por resultados, 162
    e adrenalina, 42-43
    e atenção, 40
    estimulação para, 27
    feedback sobre, 165
    mental, 30
    sua melhor, 162
    valores de referência para, 162
auto-reconhecimento, 75, 81-91
    "O que eu não estou fazendo agora?", 79, 89

    e eletrônicos, 208
    para crianças, 285
    reconhecendo suas emoções em, 79-80
    sua auto-observação, 78-79
    sua pontuação de adrenalina, 78-79, 82-83
auto-conversação, 175
    afirmações, 186
    âncoras, 180
    autodirecionamento, 178
    criando estratégias, 176
    e aversão à perda, 219
    e DDA, 272
    e interrupções, 230
    "Eu não sou meu pai", 305
    mantendo-se na linha, 173
    listas de afazeres, 175
    para crianças, 292
    para uma vida livre de bagunça, 219
    para viagens a negócios, 255
    pensamento de substituição, 174, 176, 187
    simplificando, 175
auto-instrução, 14, 173
auto-regulação, 88, 135
auto-sabotagem, 116
autoconfiança, 115
autocontrole, ensinando crianças, 280-81, 290, 295
autoconversação para, 292
autocrítica, 40, 167
autodirecionamento, 14, 178
automotivação, *veja* motivação
aversão à perda, 217, 218-19, 221-23
aviso contrário, 162

bagunça digital, 220-21
bagunceiro e distraído, 12, 45-46
baixo estímulo:
    e distração na Era Digital, 42
    e nível de adrenalina, 27
    e tédio, 59
    na curva em U invertido, 28, 31, 71
    no mundo real, 64
Bannister, efeito, 275-76
Bannister, Roger, 275-76
barreira sanguínea cerebral, 202-03
Baruch, Bernard, 172
Bate papo à parte, em reuniões, 231
bebidas livres de cafeína, 109
Beck, John, 20, 260-61
Benson, Herbert, 212
Blink (Gladwell), 53
bombeando adrenalina para, 232
braille, aprendizado, 67
budismo, mente focada no, 80
Burka, Jane, 113
busca, 264

caçador de tralhas, 154
cafeína:
    como estimulante, 205-206
    e barreira sanguínea cerebral, 202-03
    e nutrição, 204-206
    e perda de sono, 201
    meia-vida da, 204
    quantidade nas bebidas, 107, 205
caminho seguido com o coração, 153-54
Campbell, Joseph, 153
Camus, Albert, 170

cansaço, prevenção, 94-95
carboidratos complexos, 202
carta para o seu "eu futuro", 197
Castaneda, Carlos, 153, 170
cegueira, falta de atenção, 35
celulares:
    e assertividade, 144-145
    múltiplas tarefas com, 37
    cérebro modelado por, 67
cérebro:
    adrenalina no, 111, 149
    amídala e, 135
    barreira sanguínea cerebral, 202-03, 206
    e habilidades emocionais, 75
    e meditação, 69
    e múltiplas tarefas, 103
    e sono, 98
    efeitos da atenção no, 67
    efeitos do comportamento no, 66
    funções executivas no, 68
    habituações no, 62
    lóbulo pré-frontal do, 67-71, 74
    memória a curto prazo no, 98
    memórias emocionais no, 119-121
    neurotransmissores no, 98
    plasticidade, 65-66, 67, 71
    químicas no, *veja* químicas cerebrais
    reconectando, 66-67
    região receptora do, 62
    sistema límbico do, 78-79, 135, 140
chaveiros, 18, 75, 310
    1. auto-reconhecimento, 79
    2. mudança de estado, 91

    3. aniquiladores de adiamentos, 113
    4. antiansiedade, 122
    5. controle de intensidade, 134
    6. motivação, 152
    7. mantenha-se na linha, 174
    8. hábitos saudáveis, 200, 204
checagem da realidade, 123
    alarmes falsos, 126
    como chave de antiansiedade, 127
    medo racional ou irracional?, 124-25
    medos normais, 125-26
    medos razoáveis, 126
Chuangtzu, 164
Churchil, Winston, 188, 192
Cialdini, Robert, 237
citações, 119
classificação: devagar, média, e rápida, 303
cochilos para recarregar as energias, 97, 98
coerência cerebral, 207-08
cognição:
    rápida, 52
    significados do termo, 149
como medo disfarçado, 138-39
como moeda, 308
competição:
    como força dirigida, 159-60
    e pressão da atuação, 161-62
    e vitórias particulares, 163-164
    estratégia para, 196
    sua melhor pessoal, 164
    valores de referência de, 164
    vencendo a competição contra si, 159
comportamento hostil-agressivo, 141

comportamento passivo-agressivo, 120, 141, 143
comportamento, cérebro formado por, 67
compra e demanda da, 315
compreensão, 150
compromisso, 96, 252
compromissos, de crianças, 302
comunidades online, 296
concentração de álcool no sangue, 203
concentração, 29, 33, 44, 51-53, 107, 122
conclusão de projetos, e DDA, 263
conectividade, 233-34
conexão e, 237
confiança, 214, 218
Confúcio, 232-33
Conhecimento do Trabalho, O (Robbins), 58
construindo uma tolerância para, 61-2
construtores de confiança:
    como aniquiladores de adiamentos, 114
    e reafirmação, 115
    e sucesso, 114-15
controle:
    de interrupções, 227-28
    e pensamentos de substituição, 131
    ensinando crianças, 280-81
    processo de dois passos, 34
controle da amídala, 137-39, 142, 145
controle de intensidade, 73, 135, 137
    acalmando-se, 135-36, 137-39
    assertividade, 135, 141
    auto-regulação no, 135
    descobrindo o medo, 135, 140
controle pessoal de, 227
Cousins, Norman, 276

Covey, Stephen, 234
crença na sua habilidade, 261-62
crença no seu filho, 299
crenças de cunho racional, 149-54
Crianças e adultos com distúrbios de déficit de atenção, 279
crianças:
    adiamento vs. fazer um intervalo, 289
    assumindo compromissos, 298-99
    auto-reconhecimento, 284
    autoconversação para, 292
    com DDA, 261-63
    comunidades online, 296
    construindo vocabulário para atenção, 288
    crença em, 299-300
    e memórias emocionais, 118
    e sono, 293-94
    ensinando autocontrole, 280, 290, 298
    ensinando-as a prestar atenção, 279
    fazendo perguntas socráticas, 295
    ferramentas para, 288
    hábitos saudáveis para, 297-98
    impondo limites para, 293-94, 299
    limites de tevê para, 294
    limites de videogame para, 295
    má escolha/boa escolha, 291
    maturidade das, 280
    modelo para, 7, 282-85, 295
    órfãos do BlackBerry, 242
    período de atenção de, 52
    plasticidade cerebral em, 65
    recompensar atenção, não interrupção, 285
    remodelando para, 281
    ressaltando pontos fortes, 300-01

tédio em, 173-74
  zonas de foco das, 290
criando estratégias, 176
criatividade, 20
  e atenção, 308
  e fluência, 29
Cronkite, Walter, 59
Csikszentmihalyi, Mihalyi, 30, 45
curva em "U" invertido:
  e múltiplas tarefas, 28-30, 36-37
  e zona de foco, 15-16, 72-73
  lei de Yerkes-Dodson, 29
  na psicologia do esporte, 33
  na viagens de negócios, 254
  para astronautas da Nasa, 226, 226f
  sobrecarga cognitiva na, 58f
  tédio na, 60f
Czerwinski, Mary, 226, 229, 230, 233

dar uma volta, 210
Data Smog (Shenk), 237
Davenport, Thomas, 20, 308
de Becker, Gavin, 124
DDA, *veja* vício de se prender ao distúrbio de déficit de atenção
DADH (distúrbio de atenção/hiperatividade), *veja* distúrbio de déficit de atenção
DeGartano, Gloria, 54
Déficit de atenção / distúrbio de hiperatividade, *veja* distúrbio de déficit de atenção
desejos:
  e meta razão, 150
  motivação por, 150-151

        o que eles são, 150
desvios de atenção, 9-10, 35, 38, 44, 47, 71
        em crianças, 63-64, 293
        no escritório em casa, 249
"Deverias", 40-41, 166
        dicas para gerenciamento de, 238
        dicas para lidar, 231
dieta Feingold, 202
discernimento, 237-38
distração:
        desvios de atenção, 10-11
        e adiamentos, 90
        em resposta de orientação, 55
        espaçoso e distraído, 12
        hiper-rápido e hiperfocado, 13
        na Era Digital, 9-11, 16, 41-43, 55, 225, 249
distúrbios de ansiedade, terapias de exposição por gratidão, 63
        aprendendo sobre si, 266
        benefícios da, 17
distúrbio de déficit de atenção (DDA), 260-276
        e hábitos saudáveis, 199, 272, 277
        e impulsividade, 273
        e nutrição, 202
        e o traço de Edison, 270-71
        estratégias para cooperar com, 271-73
        ficando centrado na força, 263
        genes de suscetibilidade, 269-70
        novas estratégias para, 264
        potencial para, 272
        procurando e perseguindo em, 261
        pseudo, 237
        remodelando, 266
        resposta de orientação na, 263

terminando projetos, 263
  variação de genes no, 267-68, 269
  crença na sua habilidade, 261-63
  e infância, 261-62
  e o efeito Bannister, 275-76
  Uma percepção diferente (Hartmann), 266-267
Dodson, John D., 29
dopamina:
  e adrenalina, 150
  e estrutura, 172
  e lóbulo pré-frontal, 69, 70
  e motivação natural, 155-156
  e motivação pelo desejo, 150-51
  e múltiplas tarefas, 68, 70-71
  e norepinefrina, 151
  e variação do gene de DDA, 267-269, 270
  em equilíbrio, 150-151, 151*t*
  veja também químicas cerebrais, neurotransmissores
drenando, 232, 236
Driven to Distraction (Hallowell e Ratey), 238

Economia de atenção (Davenport e Beck), 308
Edison, Thomas, 175, 192-93, 270
efeito de doação, 218
Efeito Zeigarnik, 233
eficiência:
  atuação, 100
  e atenção parcial contínua, 231
  e múltiplas tarefas, 71-72
  em pesquisas na internet, 244-45
eficiência da atuação, 30
eficiência, perdido em múltiplas tarefas, 101-102
Einstein, Albert, 25

elástico, puxar, 179
em resposta de orientação, 55
em tipos hiperativos, 49-50
emoções, veja sentimentos
engajado, 239
ensaio mental, 196
    âncoras para, 197
    carta para seu futuro eu, 197
    como estratégia de competição, 121, 123, 196
    como estratégia de concentração, 197
    como estratégia de pré-competição, 197
    como estratégia de pré-concentração, 198
    como técnica de visualização, 196
    em reescrevendo o passado, 120-21
    para ficar na linha, 173
    relaxamento no, 197
Ensinamentos de Don Juan, Os (Castaneda), 153, 170
ensinando autocontrole, 280-81, 290, 295
ensinando crianças, *veja* crianças
ensinando-os a prestar atenção, 279
envelhecimento:
    e lóbulo pré-frontal, 69
    e múltiplas tarefas, 103-104
Erikson, Erik, 158
erros, remodelando, 191
escadaria para o sucesso, 166
escala de unidade subjetiva de distúrbio, 83
escolha, 34, 72, 146, 169, 200, 219
escritório em casa, 249
    dicas para, 251, 253
    negócios baseados em casa, 25
espectador imparcial, 80
espectador neutro, 80

espectador desapegado, 80
estado de calma, 45, 69, 80, 151*t*, 209-214, 283-84
estado de hiper-alerta, 34
estado de relaxamento alerta, 27, 34, 44, 82, 213, 227, 231
estilo de vida do calmo e do focado, 200
    estimulantes, 205
    forma física, 209
    hábitos saudáveis em, 200
    nutrição, 202
    relaxamento e alegria, 204
    sono, 203
estimulação eletrônica, 51, 53-54, 207-08, 294
estimulação:
    ansiando por, 61-62
    como nível de excitação, 28, 29
    e adrenalina, 34
    e atenção, 26-28
    e excitação, 30
    e mente focada em múltiplas tarefas, 71
    e zona de foco, 28
    eletrônicos, 51, 208
    habituação à, 63
    solavancos por minuto, 60-61, 63
    em intervalos de energia, 97
estimulantes, 205-09
    cafeína, 206
    e DDA, 273
    efeitos sobre a adrenalina de, 207
    eletrônicos, 51, 207
    humor, 211-212
    liberdade de abuso de, 209
    limiar do vício, 208
    medicação para DDA, 273

      prescrição, 273-74
estratégia de pré-competição, 196
estratégias cognitivas, 14-15, 78, 149-51, 183, 194-95
      veja também habilidades emocionais, habilidades mentais
estratégias de concentração, 197
estresse:
    acalmando-se, 135
    e adrenalina, 254
    e hiper foco, 44-45
    e lóbulo pré-frontal, 70
    e química cerebral, 207
    e sobrecarga cognitiva, 59
    e sono, 201
    em viagens a negócios, 254
    emoção aumentada por, 136
    estresse da tecnologia, 296
    fontes de, 129
    gerenciamento do, 137, 208, 211
    pressão da atuação, 161
    reduzindo, 129-130
estresse da tecnologia, 296
estrutura, 172-198
    afirmações, 186
    âncoras, 180-86
    listas do que fazer, 175-78
    mantendo-se na linha, 173-74
    mudança de atitude, 188-96
    pensamento breque, 178
    planos escritos, 174-75
    técnicas de visualização, 196-98
"Eu não sou meu pai", 305
exabytes, 235
exames, focando durante, 122, 160

excitação ótima, 27
Excitação, 27, 28-29, 33, 77, 82, 152
exercício:
    e DDA, 273-74
    e química cerebral, 208
experiência emocional corretiva, 120
exposição à luz, 256-57

Facebook, 296
falha:
    medo da, 113
    remodelando, 191
Fallone, Gahan, 293
falsos alarmes, 126
falta de, 234
fé, 214
feedback, 165
férias, 99
ferramentas de sustentabilidade, 158
    árvore que enverga, 167
    declaração contrária, 161
    e motivação, 152
    e pressão da atuação, 161
    escadaria para o sucesso, 166
    foco durante testes, 160
    ganhando a competição com você mesmo, 159
    liberdade para focar no seu objetivo, 159
    objetivos de esforço centrado, 158
    "olhos no prêmio", 162
    remodelando, 166
    resultados dirigidos, 165
    valores de comparação, 165
    vitórias particulares, 162

ferramentas para, 288
ficando na linha, 173-198
    autoconversação, 175
    ensaio mental, 174, 196
    mudança de atitude, 174, 188-96
    planos escritos, 174-75
filtração mental, 238
filtrando, 51, 238
fluência:
    e hiperfoco , 45t
    e zona de foco, 44-45
    ressonância magnética funcional, 66
    uso do termo, 30
fobias:
    medos irracionais para, 126
    terapias de exposição para, 62
foco, uso do termo, 30
fontes de, 128
força da, 82, 294
força viva, ganhando, 230
força, levada ao excesso, 267
forma física, 209
Frankl, Viktor, 188
Freud, Sigmund, 81
Friedman, Thomas, 233, 249
Friendster, 296
fuga, dos medos, 33
funções executivas, 68
Fundação Nacional do Sono, 293

Gallwey, W. Timothy, 40, 81, 167
ganhando a competição com você mesmo, 158
Gates, Bill, 158, 232

gelo, aplicação de, 137
gene DRD4, em DDA, 267
genes de suscetibilidade, 269
genes, funções dos, 269
gerenciamento de distração, 132-34
gerenciamento de tempo, 191
Gladwell, Malcolm, 52
Glass, David, 227
glicose, 202
Goleman, Daniel, 77, 80, 135, 283
Google, 244
gratidão, 213
guerreiros das estradas do céu, 253-59
    dicas para, 259
    e problemas com o fuso horário, 255-56
    e produtividade, 257
    e viagens a negócios, 253
    e zonas de tempo, 256
    horários de exposição à luz, 257

habilidade de conversar, 156-57
habilidades de assertividade, 141-148
    e agressão hostil, 142
    e agressão passiva, 142
    e controle de intensidade, 135
    e interrupções, 230-231
    e medo da perda, 145-46
    em dizer "não", 146-148
    em impor limites, 144
    fazendo pedidos, 142-43
    técnica de quebra de recorde, 147
habilidades de comportamento
    chaves para, 75

hábitos saudáveis, 200
habilidades emocionais:
    aniquiladores de procrastinação, 113-122
    anti-ansiedade, 122, 134
    auto-reconhecimento , 79-87
    chaves para, 73
    como elas funcionam, 77
    controle de intensidade, 135-139
    experiência emocional corretiva, 120
    mudança de estado, 91, 109
    o que são elas, 76-77
habilidades mentais:
    caçador de tralhas, 154
    chaves para, 73
    de cunho racional, 149
    em psicologia do esporte, 33
    estratégias cognitivas, 149
    ficando na linha, 173
    habilidades, 149
    motivação por desejo em, 149
    o que são elas, 149-50
hábitos saudáveis, 73, 199
    amigos que apóiam, 215
    e DDA, 201-202, 273-74, 276
    estilo de vida do calmo e do focado, 200
    para crianças, 296
    vida livre de bagunça, 200, 217
habituação à, 61-3
habituação:
    à adrenalina, 61
    e tédio, 59
    em terapias de exposição, 63
    inconsciente, 63

Hallowell, Edward, 237-38
Hartmann, Thom, 63, 265
Herrick, Robert, 170
hiperativos e hiperfocados, 13
    adrenalina no, 49
    e fluência, 45t
    perdendo a zona, 47-49, 49f
    superestimulação no, 43-44
    tensão no, 44-45
Hiroto, Don, 264
honestidade, 100
humor, 213

imagem cerebral, 66
imagens de ressonância magnética, 66
impondo limites para, 292-296
impotência aprendida, 264
impulsividade, 113, 266
"inatenção cega", 37
informação:
    em memórias a curto prazo, 98
    exabytes, 235
    procurando por fontes de, 245
Inteligência emocional (Goleman), 135
Inteligência social (Goleman), 282
intenções como razões de metas, 150
Intensidade de um solavanco, 61
intensidade, 30
Internet:
    a síndrome do Doritos, 243
    comunidades *online*, 296
    dicas para uso, 244
    e e-mail, 240

  e estresse da tecnologia, 296
  e Google, 244
  pesquisando, 244
  procurando por fontes, 245
  surfando na, 243
Interrupções, 225
  conectividade, 233
  controle pessoal de, 227
  dicas para lidar, 231
  drenando, 233
  e atenção parcial contínua, 231
  e simplificação, 230
  e-mail, 240
  falta de, 233
  não recompense, 285
  planejar projetos começa, 231
  se recuperar de, 231
intervalos de energia, 94
  adiamentos, 98
  alta ou baixa estimulação, 97
  cochilo como, 98
  compromisso em, 96
  e mudança de estado, 92
  e múltiplas tarefas, 106, 108
  em escritórios em casa, 249
  férias como, 99
  funções dos, 97
  impondo um tempo para, 96
  moldando a sua própria necessidade, 97
  o que são eles, 96
  qualidades dos, 97
intoxicação, 204
irritabilidade, 112

Jobs, Steve, 170, 305
Jogo interior de tênis, O (Gallwey), 40
Jogos Olímpicos, 258, 309, 315
Jordan, Michael, 193
Jung, Carl, 18, 273

Kahneman, Daniel, 218
King, Martin Luther Jr., 111

lampejo eletrônico, 207
lanches saudáveis, 119, 121
Lanches, saudáveis, 109, 106
Lanham, Richard, 309
lei de Yerkes-Dodson, 29
lenha em uma fogueira, 302
Levy, Paul, 241-42
Liberman, Mark, 247
limites de tevê para, 294-95
limites de videogame para, 294-95
limites, imposição, 144, 292-93
listas de coisas a fazer, 175
    autodirecionamento, 178
    criando estratégias, 176
    em escritórios em casa, 249
    pensamento de substituição, 177-78
    simplificando, 175
lóbulo pré-frontal:
    e habilidades emocionais, 77
    e serotonina, 68
    enfraquecendo as regiões cerebrais, 67
    engrossamento do, 70
    funções executivas via, 68

má escolha/boa escolha, 291
mania de informação, 237, 245, 246*t*, 250*t*
Mann, Michael, 230
mantida, 51, 52-53, 66, 67, 69, 70, 71
Mark, Gloria, 225
Marvin, Carolyn, 56
maturidade, 280
Media Literacy Review, 54
medicação para, 273
meditação:
    de monges budistas, 66, 70, 211
    e atenção mantida, 70
    e gerenciamento de estresse, 209
    e lóbulo pré-frontal, 69
    e mente focada, 80
    e passando pensamentos, 130-31
    técnicas de respiração, 94
medo:
    ataques de pânico, 126
    de medo da perda, 145-46
    descobrindo, 135, 139-40
    disfarçado (raiva), 139-40
    e adiamentos, 38-39
    e adrenalina, 32
    e controle de intensidade, 135
    e resposta lute-ou-fuja, 111-12, 117, 151
    falsos alarmes, 126
    fobia, 126
    motivação pelo, 150-51
    racional vs. irracional, 124
    terapias de exposição para, 56
    vencendo, 61

medo da perda, 145-46, 236
    remodelando, 192
melatonina, 248, 258, 263
melhora pessoal, 161-62, 165-66
memória:
    de curto prazo, 98
    emocional, 118, 119
    experiência emocional corretiva, 121
    reescrevendo o passado, 119
    vendo o passado com novos olhos, 121
memória de curto prazo, 98
mente focada:
    como estar acordado no momento, 80
    como sua auto-observação, 79-80
    e meditação, 80
    e terapia, 80
    na história, 8
mente focada em múltiplas tarefas, 71, 99
    acalmando-se via, 108
    animando-se via, 108
    e celulares, 36
    e eficiência, 71, 72, 100
    e microinquietudes, 104
    e mudança de estado, 92
    em escritórios em casa, 249
    geração com um intervalo em, 103
    honestidade na, 100
    intervalos de energia, 101, 110
    uso do termo, 38
mentores, 215
Michaels, Lorne, 247
microgestos, 107
microinquietudes, 107

Miller, Henry, 234
Milne, A. A., 191
modelo para, 7, 281, 294
modelos para crianças, 17-18, 201, 295-96
monges budistas, meditação dos, 66-67, 69, 211-12
motivação, 73, 152
    acendendo o fogo, 116
    caminho com o coração, 153-54
    citações inspiradoras, 118-19
    definição da, 155-56
    e a curva em U invertido, 19
    e ferramentas de sustentabilidade, 152
    escadaria para o sucesso, 166
    natural, 155-56
    objetivos com significado, 152
    pelo desejo, 150-51
    pelo medo, 151
    sustentável, 149, 158
    teste do leito de morte, 151
motoristas de taxi, reconectando os cérebros dos, 66
Moyzis, Robert, 268
mudança de estado, 279
    ajustando suas emoções para, 78
    intervalo de energia, 91, 94
    múltiplas tarefas focadas, 36
    respiração em quatro cantos, 92, 93-94, 93
mudança de objetivo, 71
múltiplas tarefas:
    aspectos ruins vs. bons das, 35
    atenção mantida, 71
    digitais, 106-07, 110
    e a atenção parcial contínua, 231
    e cegueira à falta de atenção, 36

    e dopamina, 68, 70
    e eficiência, 71, 72, 101
    e envelhecimento, 103-04
    e lóbulo pré-frontal, 69
    e cérebro, 103
    em escritórios em casa, 251
    focadas, *veja* múltiplas tarefas focadas
    formas não digitais de, 106
    mudança de objetivo em, 71
    perda de eficiência em, 101
    regra de ativação em, 71
Mundo é achatado, O (Friedman), 244
mundos virtuais, 64
músculos, tensos e relaxados, 106-07
música, e múltiplas tarefas, 106
músicos:
    ensaio mental de, 120
    reconectando cérebros de, 66
MySpace, 296

na sua zona, 30, 33-4
Naber, John, 156, 158, 161
"Nada tem sucesso como o sucesso", 176
não mate o mensageiro, 189
não recompense, 285
não, dizendo, 145, 146-47, 178-79
Nasa, 226
navegando na rede, 243
Neeleman, David, 275
neurônios-espelho, 17, 215, 216, 283
neurônios, 65, 67
neurotransmissores, 98
Newton, Sir Isaac, 302

níveis de progresso, 81-83, 83*t*
nível de excitação, 256
    como estimulação, 28, 29
    e a curva em "U" invertido, 29
    ótimo, 27
    sobrecarga cognitiva, 58
    uso do termo, 26
norepinefrina:
    e ansiedade, 122-23, 124
    e dopamina, 151
    e estrutura, 172
    e exercício, 209
    e gratidão, 213
    e medo, 118, 131
    em equilíbrio, 151, 151*t*
    na resposta lute-ou-fuja, 111
    problemas da, 112
    veja também químicas cerebrais, neurotransmissores
nutrição, 202
    açúcar, 202
    álcool, 203
    cafeína, 204
    e barreira sanguínea cerebral, 202
    e DDA, 201, 272
    e química cerebral, 202

o melhor pessoal, 164
"O que eu não estou fazendo agora?":
    adiamento conquistado via, 88-89, 114
    auto-reconhecimento, 78, 89
    conexão tédio e ansiedade, 113
    e interrupções por e-mail, 240
    e trabalhar em casa, 249

O'Brien, Danny, 230
objetividade, voz da, 80
objetivos centrados na força, 156
objetivos de esforços centrados, 157-166
objetivos:
    a longo prazo, 152
    acreditáveis, 156
    caçador de tralhas, 154
    centrados em esforços, 158-165
    centrados na força, 156
    como âncoras, 180
    crescimento, 157
    em cada estágio da vida, 157
    escadaria para o sucesso, 166
    ficando conectado com seus sonhos, 155-56
    liberdade para focar em, 159
    para motivação, 152-53
    que valem a pena, 158
    seguindo sua maré, 153
    seus próprios, 156
observação desapegada, 80
observando o ego, 80
"olhos no prêmio", 162
onomatopéia, 185
Orfalea, Paul, 276
organização, 191
Ortega y Gasset, José, 20
os dois passos do processo de retomada, 34-35

palavras de humor como âncoras, 184
parcial contínua, 231
Pavlov, Ivan Petrovich, 53, 54
"PDA acinturado", 230, 234
Peale, Rev. Norman Vincent, 114

pedidos, fazendo, 142-43
pensadores convergentes, 270
pensadores divergentes, 270
pensamento abstrato, 150
pensamento, como habilidades mentais, 150
pensamentos de iniciação, 118
pensamentos de parada, 14, 178
pensamentos de substituição, 130-135
    como chaves de antiansiedade, 122-23
    controle, 131
    deitado acordado na cama, 132
    efetivo, 131
    gerenciamento de distração, 131, 132
    na auto-conversação, 175, 178-79, 186-88
    na lista de coisas a fazer, 178-79
pensamentos, transitórios, 80
pensando no concreto, 150
percepção, 150
perfeccionismo, 168
    remodelando erros, 192-93
    vs. progresso, 114
período de tempo, imposto, 96, 110
perspectiva:
    e sua auto-observação, 81
    remodelando, 165
pessoas que apóiam, 219
    como âncoras, 182
    e hábitos saudáveis, 200
    mentores, 215
    parceiros, 215
piratas de computador para a vida, 232
planejamento, 127
    como chave de antiansiedade, 122-23

    como habilidade mental, 150
    e ansiedade irracional, 129
    e ansiedade racional, 127
    em escrita, 174
planejar projetos começa, 230
planos escritos, 174
plasticidade, 65-67
podando neurônios não usados, 67
pontos fortes, ressaltando-os, 303
pouca expectativa de, 16
prática, 31, 65, 75, 122, 149, 196
prazos de entrega:
    e estrutura, 172
    e sobrecarga cognitiva, 58
    reunião, 117
preocupação, 233, 298, 302
pressão da atuação, 161
pressão, *veja* estresse
priorizando, 234
problemas com o fuso-horário, 247, 255, 261
    antes de voar, 258
    como um distúrbio do sono, 255-56, 261
    dieta Argonne vs., 257
    e álcool, 203, 257, 262
    e zonas de tempo, 257
    horários de exposição à luz, 257-58, 258*t*
    melatonina, 247
    sintomas de, 255
procurando, 261
produtividade, 36, 53
    e atenção parcial contínua, 231
    em viagens de negócios, 253-54
profecia da auto-realização, 123
progresso vs. perfeição, 114

Psicologia do começo ao fim (Schubert), 152
psicologia do esporte:
    a relação entre força física e a habilidade mental na, 33
    atuações dirigidas pelo resultado, 164
    competição em, 159-60
    controle na, 34
    curva em "U" invertido na, 33
    ensaio mental na, 196
    escadaria para o sucesso, 166
    ganhando a competição com você mesmo, 159
    liberdade para focar no seu objetivo, 160-61
    o melhor pessoal na, 164
    objetivos centrados no esforço, 159
    palavras de humor na, 185
    pressão da atuação, 161
    vitórias particulares, 163
    zona de foco na, 15, 33

Quando velhas técnicas eram novas (Milne), 57
questões socráticas, 295
químicas cerebrais:
    dopamina, 68, 150-151, 151t
    e exercício, 209
    e nutrição, 202
    equilíbrio das 150-51, 151t
    neurotransmissores, 98
    norepinefrina, 150-51, 151t
    serotonina, 68, 150-151

raciocínio, como habilidade mental, 150
raiva:
    amídala em, 141-42
    como medo disfarçado, 139-40
    e intensidade, 112
Rank, Otto, 250
razões de meta, 150
reafirmação, 114-15, 135

realidade, tédio com, 64
recompensa, 285-86, 307
recompensar atenção, não interrupção, 285
recuando, 81
reescrevendo o passado, 119-120
    como aniquilador de procrastinação, 113, 120
    como experiência racional corretiva, 120-21
    e ensaio mental, 122
    vendo com novos olhos, 122
Regulação para menos, 61
relacionamento funcionário – chefe e mente focada em múltiplas tarefas, 105
relaxamento e alegria, 210
relaxamento e diversão, 209-213
relaxamento muscular progressivo, 110
REM, 204, 257
remodelando, 191
    "confortável", 193
    DDA, 266
    e vivendo livre de bagunça, 217
    falha e erros, 194
    medo da perda, 194-95
    mudando a perspectiva via, 165
    sobre seus filhos, 282
respiração nos quatro cantos, 92, 93-94, 93*f*, 131
responsabilidade final, 165
resposta de orientação, 53
    adrenalina na, 54
    e DDA, 263
    e superestimulação, 54
    em propaganda, 54-55
    experimento com, 54
    exploração da, 55
resposta de relaxamento, 212
resposta lute-e-fuja, 111
resposta lute-ou-fuja, 33, 111, 118, 263-64, 268
    prevenindo, 151, 210, 213

se acalmando da, 135, 138-39
ressaltando pontos fortes, 302-03
Retton, Mary Lou, 309-10
risada, 213
ritmos circadianos, 255
Robbins, Stever, 58
Rosen, Larry, 296

Salk Lee, 279
Schlesinger, Ivan Mikhaylovich, 53-54
se recuperar de, 228
seguindo sua maré, 153
seletiva, 29, 51-52
Seligman, Martin, 264
Selye, Hans, 212
Sêneca, 249
sentimentalmente, 220-21
sentimentos:
    ajuste, 75
    efeitos do estresse no, 137
    reconhecendo, 76-78
    transitório, 80
serotonina:
    e apreciação, 213
    e estrutura, 172
    e lóbulo pré-frontal, 68-69
    e tempo de queda, 72
    em equilíbrio, 150, 151*t*
    veja também químicas cerebrais, neurotransmissores
Sheen, Martin, 153, 158
Shelley, Percy Bysshe, 55
Shenk, David, 237
"sim" vs. "não", 179
Simon, Herbert, 308
simplificação, 175-76, 230
sinapses, 61, 67, 77
síndrome da informação fatigada, 236

síndrome do Doritos, 243
síndrome do reforço mínimo, 307
sistema de amigos, 215-16
sistema límbico, 77, 135-36, 150-51
sobrecarga, 57-58, 235
    ansiedade das informações, 236
    déficit de atenção, 237-38
    dicas sobre, 238-39
    domando seu e-mail, 240
    filtração mental, 239
    internet, 244
    mania de informação, 237, 238*t*
    paralisia da análise, 236
    síndrome da informação fatigada, 236
sobrecarga cognitiva, 56-58, 57*f*, 235-238
sobrecarga de informação, *veja* sobrecarga
sobrevivência:
    e adrenalina, 32
    lute-ou-fuja, 32-33
    respostas de orientação e, 53
solavanco por minuto, 60-61, 63
Sonho durante o sono, 203, 257
Sonhos, ficando conectado por, 155-56
sono:
    benefícios do, 98
    diretrizes para, 294
    e álcool, 204, 256
    e crianças, 293-94
    e DDA, 201, 272
    e problemas de fuso, 255-56
    noite inteira de, 303
    REM, 204, 257
    cochilos energéticos, 98
Steel, Piers, 113
Stevenson, Robert Louis, 116-17
Stone, Linda, 230, 233-34, 239, 240, 242
sua auto-observação, 79-81

    como mente focada, 79
    e auto-reconhecimento, 78
    lutando contra a ansiedade via, 121
    níveis de progresso via, 82-83, 84*f*
    o que não é, 80
    perspectiva de, 81
    recuando, 80
sua pontuação de adrenalina, 82-86
    benefícios da auto-avaliação, 88
    como se pontuar, 84
    e auto-reconhecimento, 78
    e zona de foco, 84*t*, 85-86
    escala de Wolpe, 82
    EUDS, 82-83, 86
    figuras vs. números em, 88
    pontos âncoras em, 83
    questões de, 82
sua própria testemunha, 80
sua zona de foco, *veja* zona de foco
sucesso:
    como âncora, 180
    escolhas levadas pelo, 272
    medo do, 113
    por meio da divisão de tarefas em pequenos trabalhos, 114
    reafirmando, 114
    remodelando a falha, 191
superestimulação:
    aumento da dependência sobre, 61
    e adrenalina, 26, 34
    e Era Digital da distração, 42
    e sobrecarga cognitiva, 56
    em resposta de orientação, 54
    muito hiperexcitado e hiperfocado por, 43
    solavancos por minuto, 60
suspensão, 83
Sutherland, Amy, 307

tarefas, como âncoras, 180
táticas de adiamento, *veja* procrastinação
técnica de quebra de recorde, 147
técnicas de relaxamento, 111
    apreciação, 213
    aprendizado, 211-12
    e adiamento, 210-11
    e sono, 201
    em ensaio mental, 196
    fé, 214
    habilidades de comportamento, 207-14
    humor, 213
    volição passiva, 211
técnicas de respiração, 93-94, 93*f*, 111, 130
técnicas de visualização, 195-196
tédio, 62, 64, 234
    das crianças 63, 288
    e ansiedade 87
    e gerenciamento de distração, 131-32
    na curva em U invertido, 61*f*
telecomutando, 251
tendência da visão além, 175
tevê, 52, 208
    impondo limites para assistir, 294-95
tensão, ou hiperfoco, 44
teoria do traço adaptativo, 266-67
Terapia cognitiva do comportamento, *veja* estratégias
    cognitivas
Terapia cognitiva, *veja* estratégias cognitivas
Terapia de comportamento definitivo, *veja* estratégias
    definitivas
terapias de exposição, 63
Terman, Lewis, 293
Terminando as coisas (Allen), 233
teste de ansiedade, 123-126, 160-161, 164-65
teste do leito de morte, 152, 168
Thompson, Clive, 226

tolerância, construção, 55, 61-62, 205, 242
trabalho não terminado, 233
trabalho:
    escritório em casa, 249, 251-52
    listas de checagem, 254
    não terminado, 233
    negócios baseados no lar, 252
    problemas com o fuso horário, 255-56
    produtividade, 254-55
    propriedade do, 116
    rotinas para, 255-56
    telecomutando, 251
    viagens à negócios, 253-54
Traço de Edison, 270
Tversky, Amos, 219

Unestahl, Lars-Eric, 158, 159, 160

valores de comparação, 165
variação dos genes no DDA, 267
veja também dopamina, norepinefrina
velas aromáticas, 111
viagem a negócios, 253-54
    autoconversação para, 255
    e problema com o fuso horário, 255-259
    lista de checagem para, 254
    produtividade na, 254-55
    rotinas para, 254, 261
viciados em bagunça, 167
videogames, 189, 211
    impondo limites para, 292-93
visita de alienígenas, 212
vitória, particular, 163-64
vivendo livre de bagunça, 217, 255, 259
    como um hábito saudável, 199
    e aversão à perda, 218

    e efeito de doação, 219
    e remodelagem, 219
    e sentimentalmente, 220-21
    no escritório em casa, 250
vocabulário dos filhos para, 288
volição passiva, 212

Wilson, Glenn, 246
Winnie the Pooh (Milne), 191
Wolpe, Joseph, 84, 85
Wurman, Richard Saul, 51, 236, 244

Yerkes, Robert M., 29

Zeigarnik, Bluma, 233
zona de conforto, sair da, 196-97
zona de foco:
    ápice da, 44-45
    como ótimo limite de atuação, 30
    de seus filhos, 290
    e a curva em "U" invertido, 15, 28, 30f
    e estimulação, 28, 30
    e sua pontuação de adrenalina, 86-88, 86t
    equilíbrio da química cerebral na, 150-51, 151t
    na Nasa, 226, 226f
    posição relativa, 31
    processos de dois passos para, 34-35
    variações na, 38-39
    zona de conforto vs., 196
zona individual de funcionamento ótimo, 29
zona:
    adrenalina necessária na, 33-34
    estando fora, 31
    estando na, 31
    perdendo, 47-49, 49t
    uso do termo, 30
    veja também zona de foco
zonas de tempo, 257-259

Este livro foi impresso pela Prol Editora Gráfica
para a Editora Prumo Ltda.